8가지 코드로 본 남북관계

반갑습네다 리선생

이종헌 지음

반갑습네다 리선생

초판1쇄 인쇄일 ● 2007년 9월 10일
초판1쇄 발행일 ● 2007년 9월 15일

지은이 ● 이종헌
펴낸이 ● 박영희
표   지 ● 이근산
편   집 ● 정지영 · 허선주
펴낸곳 ● 도서출판 어문학사
132-891 서울특별시 도봉구 쌍문동 525-13
전화: 02-998-0094 / 팩스: 02-998-2268
홈페이지: www.amhbook.com
e-mail: am@amhbook.com
등록: 2004년 4월 6일 제7-276호

ISBN 978-89-91956-46-9 03300
정   가 ● 12,000원

*잘못 만들어진 책은 교환해 드립니다.

시민운동 단체에서 활동하던 1989년께, 이른바 '북한 바로알기 운동' 차원에서 북의 모습을 담은 슬라이드 제작에 참여한 적이 있다. 북을 방문했던 해외인사들이 찍은 사진을 어렵게 구하고 언론이나 잡지에 공개된 사진을 모은, 아주 조악한 것이었다. 그러나 이 슬라이드는 큰 관심을 불러일으켰고 전국적으로 많은 단체들이 빌려가 이를 상영했다. 북한에 대한 관심이 높아지고 정보에 대한 수요는 넘치는데 그 공급이 적었기에 나타난 일시적인 현상이었다.

그 후 20여 년, 북한에 대한 관심과 정보는 넘쳐나고 있다. 북에 대한 제한과 금기가 풀리고 교류와 협력이 증대되면서 오히려 그 과잉을 걱정해야 할 정도이다. 남북관계는 끊임없이 변화하고 있다. 화해 · 협력의 한 축과 위협 · 긴장의 다른 한 축이 수시로 교차하고 있다. 그 교차점 속에서 변화의 방향은 퇴보가 아닌 발전으로, 그리고 화해와 협력의 길로 나아가고 있다. 언제까지나 그렇게 되도록 해야 한다.

물은 언제나 바닥을 골고루 적시며 아래로 흐른다. 남북관계도 정치, 군사, 경제 등 모든 부문이 골고루 함께 나아가야 한다. 군사 · 인권 등의 문제는 덮어두고 경제협력만을 앞세우는 식의 '비대칭적 대북접근'은 나중에 꼭 화를 불러왔다. 정권적 이해 등이 우선되었기에 나타난 결과이다. 상선약수(上善若水)의 경구처럼, 소외되거나 과함이 없이 남북관계 전반의 모든 부분이 골고루 나아가야 한다.

시기적으로 지금은 이른바 '6.15 시대'에 해당된다. 2000년 남북정상회담 합의에 근거하여 남북관계는 통일적으로 진행되고 있다. 그러나 '6.15 공동선언'은 남북관계의 일부분만 다루었고 또 남북관계가 상당히 진전되면서 그 요구는 대부분 이행되었다. 역사의 찬란한 평가 속에 '6.15 시대'가 저물고 있다. 남북관계의 다음 10년은 새로운 접근과 합의의 틀을 필요로 하고 있다. 이제 새로운 남북관계의 시대를 열어야 한다. 이는 다음 정권의 몫이다.

이 글은 최근 몇 년간 '6.15 시대'의 남북관계 각 부문을 현안 위주로 정리한 것이다. 그 기간 동안 정부와 국회가 고민하고 다룬 대북정책들이 중심 내용이다. 현재를 이해하면 과거를 더듬을 수 있고 미래를 내다볼 수 있는 것처럼, 이 현안들은 지난 수십 년의 남북관계사의 결과임과 동시에 앞으로의 출발점인 셈이다.

그리고 현시점에서 제기되는 남북관계 사안을 8가지의 큰 분야로 구분지어 놓았다. 정치·경제 등 고식적인 분류가 아니라 인권, 경제협력 등 현안 위주로 접근했다. 이는 현시점의 남북관계 현황과 부문별 진행 정도를 한눈에 조망하는 데 도움이 될 것이다.

필자는 국회에서 15년 동안 거의 대부분의 시간을 통일·외교·국방 등 안보분야 국회의원들의 정책보좌업무를 해 왔다. 이는 북한의 동향을 점검하고 정부의 외교안보 대북정책의 수립과 집행을 감시·감독하는 일이다. 상임위 현안 질의, 국정감사, 예·결산 질의 등을 통해 북한 관련 질의자료와 보고서를 만들어 왔다. 이 글은 그런 작업의 결과로 얻어진 것이다.

현직 보좌관이 책을 내는 것은 결코 쉬운 일이 아니다. 그렇기에 많은 격려를 해 주신 여러 의원님들께 깊이 감사드린다. 또 곁에서 응원해 준 아내 최길숙과 이담, 이동화에게도 고마움의 인사를 전한다.

2007. 9.

이종헌

5장 협력

대북지원

인터넷

관광

교류

협력

위협

인권

통일법제

1장

대북지원

쌀 · 비료 · 의료 등
인도적 지원과
경제 협력 지원 이야기

1. 쌀 지원

① 대북지원 쌀의 배분

도둑맞는 쌀

남쪽이 북에 지원한 쌀이 조직적으로 빼돌려지고 있다. 상당한 양이 중간에서 새고 있다. 우리는 합의된 정량을 싣고 북으로 가지만, 정작 북한이 집계한 하역량은 매번 부족한 것으로 되어 있다. 지난 2003년 8월, 9항차(선박명 라임벨 호, 12,000톤 수송)의 경우 369포대(14.76톤)가 부족했고, 9월의 18항차에서는 85포대(3.4톤)가 모자랐던 것으로 확인되었다.

이처럼 지난 2002년과 2003년도의 110항차 분을 모두 합칠 경우, 그 규모는 수천 톤에 이를 것으로 추정된다. 이렇게 빼돌려진 쌀이 쌀 포대 그대로 장마당에서 거래되고 있는 것 같다[1]. 북한인민들에게 분배

---

1) 우리 국회나 언론에서 문제제기가 있은 때문인지 몰라도 2004년 이후부터는 북한이 '쌀을 부족하게 보내주었다'는 주장을 더 이상 하지 않고 있다.

되는 국정가격은 1kg 당 44~46원이지만, 장마당에서는 kg당 190원에 유통되고 있는 것이 현실이다.

2002년 '7.1 경제조치'로 겨우 맞추었던 쌀의 국정가격과 시장가격은 1년 3개월여 만에 다시 4배 이상 벌어진 셈이다. 이런 초(超)인플레이션(hyper-inflation)은 더욱 확대될 것이고 쌀이 곧 화폐인 현실에서 쌀을 가진 특권층 등은 막대한 부를 축적하는 반면, 일반 사람들은 점점 더 고통을 받게 될 것이다.

우리가 지원한 쌀 부족 의혹 물량은 결코 단순한 검수오차로 보기에는 너무 규모가 크다. 이는 곧 북한의 부패상을 보여주는 단적인 증거이다. 과거 우리가 무상원조 형식으로 미국 잉여농산물을 받아 배분하는 과정에서 있었던 엄청난 부정과 비리, 부패상과 유사하다.

문제는 쌀 부족의 책임이 우리에게 돌아온다는데 있다. 남북 당국 간의 쌀 인도인수 과정에서 남쪽이 약속된 양보다 덜 보내고 있는 것으로 결론이 나고 있다. 우리 국민들의 세금으로 북쪽에 쌀을 보내주면서 왜 우리가 그런 오명을 뒤집어 써야 하는지 모르겠다. 왜 우리가 '쌀을 부족하게 주었다'는 의혹을 자초해야 하는가 말이다. 남쪽에서 쌀 선적 전에 남북이 합동으로 검수를 하는 방안을 도입해야 한나. 선상 인수인도방식의 취지를 살려 북쪽의 하역 검수를 생략해야 한다. 애꿎은 우리 쌀 인도 요원이나 쌀을 수송한 선장이 쌀 부족 의혹의 책임을 지고 곤란한 경우를 당해서는 안 될 것이다.

우리 쌀이 지원 안 되는 대홍단 군

북한은 지난 2002년 대북 지원 쌀 40만 톤의 195개 시·군·구별 분배 내역을 4차례에 걸쳐 통보해 왔다. 2003년 9월 12일에는 북한 쌀 수송기관인 '조선청길무역회사 사장' 명의로 2003년도 지원분 10만 톤(총 40만 톤)에 대한 내역도 보내 왔는데, 단 1톤의 오차도 없이 지역별로 골고루 배분한 것으로 되어 있다.

이를 자세히 살펴보면, 북한의 시군 중 나선시(나진·선봉지구)와 양강도의 대홍단 군은 아예 분배하지 않은 것으로 나와 있다. 대홍단 군은 감자의 주산지라서 먹을 것이 충분하기 때문인가, 청진이나 홍남 등 항구와 거리가 멀기 때문인가, 별별 짐작을 해 보긴 한다. 그러나 왜 이들 몇몇 시군이 제외되었는지 알고 있는 사람은 아무도 없다. 통일부에 물어봐도 "북한 당국이 알아서 하는 것이니 모르겠다"는 말뿐이다. 그러니 궁금하기 짝이 없다.

인민들에게 유상으로 판매되고 있다

우리가 북에 보내준 쌀이 북한 인민들에게 무상으로 골고루 나눠진다고 알려져 있다. 그런데 실상은 그렇지 않다. 유상으로 판매된다. 우리가 이미 준 것인데, 어떻게 분배하든 북한이 알아서 할 일이라고 말하는 이도 있을지 모른다. 하지만 이는 그렇게 가볍게 넘길 일이 아니다. 우리 쌀이 어떤 방식으로 어떤 경로를 거쳐 북한 인민들의 입으로 들어가는지는 알고 있어야 한다. 이게 한민족으로써 도와주는 쪽이 당연히 가져야 할 관심과 예의가 아닐까?

지난 2002년부터 우리는 거의 연례적으로 40만 톤의 쌀을 북한에 차관형식으로 지원하고 있다. 이제 매년 보내야하는 관례처럼 되었고 당연히 주고 당연히 받는 것으로 여겨지게 되었다. 이 지원은 연리

1%, 10년 거치 30년 상환의 차관 형식이지만, 추후 사실상 이를 돌려받을 가능성은 거의 없다는 점에서 무상원조에 가까운 인도적 지원인 것이다.

북한에 보내진 쌀은 차관 상환금 적립 명목으로 1kg 당 44~46원(2004년 기준) 정도의 가격으로 북한 인민에게 유상으로 판매된다. 우리가 3년 동안 보내준 쌀 120만 톤은 북한 돈으로 약 530억 원(약 3.2억 불 이상) 이상이며, 이 규모는 북한 연간 예산의 3%를 넘는다. 특히 2003년에 북한이 발행한 인민생활공채 규모 400~500억 원을 넘어서는 엄청난 재원이다.

우리 국민들은 지난 3년간 4,639억 원의 예산(양곡관리특별회계 계정분 제외)을 들여 쌀을 보냈고, 여기서 쌀 판매 이득금으로 생기는 대충자금(對充資金, counterpart fund)은 결국 북한정부 재정을 보태주고 있는 것이다. 사실 우리 정부가 북한 정부에게 매년 1억 달러 이상씩 재정보조를 하는 셈인데, 이런 현금성 지원은 상당한 문제가 있다.

통일부는 이런 북한 정부의 대충자금 수입이 달러 등으로 태환(兌換)이 안 되는 북한 돈이라 별 문제가 없다고 말하고 있다. 그러나 돈에 꼬리표가 붙어 있는 것도 아니고, 북한정부의 재정 운용상 충분히 돌려쓸 수 있는 것이다.

따라서 대북지원 방식을 아예 무상원조로 하고 북한인민에게도 무상으로 분배하도록 바꾸는 방안을 모색해야 한다. 아울러 분배의 투명성 확보, 군용(軍用) 가능성 차단 등의 보장이 강화되도록 여러 조치를 취해야만 할 것이다.

대북지원 쌀 어디에 어떻게 분배되나

2005년도 통일부 국정감사를 위해 우리가 지원한 쌀의 분배 현황을 세밀하게 조사했다. 북한의 194개 시군에 대한 분배내역을 일일이 더해야 했다. 특히 북한의 행정구역 및 지역별 인구에 대한 정보가 부족하고 또 자주 바뀌는 바람에 통계를 내기도 쉽지 않았다. 하여간 밤을 새며 애쓴 결과, 평양 등 대도시에 비교적 더 많이 배분되고 있다는 점을 확인할 수 있었다.

우리가 북으로 쌀을 10만 톤 보낼 때마다 북한은 우리에게 그 분배내역서를 보내온다. '어느 군에 얼마를 보냈다' 이런 분배표를 통일부에 주는 것이다. 이렇게 보내온 8차례의 분배내역서(2003년 40만 톤 4차례, 2004년 40만 톤 4차례) 등의 분배내역과 2003년도 북한 시도 인

● 북이 보내온 식량 분배 내역서.

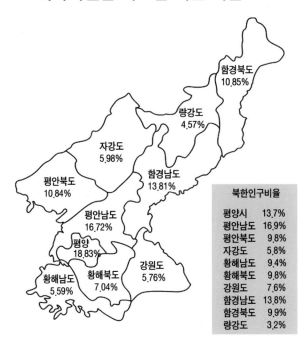

대북지원쌀 시도별 배분 비율

함경북도
10.85%

량강도
4.57%

자강도
5.98%

함경남도
13.81%

평안북도
10.84%

평안남도
16.72%

평양
18.83%

강원도
5.76%

황해남도
5.59%

황해북도
7.04%

북한인구비율

평양시	13.7%
평안남도	16.9%
평안북도	9.8%
자강도	5.8%
황해남도	9.4%
황해북도	9.8%
강원도	7.6%
함경남도	13.8%
함경북도	9.9%
량강도	3.2%

● 2003년도 40만 톤과 2004년도 40만 톤 등 총 80만 톤을 대상으로 분석한
  것이다. 평양 인구 13.7%에 웅리 쌀은 2003년 16.45%, 2004년 21.24%가
  가 배분되었는데, 평양 시민의 두달치 식량은 우리가 보내준 셈이 된다.

구를 비교한 것이 이 분석의 근거가 되었다.

이런 분석은 사상 처음으로, 우리 쌀이 어디로 갔는지를 한눈에 볼
수 있게 해 주었다. 물론 북이 보내온 분배자료가 100% 맞다는 전제
하에서이지만 말이다.

2003년 말 기준 평양의 인구는 308만 명으로 전체 인구 2242만 명

의 13.7%를 차지한다. 하지만 쌀 분배내역을 보면 2003년 16.45%, 2004년도에는 무려 21.24%에 이르러 타 시도에 비해 압도적으로 쌀 분배가 많은 것을 알 수 있다. 특히 평양 집중은 2003년 11월 15%에서 1년 후인 2004년 11월에는 22.8%, 2005년 2월에는 22% 등으로 점점 심해지고 있다.

북한이 우리 쌀을 1인당 평균 350g(300~380g)씩 골고루 공급하고 있다는 통일부의 '인도 및 분배 현장 확인 보고서'를 전적으로 신뢰할 경우, 2003년도 지원분은 평양시민의 61일분, 2004년도 분은 78.8일치에 해당되는 상당한 양인 것이다.

이 외의 지역을 살펴보면 역시 직할시인 남포시가 있는 평안남도와 식량이 상대적으로 부족한 동해안 지역(함경북도, 량강도) 등에 더 많은 배분을 하고 반대로 평야가 넓은 황해도와 금강산 특구가 있는 강원도 등에는 더 적게 배분하고 있다.

이러한 것들을 보면 우리 쌀이 북한의 기근해소에 중요한 역할을 하고는 있지만, 상대적으로 풍요롭고 넉넉한 평양에 더 많은 쌀이 할당됨으로써, 긴급 구호와 인도적 지원의 성격은 많이 퇴색되고 정치적인 도구로 이용되고 있는 것으로 해석할 수 있다. 즉 평양, 남포 등 우대계층에게 더 많은 배분을 함으로써 체제유지와 안정을 도모하기 위한 유력한 수단으로 쌀을 이용하고 있음을 보여주는 것이다.

대북 지원쌀 분배 현황과 북한인구 대비표

구분	2003년도분(40만톤)				합계 (비율%)	인구비** (2003년 말 기준. 만명, %)	2004년도분(40만톤)				합계 (비율%)
	9. 12 (1차)	10. 9 (2차)	11. 19 (3차)	2004.1.8 (4차)			10. 28 (1차)	11. 28 (2차)	1. 10 (3차)	2005.2.8 (4차)	
평양시	1,640	1,791	1,500	1,650	6,581(16.45)	308(13.7)	1,916	2,280	2,100	2,200	8,496(21.24)
평안남도*	1,590	1,848	1,950	2,070	7,458(18.65)	380(16.9)	2,050	1,980	1,000	900	5,930(14.83)
평안북도	1,080	1,111	1,240	1,300	4,731(11.83)	220(9.8)	1,200	1,050	900	800	3,950(9.87)
자강도	640	667	740	400	2,447(6.12)	130(5.8)	730	630	450	530	2,340(5.85)
황해남도	660	663	500	300	2,123(5.31)	210(9.4)	750	730	600	270	2,350(5.88)
황해북도	760	760	900	530	2,950(7.38)	220(9.8)	860	830	700	300	2,690(6.72)
강원도	560	500	500	530	2,090(5.23)	170(7.6)	410	410	700	1,000	2,520(6.30)
함경남도	1,570	1,333	1,400	1,650	5,953(14.88)	310(13.8)	1,025	1,030	1,350	1,700	5,105(12.76)
함경북도	1,110	1,007	1,020	1,010	4,147(10.37)	222(9.9)	823	820	1,400	1,500	4,543(11.36)
량강도	390	320	250	560	1,520(3.80)	72(3.2)	236	240	800	800	2,076(5.19)
합계	10,000	10,000	10,000	10,000	40,000(100)	2,242(100)	10,000	10,000	10,000	10,000	40,000(100)

* 2003년도의 북의 분배내역서는 남포시 분배내역이 따로 되어 있었으나, 행정구역 개편으로 2004년도에는 평안남도에 포함되어 있음. 여기서는 비교의 편의를 위해 2003도분도 평안남도에 포함시킴. (2003년분 남포6개 구역 분배-1차 4300톤, 2차 4600톤, 3차 5500톤, 4차 5200톤)
** 북한의 인구는 추정치. 통일부 자료요청 결과 '1993년 북한 인구센서스' 결과표를 보내왔으나, 연감 등의 최근 자료로 보완한 것임.

북한 194개 군 모두 참관 필요, 투명성 높여야

북은 우리 쌀 10만 톤이 지원되는 시점에서 그 분배내역을 우리 측에 통보해 주고 2~3차례의 분배현장 확인을 허용하고 있다. 2003년도 분의 경우 총 12회의 현장 확인에서 우리 조사단은 북한 분배관계자 34명과 주민 등 42명을 만났다. 또 2004년도 분의 경우 10회의 현장 확인을 했고 22명의 분배관계자와 주민 52명을 만나 지원 쌀에 대해 질문하고 쌀 분배 현장사진을 찍고 녹화를 하기도 했다. 그러나 이 정도의 분배 현장 확인은, 굳이 세계식량계획(WFP) 등 국제기구의 모니터링 실태와 비교하지 않더라도 너무나 제한적이며 또 부족하다. 2004년 36만8천 톤을 지원한 WFP가 40여 명의 직원을 상주시키면서 800여 회 현장조사를 한 것과 비교하면 큰 대조를 보이고 있는 것이다. 또한 미국의 북한인권위원회의 '북한의 인권과 기아' 보고서는 대북 지원 쌀의 25~30%가 주민들에게 배분되지 않고 군부와 중간간부들에게 전용된다는 주장까지 하고 있다.

우리 현장조사단이 방문한 지역은 쌀이 하역되는 6개 항구(남포, 원산, 흥남, 청진, 송림) 주변과 육로수송이 이루어진 고성과 개성시, 평양 등 총 10개 시군에 지나지 않는다. 북한의 안내에 따라야만 하기에 자유로운 현장 확인도 불가능하다. 더구나 평안북도, 자강도, 량강도 등에는 접근조차 봉쇄되고 있다. 따라서 차관 형식의 지원이고 남북관계의 특수성을 감안하더라도 북한이 보내오는 분배결과서의 진위를 확인하고 식량지원의 투명성을 높이기 위한 획기적인 대책이 필요하다. 일례로 북한이 2005년 2월 8일 량강도 혜산에 분배했다고 보내온 2,650톤의 분배현장을 확인할 수 있을 때 쌀 지원을 둘러싼 투명성 논란이 줄어들 것이다.

　매번 가는 곳만 가는 것이 아니라 우리 쌀이 지원된다고 하는 194개 시, 군 모두에 우리 확인요원이 들어갈 수 있도록 해야 한다. 북이 속일 것이 없다면 굳이 마다할 이유가 없고, 우리의 현장 확인이 북의 자존심을 건드리는 행위가 결코 아니기 때문이다. 아울러 국제기구의 식량지원과 우리의 쌀 지원을 유기적으로 연계하고 분배현장의 공동 확인 등 실효성을 높일 구체적인 대책이 있어야 할 것이다. 그리고 현장 확인 요원들은 전부 통일부 관계자들만으로 구성되고 있다. 하지만 굳이 그럴 이유가 없다. 이 역시 다른 정부부처나 NGO, 민간 부문 등에게도 문호를 열어야 그 투명성이 더욱 확실해질 것이다.

원조방식 도입하고 100만 톤 수준으로 지원을 늘리자

　현재 차관형식으로 이루어지고 있는 대북 쌀 지원의 투명성을 높이는 노력과 함께, 무상원조 방식을 활용한 대북 쌀 지원의 확대 방안을 검토해 볼 필요가 있다. 국회 비준이 이루어진 '쌀 협상'의 의무수입량(MMA)으로 2005년부터 10년간 328만 톤을 수입해야만 한다. 그리고 남한 내에서 쌀값 안정, 양곡관리비 절감 등을 위해서는 연간 300만 톤의 대북지원을 해야 한다는 주장까지 나오고 있는 현실을 감안한다면, 더욱 적극적으로 검토되어야 할 것이다.[2]

　특히 무상지원 물량의 경우 북한 당국이 별도의 계정을 설치하고

---

[2] 민주노동당 강기갑의원 등은 2005년 11월 남한과 북한의 쌀 수급계획을 감안하여 남한의 재고 쌀을 북한에 정례적으로 지원하도록 하는 내용의 '북한에 대한 쌀 지원 특별법안'을 발의했다.

쌀 판매대금을 이 계정에 적립하는 1948년 '마샬플랜'[3] 방식을 따를 필요가 있다. 물론 여기서 적립된 대충자금(對充資金, counterpart fund)은 군사비 등이 아닌 경제 재건과 식량 구입 등으로 제한하도록 해야 한다.

북한이 지원 쌀을 1kg 당 46원씩의 국정가격으로 공급하고 있는 점을 감안하면, 연간 40만 톤 지원할 경우 북은 약 1억 불을 적립하게 된다. 이 1억 불의 재원을 활용하여 국제시장에서 밀 65만 톤을 구매할 수 있도록 하는 방안이다.(2005년 9월 밀 1톤 150달러, 쌀 240달러 기준) 이는 우리의 무상원조의 재원 활용을 극대화하여 2배의 효과를 얻을 수 있는 것으로, 북의 식량난 개선에 대단히 유리하다.

또한 이 '대북원조의 마샬플랜 방식'만이 국내의 일부와 미국 북한 인권위원회의 '북한 인권과 기아 보고서'에서 불거져 나오는 '우리 쌀 지원이 북한 당국으로 하여금 식량구입비를 군비나 무기도입으로 전용할 수 있도록 방조하고 있다'는 등의 우려와 비판을 다소나마 불식시킬 수 있을 것이다.

한편 대북 쌀 수송 방식도 육로수송을 확대하여 우리의 '대한통운' 트럭이 북한 194개 시, 군에 직접 들어가는 방안을 마련해야 한다. 즉 강원도와 황해남도 지역은 동해선과 경의선 도로를 따라, 그리고 기타의 지역은 우리 선박을 이용, 북한의 항구에 하역하고 이를 우리 트럭이 싣고 함경도 등 8개 시·도의 시·군 인민위원회 등에 직접 전달하자는 것이다.

---

3) 대충자금의 설정은 무상증여의 경우에 한정되고 차관에는 요구되지 않는다. 피원조국인 마샬플랜 참가국들은 적립액 중 5%(미국정부의 파견비용으로 충당됨)를 제외한 나머지 95%를 미국정부의 동의 하에 자국통화의 안정과 경제재건을 위한 용도로 사용했다. 우리나라 역시 이런 방식으로 미국의 원조를 받았으며, 국민생활 유지와 경제부흥에 대충자금을 쓸 수 있었다.

북한으로서는 수송 비용을 줄일 수 있고 우리는 분배의 투명성을 높일 수 있는 효과가 있다.

내부를 보여줘야 하는 북한에게는 쉽지 않은 결정이겠지만, 그렇게 되어야 하고 또 그렇게 될 수밖에 없을 것이다.

대북 쌀 지원이 끊기고

두 번째 대북 쌀 지원 대표단 방북을 앞두고 남포와 평양행을 준비하던 때를 기억한다. 2006년 11월, 북한 핵실험으로 인해 민간 지원 아주 일부만을 남기고 모든 대북 지원은 중단되었다. 그동안 매년 40~50만 톤의 쌀이 북으로 갔다. 하지만 2006년부터는 단 한 톨의 쌀도 북한으로 가지 않았다. 이전 같으면 11월쯤 되면 그해를 넘기기 전에 '쌀 배달'을 끝내자며 서둘러 쌀 배들이 북을 향해 올라갔을 것이다. 그리고 통일부의 쌀 담당 사무관은 매일 쌀 배의 동향을 체크하며 실적표를 그렸을 것이다. 그렇게 서둘러도 매번 12월을 넘기고 다음해 2월이나 되어야 모든 일이 끝나곤 했다.

지금 남포항은 남으로부터 오는 쌀 배들이 없어 한가하고 한적할 것이다. 그리고 이 사실을 아는 북한 인민들은 겉으로 표현은 하지 않더라도 속으로는 부족한 식량때문에 겨울을 보낼 생각을 하느라 걱정이 많을 것이다. 그나마 남쪽에서 보낸 쌀이 항구에 하역되는 것을 볼 때면 이번 겨울은 좀 더 넉넉할 것이라고 안도하곤 했을 텐데…. 북의 식량은 거의 매년 200만 톤 정도가 부족했다. 그중 50~100만 톤을 외부에서 사거나 지원받아 조달하고 나머지 부록분은 그냥 먹는 것을 줄이며 견디어 왔다.

2005년도 필요량 645만 톤

(생산량 431만 톤, 도입량 118만 톤, 부족량 96만 톤)

2006년도 필요량 651만 톤

(생산량 454만 톤, 도입량 51만 톤, 부족량 146만 톤)

2006년 겨울의 경우 부족량은 22%에 달했다. 이는 10끼 중 2끼를 못 먹거나 줄여야 한다는 말이다. 통일부 자료를 보면, 북한의 2006~2007년 겨울은 지난 수해 등으로 전년보다 작황이 좋지 않았다. 이와 더불어 남쪽의 지원까지 중단되어 전년의 겨울보다 훨씬 어려운 상황에 놓였다. 국제 구호와 민간지원단체들이 계속해서 북한 식량 부족에 대한 경고를 내고 있지만, 이 또한 아직은 공허한 메아리일 뿐이었다.[4]

② 2003년 쌀 지원 북한 방문기[5]

쌀 인도 요원

2003년 8월 4일 오후 7시 40분. 북한으로 쌀을 실어 나르는 1만 톤급 화물선 라임벨 호는 군산항 제5부두를 빠져나가고 있었다. 당초 8월 1일 출항할 예정이었으나, 장마로 선적작업이 늦어졌다.

"대북 쌀 지원 인도 요원으로 북한에 갈 수 있겠는가."

---

4) 2007년 6월 30일 2007년도 40만 톤의 대북식량차관 지원이 시작되었다. 이제 40~50만 톤의 대북 식량차관 제공은 연례적인 것이 되었다.
5) 이 방문기는 〈월간조선〉 2003년 10월 호에 실렸다.

통일부의 제의에 필자는 단 몇 초의 망설임도 없이 그러겠다고 했다. 그동안 필자는 통일부 관리들을 만날 때마다 "국회 차원에서 북한에 가 봐야 한다. 통일부가 나서 줘야 한다"는 말을 했다. 매년 엄청난 식량과 비료가 차관 명목으로 북한에 지원되는데, 어디에 어떻게 배분되는지 확인할 길이 없었다. 연간 수천억 원의 국가 예산이 대북 경수로 건설 사업에 지원되고 있지만, 정작 국회는 현장에 가 볼 수 없었다. 이는 국회의 직무유기일 수도 있다.

통일부 등 관계 기관에서 선발된 다른 세 명의 인도 요원과 함께 4일 오후 군산 출입국 법무부 관리사무소에서 출입국 신고를 마쳤다. 통일부장관이 발행한 방북 증명서에 출국 도장이 선명했다. 며칠 전 통일부에서 사전교육을 받으면서 받은 태극기 문양의 표장을 가슴에 달았다. 대한민국 통일부 장관이 위임한 정부 대표임을 다시 한 번 가슴에 깊이 새겼다.

2003년, 북한에 지원되는 쌀은 총 40만 톤으로, 1999년산 14.4만 톤, 2000년산 8.6만 톤, 2001년산 17만 톤이다. 오는 11월까지 총 55항차에 걸쳐 북한의 6개 항구로 보내진다. 쌀은 우리가 일반적으로 먹는 12분도로 도정되어 1~2일 내에 항구로 수송되고 수량검사와 식물검역을 거쳐 배에 실린다.

이번에 우리가 수송한 쌀은 충남과 전북지역에서 생산된 것으로, 2개의 도크에 실려 방수포로 굳게 덮여 있었다. 8월 2일에 이미 선적을 끝냈으나, 쌀벌레가 나오자 추가 소독 작업을 하는 바람에 시간이 지연된 것이다. 대북 쌀 지원 관련 기관들은 남북 합의서에 명시된 검역·품질기준에 맞추기 위해 참으로 많은 신경을 썼다. 특히 당시는 비가 자주 와 관리가 힘들었다. 어찌되었건 8월 4일 밤, 어둠을 뚫고 배는 북한으로 향했다.

태극기는 내려지고

8월 5일 오후 1시 30분. 드디어 NLL(북방한계선)을 넘었다. 북한 땅으로부터 50마일 이상 떨어진 지점을 통과하도록 합의서에 명시되어 있다. 우리 해군과 해경의 레이더 호송은 끝나고 이제부터는 교신도 없다. 지금부터는 북한의 영역이다. 저들의 지시에 따라야 한다. 곧 대동강 입구 묘박지(Pilot Station)에 도착했다. 선미에 달려 있던 태극기를 내려야 했다. 아무리 쌀 수송선이라고 해도 우리 국기를 달고 북한 영역에 들어갈 수는 없었던 것이다. 1995년 최초로 쌀 지원에 나섰던 씨아펙스 호는 동해항을 떠나 북한 청진항으로 향했다. 이때 북한

● 북으로 가는 라임벨 호 선상에 선 필자.

이 태극기를 내리고 북한 인공기를 게양하도록 강요해 쌀 지원이 중단된 적이 있었다. 그 이후부터 우리 선박은 아예 아무 깃발도 달지 않고 쌀만 전달하고 돌아왔다.

묘박지에 도착해 앵커를 내리고 북(北)의 도선사를 기다렸으나 그들은 끝내 나타나지 않았다. 선장은 여러 차례 애타게 이쪽의 상황을 전했으나 그것으로 끝이었다. 오후 4시까지만 묘박지에 들어가면 된다고 통보를 받았는데 5시가 되어도 소식이 없었다. 한참 후 안개 때문에 나갈 수 없다는 연락이 왔다. 무슨 소린가. 어선들은 유유히 고기를 잡고 있고 작은 배들도 다니고 있는데…. 다들 북의 말도 안 되는 처사에 분개했지만 어쩔 도리가 없었다.

무심한 황해 조류가 바뀌기 시작했다. 바닷물의 색깔이 변하고 경계가 분명해졌다. 갈매기조차 없었다. 북한 어선들은 철수를 시작했다. 자세히 보니 무동력선이 있었다. 노를 저어 그 넓은 바다를 가로질러가는 북한 어선들이 보였다. 2명이 한 조가 되어 작은 배를 타고 그물로 고기를 잡고 동력선이 때가 되면 고기와 사람, 그리고 그 배까지 실어 철수하는 방식이었다.

카메라 · 휴대폰 봉인

8월 6일 아침. 간밤에 내린 비로 인해 화물칸 덮개 위는 빗물로 흥건했다. 바람도 대단히 세차게 불었다. 저들이 이번에는 날씨를 핑계로 나타나지 않으면 어쩌나 걱정이 앞섰다. 오전 11시 45분. 북한의 도선사 두 명, 세관 직원 두 명 그리고 의사 한 명 등 모두 다섯 명이 작은 배를 타고 다가왔다. 도선사가 브릿지(조타실)로 올라서자 배는 다시 움직이기 시작했다. 검역과 해양경찰을 겸하는 듯한 세관경비들은 선실로 들어오자마자 봉인작업을 시작했다. 카메라가 압수되고 우리의 방북 증명서와 선원들의 선원수첩도 저들의 손으로 넘어갔다. 인공위성을 이용하는 선박 전화도 강제로 단절됐다. 연결 코드에는 봉인딱지가 붙여졌다. 선원들의 휴대폰조차 압수되어 봉인됐다. 완벽한 단절이었다.

인도 요원의 선실에서 가방 검사 때문에 한바탕 소란이 벌어졌다. 우리는 정부 대표이며 가방은 외교행랑에 준하는 것이라는 이유로 수색당할 수 없다고 버텼던 것이다. 그러나 저들은 막무가내였다. '공화국'에 온 이상 자기들의 지시에 따라야 한다는 것이었다. 큰소리가 오가고 상황이 심각해졌다. 한 10여 분을 대치하다가 결국 우리가 포기했다. "전임자들도 다 보여 줬는데 뭘 그러느냐"는 말과 "충분히 설명하되 유연하게 대처할 것"이란 통일부의 지침을 떠올린 것이었다.

배는 서서히 대동강을 거슬러 올라갔다. 노련한 도선사의 안내로 조심조심 갑문에 접근했다. 오후 12시 30분 북한이 자랑하는 '1980년대 최대의 역사(役事)'라는 서해갑문을 통과했다. 5만 톤급이 통행할 수 있는 2번 도크에 우리 배가 들어서고 옆에 붙어 방향을 잡아 주던 북의 보트도 말미에 붙었다.

드디어 뒤쪽 수문이 닫히고 앞쪽 문이 열리면서 대동강물이 도크로 쏟아져 들어왔다. 물높이가 같아질 때까지 앞문이 완전히 개방됐다. 만조 때라 갑문의 위아래 해수 고도차는 50cm 정도밖에 안 됐다. 하지만 바닷물이 썰물이 되어 나가면 간만의 차는 4~5m에 이른다고 했다. 도크 통과에 30분 정도 걸렸다. 다시 강을 거슬러 올라갔다. 멀리 나타나는 민가, 한쪽 편에 몰려 서 있는 선박들, 산은 헐벗었고 나무는 없

● 평양 순안공항 상공. 산 정상까지 개간하여 홍수에 극히 취약하다.

었다. 여름이라 푸른빛이었지만 겨울에는 민둥산 그 자체라고 했다. 동료 요원은 "통일이 되면 나무부터 심어야겠다"고 한마디 했다.

한참 만에 왼쪽으로 조선소가 보이기 시작했다. 서해상에서 가장 큰 남포 조선소였다. 산을 깎아 그 안에서 배를 만드는 인공 도크가 눈에 띄었다. 자연을 제대로 활용한 방식이었다. 멀리 도시가 보였다. 우중충한 회색 건물뿐이었다.

그들은 고마워하지 않았다

오후 4시 35분 수속 요원 11명이 승선했다. 한 시간 만에 입항 수속 및 검사가 완료되고 이들이 내려갔다. 부두에 배를 댈 준비를 할 때 브릿지에서 선박 도선과정을 지켜봤다. 북측 도선사는 조심조심 주의에

주의를 거듭했다.

우리가 접안할 선석 앞뒤에도 화물선이 있었고 그 사이에 끼어 들어가야 했다. 전 선원이 분주히 움직였다. 브릿지 스피커에서 울려나오는 선장의 숨 가쁜 명령 소리가 귓전을 때렸다. 그러나 사고가 났다. 우리 배 우현 앞을 밀어 대던 인도 보트가 너무 심하게 들이받는 바람에 배 앞쪽이 찌그러졌다. 1㎡ 정도가 쑥 들어갔다. 이런 사고는 보상받기도 어렵기에 선장의 분노가 하늘을 찔렀다.

배가 자리를 잡자, 북한의 인수 요원들이 올라왔다. 우리도 모두 정장으로 갈아입고 배 안 식당으로 향했다. 인수 · 인도 서명식이 열리는 자리였다. 북한에서는 허 단장과 젊은 김 대표 둘이 나왔다. 이들이 서명한 식량인수확인서를 넘겨받았다. 필요한 서류를 교환하고 사진을 찍었다. 실수하면 안 되는 기록 사진이다. 사진 찍기가 끝나자 카메

● 라임벨 호에서 만난 남북한 인도 · 인수 요원들.

라는 다시 봉인되어 배 안에 보관됐다.

오후 7시 배에서 내려 대기하고 있는 구형 벤츠에 올랐다. 차로 2분 거리에 있는 '남포 외국 선원 구락부'로 향했다. 하역이 마무리될 때까지 묵을 곳이었다.

방을 배정받았다. 2호실. 화장실이 딸려 있고 작은 싱글 침대 2개와 책상 1개, 구형 냉장고가 있었다. 일제 TV는 책상 위에 얹혀 있지만 나오지 않았다. 시골 군 단위의 여관 수준이었다.

북측이 주최하는 만찬에 참석했다. 남측 대표 네 명, 북측 대표 두 명이 참석한 자리에 북한 술과 여러 음식이 정갈하게 차려져 있었다. 북측 허(許)대표의 간단한 연설과 건배 의례로 만찬이 시작됐다. 여러 덕담이 오가고 술이 몇 순배 돌았다.

북측 대표의 인사말이 마음에 걸렸다. "6·15 정신에 입각해 서로 화해하여 통일의 길에 펼쳐 나서자"는 게 쌀을 싣고 온 우리에게 한 말의 전부였다. 우리의 쌀 지원에 대한 언급은 한마디도 없었다. 빈말이라도 '고맙다'는 소리도 없었다.

남포항의 원조물자

8월 7일. 선원 구락부 오른쪽은 남포 세관이 쓰고 있고 반대쪽은 바로 하역장과 붙어 있었다. 구락부 앞은 그대로 대동강이었다. 3㎢ 정도의 면적에 2층짜리 건물 3동이 연속으로 붙어 있었다. 양쪽 출입구엔 총을 멘 여자 경비대원이 24시간 지키고 있었다. 대동강에는 크고 작은 선박 10여 척이 정박해 있고 그밖에는 해경, 세관 등이 소유한 소형선이 산재해 있었다.

구락부 뒤편은 살림집이었다. 5층 높이의 아파트로 지붕에는 TV와 라디오 안테나가 빼곡했다. 구락부에서 일하는 관계일꾼들은 매일 아침 걸어서 또는 자전거로 출근했다. 자신이 맡은 구역을 자발적으로 청소하고 하루 일과를 시작했다. 항구 강가에는 이른 아침부터 낚시하는 사람들이 있었다. 주로 붕어·숭어 등이 낚인다고 했다.

우리는 평양 관광을 북측 대표에게 요구했다. 이들은 긍정적인 검토를 하겠다며 상부에 보고하겠다고 했다. 우리 단장이 오전 11시 북경 주재 한국대사관을 거쳐 통일부에 상황 보고를 했다. 2층 로비에는 김일성·김정일이 함께 백두산 정상에 서 있는 대형 초상화가 있었다. 구호와 초상화, 동상의 나라답다. 모든 것이 생경했다.

점심을 먹고 우리 배로 갔다. 해치가 열려 있었고 1, 2 화물칸에서 쌀을 들어내고 있었다. 북한 일꾼들이 팔레트 위에 쌀을 쌓으면 기중기가 들어냈다. 1만2000 톤은 정말 대단한 양이다. 한 포대가 40kg이니 30만 포대이다. 하역된 쌀은 트럭으로 실어 내기도 했고 바로 붙어 있는 양곡 창고에 쌓기도 했다.

우리 배 앞 선석에는 한국 국적의 뉴콩코드 호가 정박하고 있었다. 우리 정부가 세계식량계획(WFP)에 돈을 대 주어서 실어 온 옥수수 2만 톤을 하역하고 있었다. 항구는 쌀과 옥수수로 넘쳐나고 있었다. 한 달 전에는 우리 적십자사가 제공하는 비료가 들어왔다고 한다. 전 세계가 보낸 차관, 지원 물자의 대부분이 남포로 들어왔다. 올해 제공되는 쌀 40만 톤 중 26만 톤이 남포를 통해 하역될 만큼 평양과 가까운 이곳으로 물자가 몰렸다.

노란 쌀 포대에는 '40kg', '대한민국'이 선명하게 인쇄되어 있었다. 옥수수 포대에도 '대한민국 지원'이라는 문구가 있었다. 그러나 이미 오래 전부터 외국 구호물자에 익숙해 있기에 더 이상 관심거리가 아닌 것처럼 보였다. '한 동포끼리 어려울 때 나눠 먹는 것이 뭐 그리 대단한 일이라고. 오히려 당연한 것'으로 여기는 반응이었다. 서울을 출발하면서 북한 사람을 돕기 위한 쌀을 전하고 또 북측의 따뜻한 환대와 고마움의 표시를 기대했는데, 현실은 전혀 달랐다.

오후엔 선원구락부 영화관에서 선전용 영화를 보았다. 1990년대 작품으로 조총련이 만들어 보낸 것이었다. 사회주의적 예술관에 비추어 보면 '수작'이었다.

북한에서의 둘째 날이 저물었다. 너무 더웠다. 소형 선풍기로는 어림도 없었다. 구형 냉장고의 열교환기에서 엄청난 열이 뿜어져 나와 냉장고의 전원코드를 아예 빼 버렸다. 내일은 좀 나아지겠지 하는 기대감을 가져 봤다.

달러보다 유로화가 강세

8월 8일. 저들은 우리를 그저 '수용'하고 있었다. 드디어 우리 대표단의 분노가 폭발했다. 우리 대표단은 압수된 방북 증명서와 카메라를 돌려줄 것, 평양 시찰 등의 구체적인 여정을 제시할 것을 요구했으나 여전히 묵묵부답이었다. 아침을 먹고 긴급회의를 가졌다. '너무 심하다. 배로 철수하고 상황이 악화될 경우 하역중단도 불사한다'라는 결정을 내렸다. 각자 방으로 와서 짐을 꾸렸다.

다시 긴급 모임을 가졌다. 철수하기 전 일단 서울에 상황을 보고하고 그 답을 기다렸다가 행동하기로 했다. 단장이 통신실로 내려갔다. 북경 한국대사관에 전화를 했으나 제대로 연결되지 않았다. 다시 북

● 남포항에서 쌀을 하역 중인 라임벨 호.

경 주재 농산물유통공사 사무소 대표를 찾아 우리의 메시지를 전하고 서울에 보고해 줄 것을 요청했다. 북한 대표들과의 관계는 냉랭해졌고 분위기는 서먹해졌다. 그 사이 우리 측 단장이 다시 북측 단장을 만났으나 요지부동이었다. 그들은 "사람 일손이 부족하고 평양 방문 등은 사전에 준비가 되어야 하는데 그렇지 못하다"며 "나중에 평양에 들어갈 기회가 있을 것"이라는 말만 되풀이했다.

배로 되돌아가기 전 선원구락부에 있는 상점에 들렀다. 북한 술·담배, 한약재 등을 구입했다. 그림 판매점에서 작은 수예용품을 샀다. 조악한 상품들뿐이다. 공식적으로 북한은 유로화를 쓰고 있었으나 여전히 달러($)도 통용됐다. 1유로는 1.8달러로 계산했다. 서울 환율은 1유로에 1.2달러인데 북한은 유로화가 강세였다.

상점 운영 역시 외화벌이가 목적이므로 외환에 엄격한 통제를 가하고 있었다. 상부에 일일 결산을 보고하고 받은 외화는 모두 따로 보관했다. 그러다 보니 잔돈이 없었다. 작은 판매대에는 판매원이 두 명이었고 반대쪽 그림 파는 곳에도 사람이 배치되어 있었다. 하지만 서울 같으면 1명이 충분히 감당할 수 있는 정도였다.

단장이 다시 북경으로 연락을 하자, '하역 중단은 신중히 판단하고 상황에 따라 적절히 대응할 것'이라는 지침이 도달해 있었다. 결국 알아서 하라는 말이었다. 다시 북경으로 연락을 취했다. '방북 증명서와 카메라의 압수, 우리 신변의 사실상의 억류에 대한 대책과 평양 등의 시찰문제에 대한 분명한 지침을 달라'는 메시지를 띄우고, FAX를 통해 답변해 줄 것을 요청했다. 두 시간 후 '방북 증명서의 회수 등은 관행이며 관광 제공 역시 의무 사항이 아니다'라는 답변이 왔다.

현지에 나와 있는 북측 대표들도 상부 지시에 따르랴, 우리 요구를 무마하랴 중간에서 많은 어려움을 겪고 있었다. 우리도 더 이상 그들에게 무얼 요구하지 않기로 했다. 이미 정해 놓은 대로 움직이고 있고 우리의 의견은 아예 수용할 수 없는 상황임을 뒤늦게나마 깨달았기 때문이었다.

오후에 배에 올라 상황을 점검했다. 어제 하역한 쌀 중에 여섯 포대가 변질되었다. 손으로 만져 보니 덩어리처럼 약간 굳어 있었다. 그렇게 주의했건만, 물이 스며든 것 같았다. 나중에 처리하기로 하고 배 위 한편에 쌓아 놓았다.

8월 9일. 아침부터 부산했다. 하역 상황이 예상보다 늦춰지고 있었다. 북한에서는 화차·트럭까지 동원하고 있었다. 바지선을 우리 배 반대쪽에 붙이고 바다 쪽으로 바로 하역했다. 하역창고는 이미 가득 찼고 육상 수송능력이 하역물량을 따르지 못해 크레인의 움직임이 느렸다. 트럭, 트레일러 심지어는 버스까지 동원됐다. 좁은 하역마당이 차들로 가득했다. 각급 단위 조직과 기업, 농장 등에서 직접 나와 쌀을 가득 싣고 갔다. 쌀 배급은 중앙·도·군 단위의 통제를 받아 이루어지며 남포는 평양, 대동강 유역에 쌀을 공급한다고 했다.

● 물이 스며들어 변질된 여섯 포대의 쌀을 뱃전에 쌓아두었다.

남포는 평양과 달랐다

오전 10시 30분. 차를 타고 서해갑문으로 향했다. 길도 제대로 정비되지 않았고 무질서하게 사람들이 다니는데도 90㎞ 이상씩 속도를 냈다. 길은 왕복 8차선 넓이 정도였지만 중앙선이 없었다.

길가로 늘어선 건물은 5~10층 정도의 아파트와 공공기관이 대부분이었다. 모두가 우중충한 회색빛이었다. 도시에 색이 없었다. 길가에는 많은 사람들이 오가고 있었지만 하나같이 남루한 옷차림이었다. 충격이었다. '남새상점', '생선국집', '단고기집' 등의 간판이 간간이 눈에 띌 뿐이었다. 몇몇 구호 간판이 요란했다.

TV에서 본 평양의 밝은 거리와는 대조적이었다. 길옆에 과일과 얼음과자를 파는 노점상이 보였다. 일정 거리마다 있는 것으로 봐서 당국의 허가를 얻어 영업하는 것 같았다.

차로 5분을 더 달리자 바로 들판과 산이었다. 나무가 없는 민둥산 밑으로 단층 살림집이 눈에 띄었다. 단층 연립주택들이 줄지어 늘어서 있었다. 방 한 칸 또는 두 칸에 1세대씩이라고 했다. 길가 논에는 벼가 자라고 있었고 밭에는 대부분 옥수수가 심어져 있었다.

한참을 더 달리자 염전이 보였다. 남포지방은 비가 적어 소금 생산의 적지였다. 논바닥에 그냥 해수를 끌어들여 천일염을 만들었다. 교외로 나왔는데도 사람들이 많았다. 사람들은 자전거를 타거나 걸어 다녔다. 간간이 버스가 사람을 가득 싣고 지나갔다.

점심 식사 후 서해갑문 기념관을 찾았다. 서해갑문은 중간에 섬을 사이에 두고 갑문 쪽과 제방 쪽으로 나눠져 있었다. 제방 쪽은 일직선이 아닌 S자 형태를 이루고 있었다. 마지막 물막이 공사 때 강물의 수압을 조금이나마 분산시키기 위해서라고 했다. 이 연결부는 상당한 압력을 받아 지금도 계속 보수공사가 진행 중이었다.

8월 10일. 오전에 '굿 네이버스(good neighbors)'라는 대북 지원 NGO팀이 떠났다. 이틀 전 정기 컨테이너선에 자신들이 후원하는 어린이 병원의 건축 자재 80톤을 싣고 들어왔다가 예정보다 일찍 돌아가게 된 것이었다. 서울 집 연락처를 적어 주며 전화통화가 가능한 곳에 가면 안부를 전해 달라고 당부했다.

다른 인도 요원들이 배탈이 났다. 생수가 아닌 북한 수돗물을 먹은 것이 화근인 것 같았다. 그들은 점심도 먹지 못했다. 그러는 사이 일요일임에도 의사와 간호사가 바로 달려와 주었다. 충분히 진단을 하고 약과 포도당을 주었다. 유니세프가 지원한 의약품들이었다. 효과가 있었는지 이들은 금방 건강을 되찾았다.

밤에 밝은 곳은 김일성 동상 주변

밤 10시쯤 천둥이 치고 빗방울이 떨어졌다. 걱정이 되어 항구 쪽으로 다가가자 총을 메고 초소를 지키던 어린 여자 경비대원이 긴장한 모습을 보였다. 배는 하역창고에 가려 보이지 않았다. 크레인이 모두 멈춰 있었다. 비 때문에 화물칸 문을 닫은 모양이었다.

남포의 밤은 어두웠다. 항구의 배들만 불빛을 밝히고 있었다. 뒤쪽 아파트의 불빛은 거의 없었다. 그러나 거리 끝에 있는 김일성 전신 동상 주변은 훤하게 밝혀 있었다. 가끔씩 정전으로 TV가 꺼지고 식사 중에 불이 나가 당황했던 것에 비하면 참으로 대조적이었다.

8월 11일. 예정되었던 작업 완료일이 계속 지연되고 있었다. 전날까지만 해도 이날 오전에 완료하고 오후에 떠날 수 있을 것으로 기대했으나 실상은 그렇지 못했다. 어제 온 비로 인해 1시간 20분 동안 작업을 하지 못했다. 역대 항차 중 이렇게 힘들고 긴 경우는 없었다고 한다.

가지고 간 소형 라디오의 이어폰을 귀에 꽂고 정원을 산책했다. 그곳에선 교통방송과 KBS 2TV 그리고 교육방송이 비교적 잘 잡혔다. 간간이 전해 주는 토막 뉴스가 반가웠다. 매시간 하는 교통방송 소식도 정겹게 들렸다.

드디어 화물칸이 바닥을 드러내기 시작했다. 화물칸에서 작업하는 인부들의 수가 더 줄었다. 지난 8일 하역이 시작될 때부터 추가 투입을 요구했으나 어렵다는 말만 되돌아왔다. 하루 하역능력을 계산해서 4~5일이면 넉넉할 줄 알았으나 어림도 없었다. 북한의 하역능력은 기대에 미치지 못했다.

앞쪽에 있는 뉴콩코드 호에서 일주일째 옥수수를 퍼내고 있었고, 이 옥수수 하역작업 때문에 인력과 크레인을 뺄 수 없다고 했다. 봉인된 사진기를 잠시 돌려받아 도크를 돌며 기록 사진을 찍었다. 그때마다 공안요원의 눈길이 매서웠다. 때론 무얼 찍는지 묻기도 했다.

출항 마지막 날에는 우리 측이 만찬을 준비하여 북측 인사들과 우리 배의 선원들을 대접하는 것이 관례로 되어 있었다. 북은 1인당 50달러짜리 만찬을 준비하겠다고 했다. 우리의 예산 규모를 훨씬 넘어선 것이었다. 게다가 초청해야 할 사람은 20명 정도에 이르렀다. 그래서 결국 30달러짜리 음식으로 맞추고 인원도 조정했다. 초과된 돈은 인도 요원들이 각각 분담하기로 했다. 이 역시 북한으로서는 '외화벌이' 사업이었다. 한 끼 식사에 3만 5000원 이상이니, 남쪽 고급 한정식 비용과 맞먹었다. 바가지도 엄청난 바가지였지만 그냥 참고 넘어갔다.

북측 대표 "쌀 369포대가 부족하다"

8월 12일. 드디어 출발 일이었다. 전날 밤 끝날 것이라던 하역작업은 이날 오전 7시 40분까지 이어졌다. 아침 식사를 마치고 바로 짐을 쌌다. 배에 승선해서 항구를 벗어나는 줄 알았는데, '규정'이 그렇지 않다고 했다. 배가 먼저 선석(船席)을 떠나 강 한가운데 정박하면 그때 북측 요원들과 함께 작은 배를 타고 나가 본선에 오른다고 했다.

오전 9시. 북측 대표가 심각한 얼굴로 다가왔다. 쌀이 부족하다는 것이었다. 그것도 한두 포대도 아니고 무려 369포대, 총 14.78톤이었다. 북측은 이런 내용을 담은 보고서를 만들어 선장에게 서명할 것을 요구했고 선장은 이를 거부하고 있다고 했다. 빨리 배에 올라 선장과 함께 해결책을 찾아야 했지만, '규정'에 묶여 그렇게도 할 수 없었다. 자세한 설명도 없었기에 영문도 모른 채 기다릴 수밖에 없었다. 북측 선박회사, 항만 담당자, 남북 인수 요원 등이 뒤섞여 실랑이만 했다.

오전 11시 35분에야 배가 선석을 떠나 대동강 중간에 닻을 내렸다는 소식이 들렸다. 오후 12시 10분에 수속 및 검사 요원들, 남북한 인도·인수 요원들이 세관소속 소형 배를 타고 라임벨 호로 향했다.

식당 안에는 팽팽한 긴장감이 감돌았다. 북한 체류 8일째, 이런 분위기는 처음이었다. 북측이 자체적으로 만든 하역물량 총계표를 내밀었다. 역시 369포대가 부족한 숫자가 기록되어 있었다. 이를 인정하고 서명하라고 하자 선장은 "그럴 수 없다, 내가 책임질 부분이 아니다"라고 주장하며 서명을 거부했다. 말다툼이 오갔고 큰소리가 터져 나왔다. 도저히 이해가 되지 않는 일이 벌어지고 있던 것이다. 쌀은 어디로 사라진 것인가. 남측이 적게 실었거나 북측이 적게 기록을 했거나 둘 중 하나일 것이다.

남한은 도정공장에서 국립농산물품질관리원의 품위확인 후에 합격품에 대해 운송차량 기사와 도정공장 책임자가 수량을 검수하고 운송한다. 무려 3단계에 걸쳐 최소 5개 기관이 상호점검과 검수에 참여한다. 또 북한에 보내는 지원 성격의 차관인데, 굳이 적게 보내야 할 이유가 없으며, 수량, 품질, 해충방역 등에 엄청난 정성을 기울이고 있다. 이런 점을 충분히 설명했으나 북은 여전히 자체 검사 서류를 내밀며 요지부동이었다.

북한의 하역물량 검수는 우리 배 위의 갑판, 크레인 위, 육상 등 세 곳에서 세 명의 요원이 각각 따로 기록하고 매일 그 결과를 맞추도록 되어 있었다. 놀랍게도 북의 각각의 일계표는 정확히 일치하고 있었고 최종 누계표 역시 그러했다. 무려 7여 일 동안 매일 24시간을 맨눈으로 지켜보며 수작업으로 실시한 각각의 누계표가 한 치의 오차도 없다는 말이었다. 369포대면 다섯 번 정도의 크레인 하역물량이었다. 우리는 북의 일별 기록장부 열람과 기록 요원과의 면담을 요구했지만 그 역시 난망한 일이었다.

쌀을 도둑맞고 있다

문제는 이런 일이 이번만이 아니라는 것이었다. 북측 인수 요원의 말로는, 남포로 들어온 이전 항차(航次)에서도 비슷한 경우가 있었고 바로 전 항차에서도 5000톤을 싣고 왔는데 무려 11톤이 부족했다는 것이었다. 전체 수 55항차인 것을 감안하면 그 규모는 수천 톤에 이른다는 것이었다.

이는 일회성의 문제가 아니라 매번 상당한 양의 쌀이 어디론가 새고 있다는 것을 뜻했다. 누군가가 남북 당국의 허술한 식량차관 방식을 악용하여 쌀을 빼돌리고 있다는 것이다. 특히 조직적·체계적으로 이런 짓을 벌이는 것은 아닌지 의심이 앞섰다.

이들은 쌀을 제공하는 남한 당국과 인수하는 북한 당국, 또한 7000만 겨레 모두에게 역사적 범죄를 저지르고 있는 것이었다. 우리는 이미 지난해 쌀 지원 당시부터 이런 문제점을 개선하고자 쌀의 선적단계에서부터 남북한 공동 검수를 제의했으나 아직 이루어지지 않고 있었다.

한 시간이 지나도록 언쟁은 끝날 줄을 몰랐다. 그리고 이것은 양측의 자존심과 신뢰의 문제로 비화됐다. 그러나 하역된 쌀을 전부 다시 셀 수도 없는 이상, 양측이 입씨름을 해 봐야 해결방법이 없었다.

우리 측은 선장이 아닌 대표단이 서명을 하고 그 결과를 주무부처에 보고하는 것으로 입장을 정리했다. 북의 서류에 '수량 부족은 북의 일방적 주장이며 남측이 동의한 것은 아님'이라는 주석을 달아 단장이 서명했다. 이로써 모든 업무가 끝났다.

오후 1시 30분. 세관원 둘만 남고 북한 요원은 모두 하선했다. 언제 다투었나 싶을 정도로 서로 반갑게 작별인사를 했다.

오후 2시 40분. 서해갑문에 도착하니 수많은 북한 선박이 대기하고 있었다. 5만 톤급 도크에는 우리 배가, 그 옆의 3만 톤급에는 어선, 실습용 배, 함포를 천막으로 위장한 경비함, 바지선 등 20척 이상이 한꺼번에 몰려들었다. 교통수단이 부족한 북한의 실상을 보는 듯했다.

어느 바지선에는 북한군 병사들이 가득했다. 그런데 도크에 물이 빠지면서 배가 점점 내려가자 바지선 내부가 보였다. 누런 쌀 포대. '대한민국' 글자가 선명한 우리가 실어온 쌀 포대들이었다. 혹시 우리가 북한군의 군량미를 대주는 것은 아닐까?[6] 사진을 찍기 위해 카메라 봉인 해제를 요구했지만 그들은 들은 척도 하지 않았다.

북한군이 탄 바지선에 우리 쌀이 실려

우리 쌀의 북한 군량미 전용 논란은 해묵은 것이다. 선군정치를 펴는 북한에서 군인에 대한 자원할당은 항상 최우선이었다. 대북 쌀 지

---

6) 2003년 10월 국회 국정감사에서 북한군이 탄 배에 우리 쌀이 실린 사실 때문에 군량미 전용의 혹이 제기되었지만, 통일부는 북한이 "교통수단이 부족한 북한 실정에서 쌀을 수송하는 배에 목적지가 같은 군인들 일부가 우연하게 승선하면서 발생한 일"이라는 답변을 해 왔다고 밝혔다. 그러나 정말 그러한지, 사실을 확인할 길은 없다.

원 합의서 어디에도 쌀의 용도에 대한 제한은 없었다. 북한 당국이 알아서 배분하면 되는 것이었다. 또 그 배분과정과 분배의 투명성 문제에 대한 확인도 사실상 불가능했다.

그동안 우리는 지원만 했을 뿐이었다. 하지만 2003년도 쌀 지원부터는 미흡하나마 다소 진척을 이루어 냈다. 우리가 10만 톤을 지원하는 시점에 북한이 분배결과를 우리에게 통보하고 이후 우리 조사단이 북한을 방문해 현지조사를 벌일 수 있도록 합의한 것이다. 인민군과 우리 쌀이 함께 있는 광경에 대한 의문과 쌀 부족분 369포대의 행방도 우리의 현지실사를 통해 충분히 규명되길 기대한다.

들어올 때 하루를 묵었던 묘박지에서 북한 도선사와 세관 요원들이 하선했다. 모든 봉인이 풀리고 배는 다시 우리 세상이 됐다. 사람들은 태극기부터 달아야 한다고 너스레를 떨었다. 배는 남으로 쾌속 항진했다.

오후 10시 10분쯤 NLL을 넘었다. 시간에 맞춰 갑판으로 나왔다. 백중 보름달이 교교히 비추고 배는 밤바다를 달렸다. 이를 기념하여 밤에 잘 찍히도록 조작한 카메라의 셔터를 마구 눌렀다.

④ 2005년 쌀 지원 북한 방문기

황천항해

12월 3일 아침 일찍 평택항에 도착했으나 날씨는 점점 거칠어졌다. 첫눈이 내려 호남고속도로는 마비되었고, 오후 들어 파도는 점점 높아졌다. 그러나 우리는 반드시 북한에 가야 했다. 작은 통선을 타고 20분

● 인터노블 호. 2006년 외 2항차(외국산 쌀 수송 두번째 항차) 쌀 수송 선박.

걸리는 거리를 무려 1시간 20분 동안 파도와 싸우며 나아가 평택 외항
에 닻을 내린 모선에 겨우 올랐다.

인터노블(inter noble) 호. 2006년 외 2항차 쌀 수송선박, 이 배 해치
안에는 대북지원을 위한 태국산 쌀 6500톤이 실려 있었다.

통선이 너무 흔들려 모두 구토를 하고 통선을 모선에 대기도 힘들었
지만, 파도와 바람이 몰아치는 속에서, 줄사다리를 잡고 겨우 배에 올
랐다. 목숨을 건 셈이었다. 배에 올라 도선사를 기다렸으나 파도가 높
아 올 수가 없다고 했다. 다른 배는 아예 출항할 생각도 하지 않았다.

12월 3일 오후 4시쯤 배에 올라 저녁을 먹었다. 배는 닻을 내려 움
직임이 없었다. 평택 외항에서 하룻밤을 잤다. 휴대폰 배터리를 아껴
가며 아는 사람들과 전화를 했다.

12월 4일 오전 8시. 도선사가 배에 올라 바다로 몰아갔다. 바다는

점점 더 험해졌다. 겨울의 서해 바다는 무서웠다. 밤 11시쯤 파도가 가장 높을 거라고 했다. 말로만 듣던 '황천항해'였다.

배 꼭대기의 브릿지에 올라가 상황을 점검했다. 뱃머리를 때리는 파도가 엄청 높았다. 뱃머리가 들리고 다시 아래로 뚝 떨어져 내리 꽂히고, 배가 아래위, 좌우, 앞뒤, 3각 입체적으로 흔들렸다. 오후부터는 서 있기도 힘들었다. 계속 속이 메스껍고 머리가 아팠다. 보다 못한 선장이 멀미약을 줬다. 선원들은 필요가 없어서인지 구명보트 안에 있던 것을 꺼내 와서 몇 알 나눠주었다.

브릿지에서 항로를 상의했다. 큰 바다로 나갈수록 파도가 높았다. 가능한 한 육지에 붙여서 올라가자고 선장에게 말했다. 그러자 선장은 그렇게 해 보자고 했다. 나만 빼고는, 선장도 선원도 배도 다른 인도 요원들도 북에 가는 것은 처음이었다. 그래서 내가 어떤 때는 대장노릇을 하기도 했다.

다른 요원들이 구토를 하자 필리핀 출신 선원들이 일일이 다니며 청소를 했다. 다들 미안하고 민망한 노릇이었지만, 어쩔 도리가 없었다. 조리장은 밥과 국을 내놓았지만, 거의 먹지 못했다.

4일 밤, 정말 장난이 아니었다. 백령도 근방, 심청이 몸을 던졌다는 장산곶 근처의 인당수를 지날 때는 선실 물품이 다 떨어졌고, 침대 모서리에 몇 차례나 머리를 부딪쳤다. 왜 심청이를 바다에 던졌는지 알 만 했다.

여기는 북조선 해군입네다

배는 낡았고 오래된 것이라 모든 것이 불편했다. 침대 하나와 작은

● 북으로 나아가는 인터노블 호. 방수포로 덮힌 해치 안에 쌀이 실려 있다.

책상 하나, 그리고 난방은 엔진에서 나오는 더운 바람뿐이었다. 눅눅한 선실, 엔진소음, 특유의 배 냄새, 아주 건조한 엔진바람 모든 것이 낯설었다.

"어찌 이리도 배 복이 없을까."

2003년 방북 당시의 배와 차이가 거의 없었다. 배 크기가 조금 작아졌을 뿐, 모든 것이 비슷했다. 누구는 최신형 화물선에서 '마치 크루즈하듯' 다녀왔다고 하던데 정말 배 운이 없는 듯했다.

메마른 엔진 바람 때문에 너무 건조했다. 계속 페트병에 물을 떠서 바닥에 뿌렸지만, 30분이면 다 말라 버렸다. 하지만 이러한 것도 다 괜찮았다. 그저 제발 배가 흔들리고 요동치지나 않았으면 하는 것이 가장 큰 바람이었다.

다른 동료들은 여전히 거의 식사를 못하고 토했다. 특히 탈북자 학교 쪽 여성 대표단원은 정도가 심해 거의 인사불성인 채 계속 토하기만 했다. 이러다가 상륙도 하기 전에 무슨 일이라도 나는 것이 아닌가 싶었다. 빨리 가야 하는데, 엔진은 배 용량에 비해 힘이 모자랐고 게다가 맞바람에 파도까지 몰아치니 배가 거의 앞으로 나가지 못했다.

보통 평균 시속은 10노트 정도인데 뒤에서 바람이 밀어주면 12노트까지 나온다고 했다. 그러나 지금은 5~6노트 정도, 최악의 경우에는 2.5노트 정도밖에 안 나왔다. 기관장은 태국에서 출발하여 상해 근처를 지날 때는 오히려 배가 뒤로 밀리기도 했다고 말했다.

"이건 아무 것도 아니지요. 그나저나 선생님들이 걱정이네요. 힘내세요."

그래서인지 배의 모든 물건은 밧줄로 묶여 있거나 단단히 고정되어 있었다.

나는 그래도 나은 편이었다. 이 배 냄새에 큰 거부감이 없고 익숙한 것으로 봐서 2003년의 경험이 큰 도움이 된 것 같았다. 주는 밥도 잘 먹었고 때론 밥통에서 직접 더 퍼다 먹기까지 했다.

'대표단원 중 하나라도 멀쩡해야 한다. 다 쓰러지면 누가 쌀 날라 주나, 북한 사람들은 또 어떻게 만나고.'

다른 동료들이 시샘할 정도로 잘 먹고 잘 버텼다. 그러나 여전히 속은 불편했다. 그래도 어떻게든 버티며 배 브릿지에 있는 GPS와 통신 장비 등을 보며 위치를 파악하며 계속 북상했다.

6일 새벽 2시 50분. 서해 NLL을 넘었다. 아무 선도 표지도 없지만 이곳이 바다 위의 경계선이었다. 서해상의 군사분계선, 이 선을 경계로 남북은 수십 년을 대치해 왔다. 서해교전, 연평해전 등에서 우리의 서해 함대 장병들은 그렇게 산화해 갔다. 꽃다운 젊은이들은 이 보이지 않는 선을 지키기 위해 그렇게 싸웠다. '북한 해군병사들도 죽었다. 민족분단의 비극이다'라는 식으로 핵심을 비켜가거나 하는 양비론적 접근으로 봐서는 안 된다. 북이 분명 먼저 도발했고 우리 병사들은 응전하다가 당했다. 이렇게 우리 수역, 우리 바다를 지키기 위해 죽어간 해군장병들을 한 번 더 생각했다.

브릿지는 다른 불빛을 보기 위해 밤에는 불을 켜지 않는다. 이 어두운 브릿지에서 초조하게 앞을 지켜보았다. 드디어 북한 수역이었다. 지금부터는 북의 통제를 받아야 했다. 그렇게 생각하는 순간 바로 연락이 왔다.

"여기는 북조선 해군입네다."

선박 전화로 온 호출이었다. 대기하던 선장이 바로 응답했다. 선박명, 톤수와 좌표를 불러줬다.

"어디에 무엇 하러 갑네까?"

"남포항에 쌀 실어다 주러 갑니다."

"기래 고생이 많시오. 옆이나 뒤에 따라오는 다른 배는 없습네까?"

"없습니다. 우리 배 밖에 없습니다."

"한 번 더 확인합네다. 다른 배 없지요?"

"없습니다."

"그럼 안전운항 하시라요."

"감사합니다."

북한도 이렇게 이 NLL을 사실상 인정하고 있었다. 그들은 우리 배가 NLL을 넘는 순간 호출을 했고 우리 배를 통제했다. 정치·군사적으로 NLL을 무시하고 가끔씩 경비정을 내려 보내고 이른바 '조선 서해 해상 군사분계선'·'서해통항질서' 등을 임의로 선포하곤 했지만,

북한 역시 지난 50년간 유지되어 온 이 NLL을 인정하고 있는 것이다.

"북한 장산곶 등 가장 서쪽으로 튀어나온 육지로부터 50마일 이상 떨어진 NLL 지점을 통과할 것."

이곳이 바로 우리 배들이 북으로 갈 때 지나는 길이고, 남북이 합의한 해운합의서 상의 남북연결 항로에 나와 있는 길이었다. 남북 사이에서 더 이상의 NLL논란이 생기지 않아야 한다. 이대로 이렇게 다른 합의가 있을 때까지 현재의 선을 유지하면 되는 것이다.

6일 10시 15분. 드디어 묘박지(pilot station)에 도착했다. 외항선이 입항을 기다리고 항구의 도선사와 세관요원들이 승선하는 지점이었다. 다행히 뒤따라오던 러시아 선적인 17,000톤급 아이노다케(AINO DAKE) 호보다 우리가 빨리 도착했다. 도착이 늦으면 그만큼 입항이 늦어질 수 있는 일이었기에 정말 다행스러운 일이었다.

12월 첫 주에는 태국산 쌀을 실은 배 3척이 거의 동시에 이곳으로 올라오게 되어 있었다. 그래서 통일부는 12월 초 남포항의 하역능력을 감안하여, 한 척은 인근 송림항으로 돌리는 응급처방을 했다.

북한 서한만 대동강 하구 북위 42도 동경 125도 지점. 덕도(DeokDo) 남방 지점. 묘박지에서 바로 남포항과 교신했다.

몇 차례의 교신 시도 후 연결이 되었다. 곧이어 그들이 환영인사를 했고 도선사가 40분 정도 후에 나올 것이라고 했다. 그런데 우리 뒤의 아이노다케 호와의 교신이 잘 안 되는 모양이었다. 서로가 서로를 호출하지만 연결이 안 되는 듯했다. 전화기가 시끄러웠다. 결국 북측이 우리에게 도움을 요청했고 우리 배가 둘의 교신을 중계했다.

"2시간 후 도착한다."

"알았다. 묘박지에서 기다려라."

겨우 둘의 교신이 통했다. 하지만 아이노다케호는 이날 남포항으로 들어오지 못했고 이 묘박지에서 또 하루를 묵고 나서 다음날인 7일에야 남포항으로 들어올 수 있었다고 한다.

북측 사람들이 배에 타기 전에 '몸단장'을 했다. 뱃멀미로 수십 시간을 고생했지만, 험한 꼴을 보여서는 안 되었기에 아무 일도 없는 것처럼 말쑥하게 정장을 차려입었다. 곧이어 북의 도선사와 검역 세관 등 안전요원들이 승선했고 그들과 반갑게 인사를 나누었다.

지난 2003년과 마찬가지로 다시 북과 실랑이가 시작되었다. 북측 요원들이 휴대품 목록을 작성하라고 했고 우리는 그럴 수 없다고 버텼다.

대표단이 모여 긴급회의를 했다. 배를 돌려야 한다는 강경론도 나왔지만, 통일부에 이런 구체적 지침을 만들어야 한다는 건의를 하기로 하고 입장을 정리했다.

"신고서의 의미를 심각하게 부여하지 말자, 대신 가방 검사는 안 된다."

방북증명서와 선원수첩을 북측 요원들에게 넘기고 카메라, 휴대폰은 선실에 봉인했다. 서해갑문 등의 북한 시설들을 찍어서는 안 되기 때문이었다. 그리고 나서 각자의 선실에서 간단히 짐 검사를 했다. 우리의 여성 인도 요원을 위해 북측 여성 요원도 함께 왔다. 이 배가 태국에서 출발해서인지 배에 대한 검색이 대단히 심했다. 모든 인원이 체온검사를 했다. 머리에 체온감지 띠를 몇 초간 부착해 체온을 재는 것이었다. 조류독감과 다른 전염병균에 대한 대비였다. 선원들에게는 검색이 더 엄격했다. 특히 선장 방을 철저히 뒤졌고 금고까지 열어보게 했다.

"세계 100여 개 국을 다녀봤어도 선장실을 검색하고 금고까지 열게 한 경우는 없었다, 쿠바도 그러지 않았다."

이렇게 말하며 선장은 격분했다. 그러나 달리 방법이 없었다. 북한 땅에 있는 이상 북한의 지시에 따라야 했다. 국제적 관례를 들어 설명해도 북한의 사람들은 꿈쩍도 하지 않았다. 미제 등 외세로부터 공격을 당하고 있다는 불안감, 사회주의적 폐쇄성과 개방에 대한 두려움 때문일 것이다. 그렇지만 다른 나라 사람과 배도 아닌 같은 동포의 것이고, 게다가 북한 인민을 위한 쌀을 실어온 선장에 대한 예우치고는 너무나 심했다. 그러했기에 모든 절차가 끝날 때까지 선장은 내내 불쾌해 했다.

"원래 그런 나라 아닙니까. 선장님이 너그럽게 이해하세요."

우리가 위로했다.

모두들 브릿지로 올라왔다. 닻을 올리고 모두들 출항 준비에 바빴다. 브릿지 밖에서 주변을 구경하는데, 갑자기 선장이 뱃고동을 울렸다. 그 엄청난 소리에 정신이 혼미해질 정도였다. 선장을 쩨려보았지만, 선장은 빙그레 웃기만 했다.

"우리 북쪽 사람들은 예의가 있지요. 우린 이렇게 뱃고동을 울림으로써 미리 들어간다는 이야기를 하지요. 이제 뱃고동을 한 번 더 울리갔습네다."

북측 도선사가 미소를 지으며 한마디 덧붙였다.

뱃고동이 한 번 더 길게 울렸고 오후 1시, 서해갑문에 진입했다.

남포항에서 서해 쪽으로 갑문을 먼저 나온 중국 배 두 척이 지나가고 바로 옆으로 또 다른 큰 배 한 척이 빠져나왔다. 선호스트(SUN HOST) 호로 역시 우리 '쌀 배'였다. 멀리서 봐도 금방 알 수 있었다.

북에 쌀을 내려주고 돌아가는 길일 것이었다. 역시 인도 요원들이 밖에 나와 서 있었다.

"안녕하세요! 잘 가세요!"

외쳐가며 인사를 해 보지만 너무 멀어 들리지 않았다. 서로 손을 흔들었다. 정말 반가웠다. 같은 목적으로 북에서 만나고 또 헤어지고.

"고생했습니다. 잘 가세요."

"선호스트 호출 좀 해 주세요. 인사 좀 하게."

다른 인도 요원이 선장에게 요청했다. 그러자 선장이 손가락으로 봉인된 전화기를 가리켰다. 묘박지부터는 모든 통신수단이 봉인되어 쓸 수 없다는 사실을 깜빡 잊었던 듯했다.

1985년 10월 10일 쌍십절 날 준공된 서해갑문은 북한 최대의 역사(役事)였다. 지어진지 꼭 20년이 지났다. 그래서인지 군데군데 금이 갔고 시멘트도 부서지긴 했지만, 북의 가장 자랑스러운 구조물 중의 하나인 것만큼은 변함이 없었다.

서해갑문부터 남포항까지의 40분 동안 강물은 잔잔했고 파도도 없었다. 강변에서는 공사크레인들이 많이 보였다. 남포 조선소의 철골조 배 수리 공장은 새로 지어 붉은색으로 단장을 했다. 2년 전에는 산을 깎아 공사 중이었는데 지금은 완공이 된 듯했다. 10척의 큰 배가 정박해 있었다. 만경봉 호도 눈에 띄었다. 한 많은 만경봉 호, 수많은 재일동포를 북송했던 눈물의 배였다. 이젠 퇴역했는지 2년째 남포항에 묶여 있었다. 이젠 만경봉-92호가 그 임무를 대신하고 있었다. 만경봉-92호는 2002년 부산아시안게임에서 북한 미녀응원단을 태우고 왔고 그들의 숙소로 이용되기도 했다. 배 수리 공장 뒤에는 풍력발전기 4대가 서해 바람을 맞으며 힘차게 돌아가고 있었다. 이렇게라도 많은 전기를 생산할 수 있기를…. 2년 전 여름에도 하루에 한 번 꼴로 정전이 되었는데 2년이 지난 한겨울은 어떨지 걱정이 되었다.

근처 강가에서는 어선들이 고기를 잡고 있었다. 십여 척이 모여 낚시와 그물을 던졌다. 2인승의 무동력 낚시 배들이었다. 우리가 지원한 쌀을 실은 바지선이 우리 배 우현으로 지나갔다. 1천여 가마는 되는 것 같았다. 어디로 가는 것인지는 모르겠지만 우리 앞 배에서 하역한 쌀일 것은 분명했다. 이젠 척 보면 우리 쌀인 줄 알게 되었다. 쌀 포대를 볼 때마다 너무 반가웠다.

쌀 40kg 대한민국.

이렇게 간단히 적혀 있는 PP포대였다. 그러나 이 쌀 포대에는 쌀뿐만 아니라 북을 돕기 위해 기꺼이 세금을 내는 남쪽 국민들의 온정과 민족 화해와 협력, 평화, 그리고 통일을 바라는 염원이 담겨 있었다. 이를 전달하는 쌀 배달꾼들은 그래서 '목숨을 걸고' 북으로 가는 것이다.

쌀 · 40kg · 대한민국

서해갑문을 지난 인터노블 호는 대동강 중간의 외국선 묘박지에서 북의 인수 요원을 기다렸다. 북의 세관 직원들이 올라와 배를 수색하는 동안 북의 인수 요원들이 승선했다. 젊은 북측 엘리트 둘이었다. 반갑게 악수하고 인사를 나누었다. 이어서 바로 쌀 인수인도식이 진행되었다. 남북 당국이 보증한 위임장을 확인하고 쌀 인도 · 인수 서류에 서명하고 교환했다.

남포항 제2번 선석에 우리 배가 무사히 접안했다. 좌우에 다른 배들이 없어 비교적 접안이 쉬웠다. 2003년에는 좌우에 배가 있었고 그 사이에 1만 톤급이 들어가야 했기에 정말 힘들었고 시간도 많이 걸렸다.

기록을 위해 사진을 찍었다. 그리고 인수인도 서명절차를 끝내고 쌀 하역 지시를 내렸다. 그러자 곧바로 2개의 도크의 해치가 동시에 열리고 하역작업이 시작되었다. 인도 요원들은 바로 하선하여 숙소로 갔다. 남포선원구락부 2호실이었다. 선원구락부, 말 그대로 선원들이 묵는 곳이다.

"앞으로 남북 협력 지원사업도 많아지고 남쪽 사람들도 많이 오는데, 선원구락부에 묵게 해서야 되겠는가, 대표단 사람들을 위한 별도의 숙소가 필요한 것 같다"고 말하자, "그렇지 않아도 그런 필요성을 느끼고 있다. 검토 중인 것으로 알고 있다. 다시 한 번 상부에 보고하겠다"고 북측 요원이 말했다.

● 남포에 가는 쌀 지원 인도 요원들이 묵는 남포외국인선원구락부.

숙소는 따뜻하고 아늑했다. 남북 대표단과 선장, 그리고 1, 2항사 등이 함께 만찬을 했다. 북측이 내는 자리였다. 입항시간이 늦어져 음식이 좀 식었다.

"6.15 정신에 입각하여 남북의 화해와 발전을 위해 노력하자."

● 2005년 12월 조선청길무역회사 사장이 서명한 쌀 인수 확인서.

북한 대표단장의 이렇게 환영건배사를 했고 술이 몇 잔 오갔다.

12월 7일. 아침에 눈을 뜨니 온통 은세계였다. 약 5㎜ 정도 눈이 내렸다. 눈비가 적은 남포에 눈이 내렸기에 왠지 좋은 일을 예고하는 듯했다.

떠오르는 해, 외항선이 정박한 대동강, 눈 내린 산하 등이 어우러져 한 폭의 그림 같았다. 비경이 따로 없었다. 신선한 찬 공기가 폐 속 가득이 들어왔다.

구내를 몇 바퀴 산책하면서 남포의 새벽을 만끽했다.

"선생님들, 식사하시라요."

● 쌀 하역작업의 모습.

식당의 접대원 동무가 부르는 소리가 들렸다. 식당으로 가 보니 벌써 음식이 정갈하게 차려져 있었다. 하지만 항해 후유증 때문인지 다들 식사를 많이 하지 못했다.

식사를 마치고 우리 배에 올라 쌀 하역작업을 감독하고 확인했다. 선장실에서 하역량을 점검했다.

새벽 4시. 눈이 오면서 하역작업이 2시간 정도 중단되었다. 눈이나 비가 오면 다시 해치를 닫는다. 무거운 철판을 크레인으로 들어 덮어야 했다. 이 때문에 하역량이 많지 않았다. 9시인 현재 500톤, 보통 하루에 최대 3000톤씩 뽑아낼 수 있다고 한다. 평균 2500톤으로 우리 물량은 3일 정도면 하역이 완료될 것이었다.

브릿지와 배 이곳저곳을 다니며 하역작업을 촬영했다. 남포항에 있는 6기의 대형 크레인 중 4기가 붙어 하역작업을 했다. 일꾼들이 나무

팔레트 위에 쌀을 쌓으면 크레인이 이를 들어 내렸다. 그 뒤로 남포시가지 일부가 보였다.

쌀은 태국산으로 6500톤이었고, 40킬로 가마로 16만2500가마였다. 정부는 이 쌀을 1톤 당 300달러에 구매했다. 여기엔 운송비용 등이 포함되어 있었다. 우리가 실어온 물량은 모두 195만 달러 치였다.

하역된 쌀은 바로 분배되었다. 이미 정해진 분배계획에 맞추어 각 지역 기관 등으로 나눠지고 하역마당까지 들어오는 화차나 트럭, 바지선 등에 실려 나갔다. 우리가 남포에 머무는 동안 우리 쌀을 실은 트럭, 대동강을 가로질러 가는 바지선 등을 자주 볼 수 있었다.

누가 이 쌀을 먹는가. 분명한 것은 북한 인민들이 먹는다는 것이었다. 그러나 전부가 그런가? 북한군에 대한 군량미 전용은 없는가? 이런 질문에 확실히 '그렇다'고 답할 수는 없다.

● 화물칸 안에서 쌀을 팔레트 위에 쌓고 있는 북한 인부.

● 지게차로 쌀을 옮기고 있다.

우리 쌀이 북측 땅에 내려지고 있다. 하지만 이런 전달 과정에 대한 상세한 소식은 없었다. 정부 관리들의 보고서 파일, 또는 언론 보도용으로 배포된 사진 몇 장이 전부였다. 많은 쌀 인도 요원이 북에 드나들고 있음에도 전체 과정을 기록하지도, 또 공개하지도 않았다. 그러나 국민의 세금으로 전달되는 우리 대북식량차관의 전달과정과 경로를 알리는 것은 인도 요원의 당연한 임무이고 도리이다. 그렇지만 공무원들의 보신주의적 속성, 남북한 현안의 민감성, 대북 보안문제 등 여러 이유로 쌀 전달 과정은 거의 공개되지 않아 왔다. 이는 잘못된 일이다. 납세자에게 제대로 알리고 바른 판단을 할 수 있도록 할 책임이 있는 것이다. 책상서랍 속에 자신의 디지털카메라 속에서 잠자고 있는 사진과 체험을 기록한 보고서가 공개되어야 하는 이유가 여기에 있다.

● 작업장의 북한 인부들.

한강갑문 건설해야

12월 7일. 서해갑문을 방문했다.

"갑문 건설자들에게 영광이 있으라"
　　　　　　　　1986. 6. 24 김일성

거대한 글귀가 기념관 입구를 막아섰다.

'공화국은 몇 번이나 갑문 건설을 시도했지만, 이뤄내지 못했다. 워낙 큰 공사였고 돈도 많이 들었기 때문이다. 하지만 '내가 죽기 전에 서해갑문을 볼 수 없다니…'라고 김일성 수령이 아쉬워하며 탄식을 했고, 이에 김정일 위원장 등이 떨쳐 일어나 다시 건설을 추진했다. 그리

● 서해갑문 위로는 도로 철도가 함께 건설되었다.

고 결국 인민군들이 속도전 돌격전을 펴며 나서서 결국 대동강을 막아
냈다."

북한 안내원의 설명이었다. 갑문이 건설되면서 대동강 하구는 거대
한 담수호로 변했고, 평양 등지의 홍수를 막고 농업용수, 공업용수, 생
활용수 등을 안정적으로 공급할 수 있게 되었다. 총 40억 달러의 공사
비가 들었고 담수 둑의 길이는 무려 8km에 이르렀다. 이곳을 드나드는
물동량은 연간 4500만 톤이라고 했다.

서해갑문에는 3개의 도크가 있다. 1번 도크에는 2000톤, 2번 도크
에는 5만 톤, 3번 도크에는 2만 톤의 선박이 드나들 수 있다. 몽리(관
개)면적은 총 34만ha, 이 갑문 건설을 계기로 평안남도와 황해북도에
관개용 물길이 열렸다. 1980년에 공사를 시작해 5년만인 1985년 10월
10일 노동당 창건일에 완공했다. 이러한 내용을 설명하는 어린 안내

● 대동강 하구의 서해 갑문. 북한 선박이 3번 도크를 통과하고 있다.

원의 표정엔 자부심이 가득했다.

남포항 송림항 등을 지나는 모든 선박은 이 갑문을 지났다. 우리 대북지원 쌀의 45% 이상이 이 갑문을 통과했다. '과거 지미카터 전 미국 대통령과 김일성 주석이 함께 배를 타고 서해갑문을 통과했다'고 북한 류경컴퓨터 편집센터가 만든 홍보동영상이 설명했다.

서해갑문 위로는 도로 철도가 함께 건설되어 있다. 제방 근처는 파도가 없고 물고기가 많아 조업의 최적지였다. 작은 고깃배 수백 척이 제방 안팎에서 물고기를 잡았다. 어떤 배는 무동력선으로, 낚시와 그물로 물고기를 잡았다. 언제(제방) 안쪽에서는 민물고기를, 바깥에서는 바닷고기를 잡는다고 했다. 서해갑문 기념관을 다 돌아보고 방명록에 서명을 했다.

남북이 통일되거나 그 전에라도 '좋은 세상'이 되면, 한강 하구에

● 한강 하구의 '한강갑문' 건설 위치.

'한강갑문'을 설치하고 한강 임진강 수운을 이용해야 할 것이다. 위의 한강 하구 사진처럼 강화도와 예성강 초입을 막는 것은 어떨까?

고려호텔 단고기집

"평양을 방문하고 싶습니다."

배에 내린 직후 북측 대표단과의 첫 대화 자리에서 우리가 꺼낸 말이었다. 이에 북측은 구구절절 어렵다는 말을 늘어놓았다. 하지만 그 고생을 하면서 남포까지 왔는데, 코앞의 평양을 두고 그냥 간다면 말이 안 되었다. 결국 우리는 몇 차례의 실랑이 끝에 겨우 승낙을 받았다. 북측 대표단은 상부에 보고하고 방문지와 시간 등을 '조직'해야 했다. 그래서 8일 아침식사를 한 직후 바로 출발했다.

남포시내를 벗어나자 바로 농촌이었다. 남포—평양 간 왕복 10차선 도로는 넓게 잘 닦여 있었다. 그러나 그럼에도 달리는 차량은 별로 없었다. 주민들은 그 넓은 도로를 무단으로 횡단했다. 횡단보도가 따로 없었고 신호등도 없었다.

얼마 가지 않아 바로 남한의 통일교 측이 세운 '평화자동차 공장'이 보였다. 자동차 조립 공장과 수리 · 개조 공장이 있었다. 이곳에서는 피아트 모델의 '휘파람' 등 승용차와 픽업트럭을 생산하고 있다.

조금 더 달리자 그 유명한 '청산리'와 '대안'이란 지명이 나왔다. 북한 농업혁명의 산실 '청산리 방식', 북한 공업부문의 혁명 '대안체계'의 본고장들이었다. 1960년과 1961년에 각각 도입된 '청산리 방식'과 '대안의 사업체계'는 중앙계획당국이 경제를 통일적으로 관리, 운영하는 것을 뒷받침하는 경제관리체계이다.

● 평양 3대 헌장 기념탑 모습.

● 뒷다리 찜탕 요리. 남한에서 보기 드문 단고기 '퓨전'요리다.

달리는 차 속에서 북측 대표단과 이런 저런 이야기가 오고갔다. 서로의 처리와 사정을 잘 아는지라 민감한 이야기는 없었다. 40분 정도를 달리자, 평양의 건물이 보이기 시작했다. 평양 입구에서 평양을 출입하는 모든 자동차는 검문을 받았다. 드디어 '주체의 도시' 평양에 온 것이었다.

김일성의 생가 '만경대 고향집', 3대헌장 기념탑, 노동당사에 들렀다가, 고려호텔 단고기집에서 점심식사를 했다.

요즘 평양을 방문하는 남측 사람들이 늘면서 단고기(개고기)집이 특수를 맞고 있다고 한다. 금강산 관광객을 제외하고 매월 8000명 정도가 북한을 찾는다. 단고기의 자체수요는 제한적이고 외국인은 아예 쳐다보지도 않는 음식이라 남측 사람들이 주요고객으로 떠오르는 것이다. 대동강 구역의 '문흥식당', 통일거리에 있는 '평양단고기집', 보통강변의 '원형식당' 등 이름이 알려진 단고기집도 여러 곳이다. 많이 팔아야 하는 경쟁이 시작된 것이다. 남쪽에 대한 구전광고 · 홍보 요청은 이젠 당연한 일이다.

북한을 방문하는 사람들이 꼭 들르는 곳이 옥류관이다. 그러나 냉면만 먹을 수는 없다. 당연히 다른 음식도 찾게 된다. 외국인들을 의식해서인지, 단고기집은 호텔 정문과는 다른 입구를 썼다. 안내된 곳은 2층의 작은 별실. 예약한 대로 단고기 코스요리를 주문했다. 등뼈찜, '구신(狗腎)'요리, 뒷다리 찜탕, 단고기 국밥 등이 나오고, 마지막으로 단고기 엿이 나왔다. 북한은 단고기로 여러가지 요리를 개발해서 상품으로써 팔고 있었다.

'양계론' 지수

식사를 하고 나서 북한이 자랑하는 또 하나의 기념물인 주체탑으로 갔다. 주체탑은 말 그대로 웅장했다. 높이 170m, 김정일 위원장이 생전의 김일성 70회 생일을 기념해 세운 주체탑은 2만5,550개의 화강암으로 만들어졌는데, 이는 70이란 나이에 365를 곱하면 2만5,550이 되기 때문이라고 했다.

안내원을 따라 전망대 위로 올라가는 엘리베이터에 올랐다. 평양 시내가 360도 전부 내려다보였다. 날은 춥고 바람은 세찼지만, 안내원은 정말 열정적으로 설명했다. 사전에 '조직'되어야 이런 방문이 가능했다. 전망대에서 내려오자, 다른 방으로 안내되었다. 방에 들어서자 바로 보인 것은 물품 판매대였다. 판매원이 다가와 이것저것 설명했다. '주체사상의 상징'인 주체탑 아래에 '자본주의의 상징'인 판매점

● 대동강 야경과 주체탑.

이 있으리라고는 상상도 못 했다. 이것저것 둘러보았는데, 만경대 매점 등 다른 상점들과 판매물품은 거의 비슷했다. 하지만 그냥 나올 수 없어서 2006년도 북한 달력을 하나 샀다. 나중에 서울에 와서 검색해보니 북한 달력 발행소식을 보도한 연합뉴스 기사가 있었다.

공식화폐는 유로였지만, 달러도 통용되었다. 그러나 달러로 계산하면 공식 교환 환율과 달라서 상당히 손해였다. 2003년도에는 공식화폐를 유로로 쓰겠다고 발표한 지 얼마 지나지 않아, 물품 가격 표시가 거의 달러였지만, 이젠 완전히 유로로 바뀌었다. 이제 공식화폐는 '미제국주의의 돈'인 달러가 아니고 '유로'였다.

주체탑을 떠나려는데, 한 무리의 아이들이 몰려왔다. 우리말을 쓰지만, 어딘가 좀 달랐다. 일본 조총련 계열의 아이들과 부모들이었다. 주체탑은 '달러를 가질 수 있는 이방인'이 반드시 들르는 곳인 셈이었다. 이방인이 들르는 주요시설에는 반드시 기념품 가게가 있었다. 외국인 전용상점도 있었다. 이곳에서 '양게론'이라는 북한산 자양강장제를 샀다. 2003년에 남포에서 처음으로 구입해 먹어보니 효과가 있었다. 개성이나 금강산에 갈 때마다 몇 통씩 사왔고 주변 지인들에게도 권해 사다주곤 했다. 매번 조금씩 구매하는 것이 귀찮아 이번에는 아예 많이 사기로 했다. 20통을 사고 가격을 물으니 1통에 30유로를 불렀다. 2003년 남포에서는 20달러, 2005년 금강산에서는 25달러, 개성공단에서는 40달러였는데, 가격이 너무도 많이 올랐다. 그리고 지역마다 천차만별이었다. 2005년 국회에서도 양게론 등 일부 북한 물품이 시범 전시된 적이 있었다. 이때의 가격은 고작 35달러였다. 사회주의 국영가격제 하에서 이렇게 차이가 나다니, 소비자 입장에서는 모르면 바가지 쓰기 딱 좋았다. 남포, 금강산, 평양, 서울 등 지역별 양게

● 주체탑에서 본 겨울 대동강 모습.

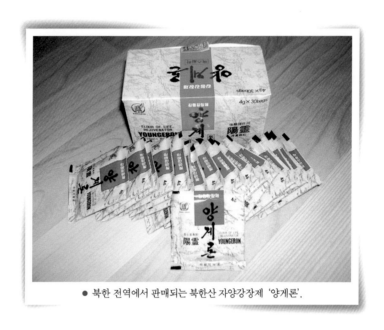

● 북한 전역에서 판매되는 북한산 자양강장제 '양계론'.

론 가격 차이로 지역물가를 가름할 수도 있지 않을까 하는 실없는 생
각도 했다. 빅맥지수와 비슷한 '북한 양계론 지수' 같은.

대동강의 이별

남포로 돌아오니 대북 지원사업을 하는 NGO 팀이 들어왔다. 인천
과 해주 사이엔 (주)국양해운의 셔틀 화물선이 다니고 있다. 매주 2차
례씩 왕복하고, 남북협력기금 등이 적자를 보전해 주고 있다. 이번에
만난 팀은 한국대학생선교회(ccc) 전도사와 수의사 팀원들이었다. 이
들은 북에 염소젖을 공급하기 위해 염소 200마리를 싣고 왔다. 살아
있는 생물을 컨테이너에 싣고 하룻밤을 걸려 북으로 온 것이었다. 소
는 풀을 베 주어야 하고 병에 걸리기도 쉬워 이래저래 손이 많이 든다.

그래서 건강하고 아무거나 잘 먹고 번식력도 좋은 염소를 택했다고 한다. 이들은 누가 알아주지도 않지만, 정말 열정적으로 북을 도왔다. 이런 NGO들은 정부 차원 활동의 부족한 부문을 메워주고 있다. 이는 남북 화해 협력의 아교이고 밀착제인 셈이다.

출발 마지막 날, 아침부터 정신이 없었다. 우리 배가 나가야 바로 다음 쌀 배가 들어와 하역을 할 수 있다고 한다. 그래서 서둘러야 했다. 2003년도처럼, 실어간 쌀이 모자란다고 트집 잡고 하던 모습은 이제 없어졌다. 통일부 사람들 말로는 2003년 〈월간조선〉에 필자가 쓴 방북기 이후 그런 소리는 없어졌다고 한다.

대동강 가에서 통선을 타고 한가운데에 정박해 있는 우리 배 인터노블 호로 가야 했다. 북측 요원들과 이별을 했다. 우리가 찍은 카메라와 짐을 간단히 검사했다.

"우리 때문에 고생했는데, 며칠 푹 쉬세요."

"일 없습네다. 다시 강원도에 통일사업하러 가야 합네다."

어느 단체에서 대북지원 사업을 위해 들어오는 모양이었다. 이렇게 북측의 대남 성원들도 바쁘기는 마찬가지였다.

"당신들은 당신들의 조국을 위해 열심히 일하시고, 우린 우리의 나라를 위해 일하고."

굳게 악수를 하고 헤어졌다. 며칠간 함께 하며 정이 들었던 것 같다. 그들은 우리가 배에 오를 때까지 손을 흔들었다.

인터노블 호에 올라보니 못 보던 짐 박스가 있었다. 알고 보니 북측에서 남은 음식을 싸서 보낸 것이었다. 회, 전, 부침 등이 잔뜩 들어 있었고, 엄청 큰 가물치 두 마리도 산 채로 들어 있었다. 선원들과 나누어 먹었고 가물치는 저녁에 솜씨 좋은 주방장이 회를 뜨고 국을 끓여 주었다.

밤에 다시 NLL을 넘었다. 내려올 때는 서해용왕님이 보살펴 주셨는지 바다가 잔잔했다.

배는 군산항이 아니라 인천항으로 들어간다고 했다. 다시 군산으로 가는 것보다 무려 7시간을 절약하는 셈이다. 아침식사를 마치고 브릿지로 갔다. 인천상륙작전이 생각났다. 월미도를 지나고 인천항 도크로 들어갔다. 조수간만의 차가 큰 서해에서는 이런 갑문 없이는 대형 선박의 접안 및 통항이 어렵다. 수문 뒤쪽이 닫히고 앞쪽이 열리면 배가 나아갔다. 북의 서해갑문과 원리는 같다.

서해갑문과 인천갑문, 1주일 사이에 두 갑문을 통과해 보았다. 규모는 비슷했지만, 도선방식은 크게 달랐다. 남포는 주로 도선사의 감과

● 인터노블 호가 인천갑문에 들어서자 터그보트가 뒤에서 밀며 방향을 잡고 있다.

선박 자체의 추진력으로, 인천은 터그보트(큰 배를 밀어주는 소형선박)의 힘으로 도선과 접안을 한다. 즉 남포는 터그보트보다는 물길과 도선사의 감으로 배를 조심조심 몰아가는 것이다. 반면 인천항은 도크 안이 작아서이기도 하지만, 아예 강력한 터그보트 두 대가 앞뒤로 붙어 대형선박을 힘으로 밀어붙여 접안을 하고 있다. 두 갑문을 지나다니는 배의 숫자와 크기의 차이는 너무나 엄청나다. 폐쇄적 계획 경제와 개방적 시장 경제, 이것이 근본적인 차이이다. 개방과 시장의 힘! 북이 '중국식'이든 '주체식이든' 개방해야 하는 이유가 바로 여기에 있다.

2. 비료 등

① 비료 지원

2005 대북 비료지원

남북 실무회담 협상 결과와 그 평가야 어떻든, 우리가 주기로 합의한 대북 비료지원이 본격화되었다. 제때 지원되도록 남북이 총력을 기울여야 할 것이다. 이에 통일부도 비상이다. 많은 통일부 직원들이 북한으로 '비료배달'을 나가야 하고 또 6.15 방북단을 구성하고, 대책을 세우고 해야 하기 때문이다.

비료를 실은 첫 차가 2005년 5월 20일 출발했다. 그동안 남해화학 등 우리의 비료생산업체들은 맘을 졸였다. 매년 있는 대북 비료지원을 감안하여 열심히 생산했기에, 정부가 사서 북한에 주지 못하면 심각한 상황이 오는 것이다. 무려 20만 톤이면 비료값만 795억 원이다. 여기다 6월 장관급 회담에서 30만 톤을 더 주기로 결정한다면 비료값만 총 2000억 원에 이른다. 비료업계로서는 정부가 큰 고객이다. 매년

20~30만 톤을 보냈는데, 2005년에는 그 배가 넘는 50만 톤을 줄 것 같으니 비료업계로서도 수지맞은 셈인 것이다.

비료의 적기 수송은 매우 중요하다. 5월 말 정도면 북한은 이제 모내기를 거의 끝낸 상황으로, 지금 비료를 쳐 주어야 한다.

2005년 5월 10일께 금강산 일대를 둘러보니, 아직 논 고르기도 안 되어 있었고 소를 가지고 논을 갈고 있는 모습도 자주 보였다.

최단 시기에, 제때에 비료를 보내서 북한의 쌀 증산을 도와주는 것이 결국은 북한이나 우리에게도 이익이다. 남북의 모든 수송자산이 총동원되어 북으로 비료를 올려 보내야 할 것이다.

이와 관련하여, 북한의 수송선이 남으로 와서 비료를 실어갈 예정이라는 보도가 있었다. 북한 배가 오는 것은 지난 1984년 북한이 우리에게 수재의연 명목으로 쌀을 보내준 이래 처음이라고 한다.

대북 비료 지원은 차량과 선박을 이용하는데, 아직 철도 수송은 불가능한 것으로 확인되었다. 지난 연초에 '유전게이트' 핵심인물인 허문석 씨가 북한 모래를 퍼오면서 경의선 철도를 이용하겠다고 신청했고, 통일부는 2월 1일자로 철도수송이 가능하다고 판단해서 승인해 주었다고 한다. 그런데 2월에는 가능하다고 판단했는데 5월에는 철도수송이 불가하다는 말이 나왔다. 통일부가 거짓말을 한 셈이었다. 아직 완전하지도 않은 철도 수송을 가능하다고 하며 무리하게 모래수송 승인을 내주었던 것이다. 그래서 유전게이트와 관련되어 이 모래 반입 승인도 의혹이 있다는 지적이 많다.

하여간 최대한 실어 올려야 한다. 20만 톤을 보낸다는 것은 결코 쉬운 일이 아니다. 2003년에 12,000톤의 쌀을 남포항에서 내리는데 무려 8일이나 걸렸다. 북한의 하역능력, 수송능력도 문제이다. 쌀 하역해

주니 동원할 수 있는 차량은 모두 동원해서 쌀을 날랐지만, 하역마당에 내릴 데가 없어 크레인이 쉬어야 하는 상황이다. 어차피 날라 주는 것, 우리 차량이 북으로 들어가 직접 군 단위까지 실어주는 것도 한 가지 방안이다. 수송비가 조금 더 들겠지만, 북으로서도 속을 다 보여 준다는 것 빼면 크게 손해날 건 없을 것이다. 북한이 당장은 수용하지 않겠지만, 이번에 강력히 제의할 필요도 있다고 본다. 우리의 '대한통운' 트럭들이 비료와 쌀을 싣고 북한 땅 전역을 누빌 수 있다면, 그 또한 남북관계의 하나의 진전이 될 것이다.

이 비료를 받고 북한이 이제는 고맙다는 말 한마디쯤은 건네주었으면 한다. '농업부문의 주공전선을 잘 공략'하여, 이번에 보내준 비료를 잘 활용해서 대풍년을 이루어 배곯지 않도록, 성과 있게 잘해 주기를 바란다.

2006 대북 비료 지원

통일부가 북한이 요청한 비료 15만 톤 지원을 결정한 것 같다. 약 590억 원 정도 든다. 2006년엔 특이하게도 유기질 비료 1천 톤을 시범적으로 보낸다고 한다. 일부 유기질 비료 생산조합에서는 "왜 화학비료만 보내나, 유기질 비료도 잘 안 팔려 죽겠는데 우리 비료도 좀 사줘라"라고 하는 요청과 로비를 했고, 일부 국회의원들은 국회에서 북한에 유기질 비료를 보내는 방안에 대해 공청회를 열기도 했다.

2005년 9월 국정감사에서 통외통위 어느 의원은 대북 지원 화학비료가 북한 화학무기의 원료가 될 수 있다는 주장까지 했다. 물론 이 주장에 대해 통일부는 '북이 그렇게 할 이유가 없으며, 가능성도 낮다'

며 펄쩍 뛰며 부인하긴 했다. 이런 요청과 여러 이유로 통일부도 시범적으로 올해 1천 톤을 보내기로 한 것으로 보인다. 그러나 담당자들의 의견을 들어보면, 유기질 비료는 식량증산 효과보다는 토양개선, 지력 증진 등 간접적 효과가 커서 북이 별로 선호를 하지 않을 것 같다는 것이다. 우리가 70년대에 화학비료와 통일벼로 식량자급을 이루었듯이, 북한의 경우 역시 토양의 산성화 문제 등은 후차적인 것이고 당장 토질개량 보다는 식량생산이 우선일 것이다.

2006년, 북한은 45만 톤을 요청해 왔다. 이번에 15만 톤을 미리 보내고 나중에 나머지를 검토하게 될 것이다. 비료 1톤이 쌀 3톤이다. 15만 톤을 보내면 45만 톤의 쌀 증산효과가 생기는 셈이다.

② 조류독감 방역약품 지원

2005년, 북한에서는 조류독감이 대단히 심각했다. 이에 스스로 자구노력을 했고 또 국제기구도 도왔다. 들리는 이야기로는 약 수십만 마리의 닭이 도살 처분되었다는 소리까지 있었다.

북한은 2005년, '먹는 문제 해결에 최선을 다하자'고 결의했다. 그래서 예산도 많이 배정하고 지난 겨울부터 농사를 잘 짓기위한 대책을 세워 왔다. 우리에게도 비료를 무려 50만 톤이나 지원해 달라고 1월 13일 한겨울에 요청을 했다. 매년 30만 톤 정도를 2월이나 3월쯤에 달라고 했는데, 이해엔 규모도 늘었고 요청 날짜도 훨씬 빨랐다.

우리는 이런 요청을 받고 매년 군말 없이 주었다. 국회 보고가 끝나는 4월이나 5월쯤부터 배로 실어 날라 주었다. 물론 수송비도 우리가 부담했다. 하여간 북은 '먹는 문제 해결하겠다'해서, 평양 근처 등에 양계장을 엄청나게 지었고 닭이 많이 부화해서 이제 좀 키워서 잡아먹을 만하니까 조류독감이 돌았다. 참으로 딱한 일이었다. 아마 충분하지 않은 양계시설에 닭을 너무 많이 키우고 또 방역약품이나 방역체계가 부족해서 일어난 일이 아닌가 한다. 이에 우리가 지난 3월 29일 방역 문제를 도와주겠다고 하자 4월 8일 도와달라고 했고, 9일에는 지원방침을 구체적으로 알려주자 북한은 11일 고맙다는 감사 전통문을 보냈다.

2004년 말 이후 남북은 변변한 대화 한 번 못하고 세월만 보내고 있었다. 공식적으로는 우리가 탈북자들 수백 명을 한꺼번에 데리고 온 것과 김일성 사망 10주기 조문단 방북을 불허한데 대해 북한이 화가 나서이다. 그래도 북한이 비료는 연초에 달라고 하긴 했는데, 핵 보유 선언하고 6자회담을 거부해 버렸고, 이렇게 분위기가 험악하게 돌아가면서 대북지원에 너그러운 정부조차 비료주자는 소리를 못하게 되었다. 미국도 대놓고 반대하고 주변국도 모두 반대일색이었다.

독일에 간 노무현 대통령은 '당당히 만나서 달라고 그래라 그럼 생각해 보겠다'고 하기도 했다. 즉 남북 회담과 비료지원을 연계하면서 북을 대화 테이블에 끌어내기 위해 애쓴 것이다. 이제 남북이 대화해야 할 때인 것이다.

통일부는 국회에 수십 억 규모의 방역약품과 장비를 지원하겠다고 보고해 왔다. 그리고 곧 남북이 개성에서 방역 관련 기술협의를 한다고 했다. 조류독감, 이것은 남북 모두가 긴장해야 할 사항인 것이다. 남북이 열려서 금강산에 들어가고, 개성공단으로 오가는 사람도 매일 수백 명이고 차량도 수백 대이다. 이 전염병이 남으로 확산되면 우리 양계농가도 무사할 수 없다. 그러니 남북이 공동으로 힘을 모아 빨리 조류독감을 퇴치해야 한다.

2005년 수십억 원의 방역장비 지원이, 첫째로 북한의 조류독감을 퇴치해서 북한 인민들이 닭고기를 많이 먹을 수 있게 해 주고, 둘째로 북한의 '꽁한 마음'을 바꿔서 남북이 대화를 재개하고 교류와 협력을 확대하는 계기가 되었으면 하는 바람이다.

3. 대북 경협 지원

① 전력공급

암흑의 북한, 남한의 전력 공급

다음 사진은 2005년 3월 미국 럼스펠드 장관이 미국을 방문 중인 박근혜 한나라당 대표에게 건넸다는 사진 중의 한 장이다. 인공위성에서 한반도와 동북아를 찍은 사진이다. 북측은 평양에 점 하나만 있을 뿐, 전역이 암흑이다.

반대로 남측은 수도권과 광주 부산권 그리고 동해의 오징어잡이 배더 멀리 원양어선단의 불빛으로 불야성을 이루고 있다.

2004년 8월 동해 독도 근처에서 작전 중인 미 항모 키티호크 (kittyhawk) 호에 랜딩한 적이 있다. 당시 작전상황실의 한반도 공역 레이더에는 남에는 수십 대의 비행기가 떠 있었지만, 북에는 정말로 단 한 대의 항공기도 날지 않고 있는 모습이 보였다.

북은 어둡다. 2003년 8월 남포의 밤은 정말 어두웠다. 대동강 남포항에 떠 있는 화물선의 불빛과 남포 시내 한가운데 있는 김일성 수령 동상 주변을 빼고는 거의 불빛이 없었다.

금강산 입구의 마을을 잇는 전신주를 보면, 참으로 열악하

● 인공위성에서 찍은 한반도 사진.

다. 그리고 동해선 북측 구간의 전철화 설비를 보면, 우리 것과는 비교할 수 없을 정도로 조악하다. 그런 수준으로 전기열차가 다닐 수 있을지 의심스럽기까지 하다.

2005년 3월 16일 처음으로 개성공단으로 우리 전기가 올라가기 시작했다. 우리는 대놓고 떠들썩하게 기념식도 하고 세계에 자랑하고 싶었지만, 북이 반대했다. 북의 입장에서는 별로 달가운 일이 아니기 때문이었다. 조만간 시범 사업을 넘어 본 사업이 진행되면 더 많은 전력이 올라가야 한다. 아마 금강산으로도 곧 전기가 보내질 것이다. 현대아산이 끊임없이 우리 전기 공급 허용을 요청하고 있기 때문이다. 그러나 동해선 따라 북으로 전기를 보내기 위해서는 남쪽에 발전소와 변전소를 더 지어야 한다. 이 지역에는 지금 북으로 보낼 만큼 전력 사정이 그리 넉넉하지 못하고 배전 선로도 단선이다. 현재 짓고 있는 양

양 양수 발전소가 완공되어야 금강산 대북송전도 가능할 것이다.

몇 년 전 김대중 정부 당시 경의선 연결 사업이 추진될 때 국회에는 놀랄만한 첩보가 접수되었다. '경의선 철로 밑으로 북으로 가는 송전선이 매설되고 있다'는 미확인 이야기였다. 당시로서는 이 일이 사실로 확인될 경우, 이른바 세상이 뒤집어질 일이었다. 이에 대해 현장 조사를 한다 어쩐다 법석을 떨다가 확인이 안 되어 유야무야된 적이 있었다. 지금은 북으로 전기를 보내도 누구도 시비를 걸지 않는다. 그만큼 세상이 바뀌고 있는 것이다. 우리 기업이 쓰는 것이긴 하지만, 그래도 북으로 가는 최고의 전략물자인데 말이다. 그렇지만 이렇게 제공된 전기가 다른데 쓰이지 않도록 철저히 관리해야 할 것이다. 전기선 연결만 하면 전기는 때와 장소를 가리지 않고 흘러 나가기 때문이다.

더 많은 전기가 북으로 가서 남북 협력과 화해의 밑거름이 되었으면 한다. 그리고 암흑인 북한 땅을 훤히 밝혔으면 한다. 또 앞으로는 전기가 아닌 발전소를 지어 주어야 할 것이다. 풍부한 북한의 수력, 풍력을 이용한 발전소도 짓고 전력설비도 지원하고 그렇게 가야 한다. 물고기보다는 물고기를 잡는 법을 가르치고, 낚싯대를 줘야 하는 것처럼 말이다. 그러나 북한의 핵 문제가 해결되지 않고서는 입도 뻥끗 못하는 처지이다. 그저 안타까울 수밖에 없다.

대북전력공급 국회 동의 거쳐야

우리 정부의 이른바 중대제안 내용이 밝혀졌다. 이 말이 처음 나온 지 2달여가 지났지만, 그동안 정부는 북한이 6자회담에 나오면 알려주겠다며 밝히길 거부해 왔다. 이제 북한이 6자회담에 나온다고 하고

2005년 7월에 6자회담이 열리게 되면서 정부가 이 내용을 공해한 것이다.

그동안 국회는 '어찌되었던 돈 낼 사람이 우리 국민들인데, 내용을 공개하지 않고 북한에 먼저 제의하는 것은 문제가 있다'는 지적을 많이 했다.

2005년 7월 12일 공개된, 이른바 중대제안은 북한에 경수로를 지어주는 것 대신에 200만kwh(킬로와트)의 전력을 직접송전방식으로 보내주겠다는 내용이었다.

이에 대해 다음 몇 가지를 지적한다.

첫째로, 이게 전부냐.

북한에 대한 중대한 제안은 북한 체제보장 등 정치군사적 사안과 이른바 '북한판 마샬플랜'으로 알려진 엄청난 대북 지원 등이었다. 그런데 정치군사적 사안은 없었고 오직 대북 지원 계획만이 발표되었다.

정부는 당초 우리의 주도적 노력으로 중대한 제안을 통해 북한을 6자회담에 끌어들이겠다는 그런 입장을 밝혀 왔고, 정동영장관은 김정일 위원장을 만났다. 이 과정에서 비료 35만 톤과 쌀 50만 톤, 그리고 민간 부문의 연탄 수만 장이 올라갔다.

북한이 국제사회에 가장 중요하게 요구했던 것은 이른바 체제보장 문제였다. 현 정부는 이 문제에 대한 카드를 가지고 있는 것처럼 계속 발표를 해 왔고 미국의 뉴욕채널을 통해서 북에 제의했다. 또 미국에도 외교부장관, 통일부장관, 이종석 NSC 차장 그리고 대통령까지 가서 이런 문제를 협의했다. 미국도 이에 대해 동의했다, 양해했다는 보도가 줄을 이었다. 그런데 이번 중대한 제안에 북한의 체제보장을 위한 우리의 노력 부분은 아예 언급조차 되어 있지 않다. 너무나 이상한 대목이다. 정부가 지금 공개를 하지 않고 있든가, 아니면 당초 이에 대한 우리의 역할은 아예 없었음에도 불구하고 현 정부가 거짓말을 했든가 둘 중 하나일 것이다.

사실 이 사항에 대해서는 긴가민가했다. 북한 체재보장과 북 핵 동결 검증 등의 문제는 우리가 낄 사안이라기보다는 미·북한 간의 문제였다. 쭉 그래 왔다. 그런데 정부가 난데없이 중대한 제한을 언급했고, 다들 우리 정부가 무슨 히든카드를 가지고 있는가보다 했다. 그런데 발표 내용에는 이러한 사항이 전혀 없었다. 정부는 이 점에 대해 소상하게 밝혀야 할 것이다.

둘째로, 전력공급 비용문제이다.

3조 원이 넘는 비용이 필요하고 했다. 정부는 동결상태에 빠진 경수로 비용을 돌려쓰는 것이라고 말했다. 마치 경수로 비용이 어디 외국은행에 적립해 놓고 이를 꺼내 쓰면 되는 것처럼 주장했다. 경수로 재원은 결국 채권을 발행해서 조달해왔다. 하지만 그동안 11억 달러 이상 쏟아 부었지만, 결국 무용지물이 되었다. 경수로가 중단되면 거기에 들어간 우리 돈은 물거품이 되고 또 지금 장마 비에 녹슬고 있는 수백억 원 어치의 우리 건설자재와 장비는 또 고철더미로 전락할 것이다. 그렇다고 경수로를 계속할 수도 없고 진퇴양난이다. 경수로 예산 빚을 갚기 위해 빚을 내고 있는 실정이다. 남북협력기금의 경수로 계정의 조달 부문은 온통 채권발행으로 되어 있다.

'그동안 이 빚을 갚자. 그럴 방안을 연구해야 한다'고 했지만, 결국 아무것도 된 것이 없다.

김대중 정부는 처음에 '우리 국민들의 전기요금에 함께 부과하자. 즉 1kwh에 전기요금+경수로 요금을 더해서 국민들에게 부담을 지우자'는 방안을 냈다. 그러나 대북 지원에 국민들 부담금은 안 된다, 무슨 소리냐, 등등의 반발에 부딪혔고 결국 김대중 정권은 급하고 편한 방법으로 빚을 내서 조달해 왔다. 그리고 매년 그렇게 했고 지금도 갚을 방안은 마련조차 되지 않고 있다. 하여간 북한 대북 전력 지원 비용도 모두 우리 국민의 세금이다. 무려 2조 원~3조5천억 원의 규모이다. 다 좋은데, 이 경수로 11억 달러 빚을 어떻게 할 것인가. 이에 대한 국민적 합의와 해결 방안을 먼저 정해 놓고 북한에 전력을 지원해야 할 것이다.

셋째로 왜 대북송전이냐.

북한에 100만kwh 화력발전소 2기를 지어주면 오히려 쉬울 것이다. 이는 그동안 경수로를 대체하기 위한 방안으로 여러 차례 논의되어 왔던 것이다. 북한 평양 근처와 동해안에 하나씩, 우리 기술자 장비 자재가 올라가서 지어주면 비용도 장기적으로 싸게 먹히고 또 리스크도 훨씬 적어질 것이다. 북한에는 질 좋은 무연탄이 엄청나게 매장되어 있다. 기술과 돈이 없어서 활용을 하지 못하고 있을 뿐이다. 그러니 북한 탄광과 공동개발을 하고 우리 장비로 지어주고 하면 남북 화해와 협력은 더욱 높아질 텐데 왜 그러지 않는 것인가.

대북 장거리 송전에 따른 전력손실, 또 수십만 킬로와트의 고압 송전로에 따른 환경문제 등 여러 문제가 생기는데 왜 굳이 이런 직접 송전 방식을 택했는지 모를 일이다. 북한에 당장 송전이 급한 것인가?

아니면 여차하면 우리가 전기 공급을 중단시킬 수 있기 때문인가. 여러 대안에 대해 나름의 충분한 검토를 했을 것이지만, 그 내용을 제대로 밝히지 않으니 궁금하기 그지없다.

넷째로 35억 불, 이 정도의 지원이냐.

필자는 북한판 마샬플랜과 관련하여 과거 우리정부가 소련에 30억 불을 지원했듯이 해외채권발행을 통해 소비재전대차관이든 아니면 과감하게 현금성 은행차관이든 그러한 것들을 지원할 가능성도 있다고 보았다. 또 지난 번 보도되었던 철도 농업 경공업 등 각종 분야마다 '백화점식', '종합선물세트'식 대북지원 프로그램이 마련될 것으로 생각했다. 대북화해 협력을 강조하는 정부이니 충분히 그렇게 과감하게 할 수도 있을 것이라는 판단을 했는데, 이런 기대보다는 아주 작은 느낌이었다.

20억 불 지원 정도를 가지고 '중대한 제안'이란 용어를 써 가며 그렇게 크게 떠들어 댔단 말인가.

다음으로, 현행 남북협력기금은 국회의 동의를 거치지 않고 정부가 마음대로 쓸 수 있다. 물론 기금운용 위원회를 거치고 국회 통일외교 통상위원회의 보고를 통해 집행할 수 있도록 하고는 있지만 말이다.

이번 대북 직접 송전의 경우 정부의 재정과 채권 발행 등 국내 재정으로 그 비용을 충당하는 것이 가능하다면 굳이 국회의 동의를 받을 이유가 없는 것이다. 물론 해외에서 채권을 발행하거나 하는 경우에는 당연히 국회의 동의가 필요할 것이다.

35억 달러, 2008년부터 10년간이면 연간 3500억 원, 아니 5년이면 연간 7000억 원 정도가 필요하다. 이 정도는 해외에서 채권 발행할 필요 없이 정부 일반회계와 공자기금 등에서 충당할 수 있다. 남북협력기금을 2005년보다 2배 정도 늘리면 되는 수준이다.

지금 이런 대북 전력 송전을 두고 퍼주기다, 원천 봉쇄하자, 이런 주장은 소수일 것이다. 또 당연히 그런 주장이 나와도 이들을 감싸고 설득해 나가야 할 것이다. 국회 전원위원회 등이나 지난 6월말 폐지된 국회 남북관계특별위원회를 부활시켜 논의할 수도 있을 것이다. 여기서 정부의 입장을 충분히 듣고 또 다른 대안에 대해서도 검토하고, 아니면 정동영 장관이 출석하는 청문회를 설치하여 논의할 수도 있을 것이다.

결국 이러한 사안들에 대한 국민적 동의와 합의, 투명성 문제는 매우 중요하다. 그에 준하는 절차를 밟을 필요가 있는 것이다. 국회 통외통위의 결의든 국회 결의를 할 수도 있다. 극단적으로는 국민투표에 붙일 수도 있을 것이다.

남북이 대북송전과 관련한 합의를 하고 이 합의서를 국회가 체결동의하는 방식이 가장 바람직하다. 특히 정권이 바뀌더라도 행정부의 입장에 구애받지 않고 대북 송전을 계속할 수 있기 위해서는 국회의 동의가 반드시 필요하다. 북한도 우리의 정치적 상황이 대북 송전에 영향을 끼치는 것은 아닌가 하고 우려하고 있다. 국민적 합의를 거쳐 대북 송전 방식이 확정된다면 합의서 체결과 국회의 합의서 비준동의 방식이 가장 적절함을 미리 말해 둔다.

대북 송전이 옳으냐 그르냐의 문제는 이미 넘어선지 오래다. 그만큼 우리 사회가 대북 지원에 대해 시각이 많이 바뀌었다는 것을 의미한다. 남은 것은 국민적 합의와 동의 방식이다. 이에 대한 몫은 국회가 할 일이다.

② 지원비용

남북협력기금 바닥났다

2005년 6.15 정부대표단의 방북과 제15차 남북 장관급 회담 이후 남북 간에는 여러 사업이 정신없이 추진되고 있다. 통일부는 '남북협력기금을 어디에 얼마를 쓰겠다. 그리 알고 동의해 달라'는 문서를 연일 국회로 보내온다. 쌀 지원, 화상상봉 비용, 비료 추가지원, 대북 NGO 지원 등등 명목도 참 많다.

기금은 정부가 알아서 쓰는 것이 원칙이지만, 이 남북협력기금만큼은 일일이 국회 통일외교통상위원들에게 보고하고 집행하도록 하고 있다. 매년 말 기금운용계획서를 국회가 통과시켜줄 때 그런 내용의 부대조항을 넣어 둔다. 이렇게 하면, 이 계획서가 국회를 통과하는 것은 내용적으로 1년짜리 법률안과 같은 효력을 가지게 되는 것이고, 또 여야 합의와 국회에 보고하고 하는 것이 대북지원의 투명성과 국민적 합의를 담보할 수 있다고 보아 매년 그렇게 하고 있다.

하여간 대북지원은 2005년, 엄청나게 늘어났다. 이미 남북협력기금은 바닥을 드러냈다. 이렇게 되면 북한에 주고 싶어도 못 주게 된다.

2005년 7월 26일, 정동영 통일부 장관은 기금에 대해 솔직한 입장을 밝혔다.

"현 남북협력기금 규모로는 핵문제 해결을 넘어 실질적 협력사업을 펼쳐나가는 데에 한계가 있다. 내년 8,891억으로 잠정 확정돼 있는 기금의 규모를 일반회계의 1% 수준(1조 3,000억 원)으로 확대해야 한다. 쌀과 비료 지원의 양도 커졌고 내년에는 대북 송전문제 등 추가적 비용 발생이 예상된다. 올해 책정된 기금 6,500억 원도 이미 소진돼 올 연말이면 결손이 1,000억 원대에 달하게 된다."

이 일반회계 1% 대북 지원 주장은 시민단체 일각에서 나오던 것이다. 정 장관이 이를 공식적으로 거론한 이상, 대북 지원의 규모와 적정성 문제에 대해 논란이 벌어질 가능성이 매우 높다.

대북 지원 '연간 1조3천억 원.'

이 돈은 우리의 실업급여 총액과 맞먹는 돈이다. 우리의 2005년도 대외원조(ODA) 4,096억 원의 3배에 이르는 돈이다. 워낙 갑작스럽게 대북 사업에 돈이 많이 들어가다 보니, '퍼주기냐, 아니냐'의 논란을 넘어서서 이젠 우리가 얼마나 부담할 수 있는가를 고려해야 할 상황으로 바뀌었다.

일부 보수적인 사람들은 아직도 '퍼주기냐 아니냐'만 가지고 논란을 벌인다. 이젠 이런 논란과 함께, 좀 더 구체적으로 우리의 부담능력이 어느 정도가 적정한 지, 정부가 하자는 대로, 북한이 달라는 대로 다 줘야 하는지 등에 대해 정말 진지한 검토를 해 나가야 할 때이다. 이게 국민적 합의이다.

국회에 '지출 결의서' 한 장 달랑 보내 놓고 곶감 빼먹듯 푹푹 써대는 정부의 씀씀이를 보고 있노라면, 정말이지 속이 편치 않다. 더구나 2005년 말 정해준 1년 살림 계획보다 훨씬 초과지출을 해서 한 해의 절반이 겨우 지난 지금 이미 돈이 바닥이 나 이제부터 빚을 내겠다는 장관의 발언을 들으면서, 한편으로는 대북 지원의 필요성은 인정하면서도 영 뒷맛이 씁쓸했다. 돈 걱정 안 하고 펑펑 써대는 며느리를 보는 시어머니의 심정이라고나 할까? 이제는 적절한 통제가 필요할 것이다. 북한이 달라는 대로 다 줄 수도 없는 것이고, 우리의 주머니 사정도 고려해야 한다. 그래서 대북 지원 우선 순위와 중장기 지원계획을 세워서 지원해도 해야 한다는 생각이다. 또 북한에 대한 종합개발전략을 세워 놓고 우리가 지원할 분야에 대해 집중적으로 지원하는 것이 필요하다.

당장 급한 밥은 줘야겠지만, 다른 것은 좀 더 전략적으로 통일 이후까지 고려해서 주는 것이 옳을 것이다.

북한 추가지원 5년간 5조2500억 원, 그 뒷이야기

2005년 11월 3일 도하 각 신문에 북한 추가지원 5조2500억 원에 대한 기사가 실렸다. 정부 내에서는 이미 알려진 자료지만, 국회에는 제대로 보고하지 않았다가 이번 공개로 처음으로 공론화되는 것이다.

국회 통외통위에서는 당연히 이 문제가 많은 논란이 되었다. 요점은 이것이다. 대북 지원을 무작정 반대하는 시대는 지났다. 북한 지원 절대반대를 외치는 극우적 시각도 경계해야 한다. 그렇다고 무턱대고 북이 하자는 대로 따라가는 것은 더욱 위험하다. 납세자인 국민의 동의도 필요한 것이다.

우리 국민들도 알아야 한다. 지원해도 알고 해야 한다. 빚을 내도 납세자인 국민들이 납득해야 한다. 이런 문제에 대한 국민적 이해와 합의가 중요하다.

2005년 11월 3일 아침 통일부 담당과장에게서 전화가 왔다.

"5조 원 대북지원은 확정된 것이 아니다. 실무자들이 예산 편성을 위해 대략적으로 추정해놓은 수치에 불과하다. 의미를 둘 것이 아니다. 또 앞으로 이런 자료들이 공개되면 북한과의 협상에 지장이 있다."

이러한 항변이었다.

"대북 지원 부담을 지고 세금을 내는 사람들은 국민들이다. 납세자들이 모르게 갈 수는 없다. 통일부의 입장을 이해하고 문제로 제기한 내용을 충분히 감안한 것이다. 세금을 늘려야 한다면 당당하게 국민들을 설득해라."

이에 이렇게 답변했다.

서로의 입장과 처지는 다르지만, 충분히 뜻이 통했다. 앞으로 서로 잘 협조하기로 하고 30분간의 통화를 끝냈다.

다음은 북한 추가지원 5조 원과 남북협력기금 4500억 원 채권발행에 관련하여 내놓은 자료이다.

〈자료〉대북 '마샬플랜' 추가지원, 5년간 총 5조2500억 원

지난 제 10차 경추위(2005. 7. 12) 합의사항의 총 지원액 규모는 1조 9300억 원에 이르는 것으로 확인되었다. 통일부는 이런 지원 규모를 06년부터 2010년까지 5개년 간 연차적으로 예산안에 반영하려 하고 있다. 우리 국민의 혈세가 들어가는 일이다.

● 마샬플랜 추가지원
부분별 소요액을 보면, 농업분야 5600억 원, 경공업지원(신발, 섬유, 비누 등) 1조 원, 수산협력 1천억 원, 광업협력 1500억 원, 과학기술협

력 1200억 원 등이다. 여기에 대북전력 3조3200억 원(정부 추산) 등을 합하면 무려 5조2500억 원에 이른다. 내년도 예산안에 아주 조금 슬쩍 얹어 놓고 또 대북전력지원 예산과 섞어 슬쩍 넘어가려 한 것은 아닌지 의심이 든다. 당연히 그 전모를 국회에 보고했어야 한다.

대북지원을 위해 '남의 돈, 후세의 돈'을 끌어 써야 하는지에 대한 면밀한 검토와 국민적 합의 그리고 재원조달 방안이 필요하다. 특히 중요한 것은 우리의 이런 지원이 어떤 목적과 효과를 기대하고 있는가, 우리 정부는 무엇을 노리는 것인가 하는 점이다.

● 굳이 빚까지 내서 대북지원을 해야 하는가

2006년도 통일부 예산안 심사는 '빚까지 내서라도 대북지원을 해야 하는가, 아니면 예산의 범위 내로 제한해야 하는가'를 결정하는 갈림길이었다.

이 '5조2500억 원 패키지 지원'을 위해 2006년도 남북협력기금의 남북협력계정에는 공공기금 예수금 차입으로 무려 4500억 원이 반영되었다. 경수로 계정이야 어차피 빚을 내서 조달해 왔기 때문에 논 외로 하더라도, 정부 예산만으로 충당했던 대북 지원이 이제는 빚을 낼 시점인 것이다.

우선 2005년 예산안에는 공공기금 예수금에서 500억 원을 차입하는 것으로 되어 있으나, '06년의 경우 4500억 원으로 9배가 늘었다. 이렇게 되면 '06년부터는 본격적으로 빚을 내서 대북지원을 하는 셈이 되고 이는 곧 구조적으로 만성화될 가능성이 매우 높다. 내년도 남북협력기금의 66%가 빚인 것이다.

남북협력기금 조달의 부채 비중

(단위, 억원)

	'05년 계획	'06년(안)
남북협력계정	500* (7,065, 0.07%)	4,500 (12,632, 35.6%)
경수로계정	5,000 (5,460, 91.6%)	13,008 (13,702, 94.9%)
계	5,500 (12,525, 43.9%)	17,508 (26,334 66.5%)

* 05년도 남북협력계정 500억 원은 현재 미차입 상태, 11월중 차입 집행 예정
* 괄호 안 수치는 총조성액, 부채(공공기금예수금)/총조성액 비율(%)

● 이 지원을 통해 우리 정부가 의도하는 바는 무엇인가

예산의 집행은 합목적성이 중요하다. 요즘은 예산 투입의 성과와 기대효과를 중시하는 '성과주의 예산' 이야기를 많이 한다. 일반회계와 다른 기금은 모두 그렇다. 그러나 지금 남북협력기금은 성과 측정이 대단히 미흡하다.

이 '5조2500억 원 패키지 지원'의 목적과 효과가 분명히 제시되어야 한다.

● 대북 전력지원 국회 동의 제대로 받아야

대북 전력 지원과 관련하여, 장관은 여러 차례 국회의 동의를 거치겠다고 밝힌 바 있다. 하지만 향후 5년간 투입될 3조3200억 원이 전부인지, 추가 비용은 없는 것인지 부타가 분명하지 않다. 특히 내년도 예산안에는 대북 전력 지원과 관련하여 680억 원을 예상하고 있는 것으로 되어 있으나 그 정확한 금액과 산출 근거는 밝히지 않고 있다.

국회 동의와 관련하여 통일부는 그 어떤 조치도 취하지 않고 있다.

내년도 예산안 승인을 곧 국회 동의로 간주하는 것이라면, 정부가 이런 자세를 가지고 국회를 대한다면, 내년도 통일부 예산안은 승인되어서는 안 될 것이며, 관련 예산 680억 원은 전액 삭감되어야 한다. 아니, 내년도 예산안 심의는 전면 중단되어야 한다. 국회의 동의 없이 예산이 나갈 수는 없다.

통일부는 아마 이 기금 편성은 필요에 따라 집행하지 않을 수 있는, 다만 채권발행 한도만 정해주는 가상의 재원이라는 식으로 변명할 것이다. 그러나 그것은 일반 예산이나 기대 효과 면에서 전혀 다르지 않다. 대북 전력 지원을 위한 채권발행 한도 동의는 곧 대북 지원의 국회 동의를 의미한다.

6자회담에서 대북전력지원에 대한 분명하고도 책임 있는 논란이 없는 충분한 합의가 이루어지고 이런 전제 하에서 남북 간이 '대북 전력 지원 합의서'를 체결해야 한다는 입장을 여러 차례 밝힌 바 있다. 이 합의서 체결동의안을 국회에 제출하고 헌법 58조 또는 60조에 의거하여 국회가 체결동의하는 절차를 거쳐야 한다.

이런 법률적 절차만이 정권교체 등 정치적 상황과 무관하게 전력지원의 실효성을 보장하며, 북한의 우려도 해소시킬 수 있다.

● 경추위 지원─시장원리 지켜져야

이번 경추위 합의 지원은 우리가 그동안 해 온 쌀·비료 지원 등의 대북지원과는 전혀 다른 완전히 새로운 사업이다. 그동안 논의되었던 이른바 대북 '마샬플랜'이다. 이들 사업은 기존의 긴급구호, 인도적 지원의 차원을 넘는 남북 간 실질적인 경제협력사업이다.

따라서 철저하게 시장원리와 상거래의 원칙이 적용되어야 하고, 국제적 관행이 존중되어야 한다. 특히 상호 간 상응하는 양보와 공동의 이익을 추구하려는 개방화된 접근이 중요하다.

이들 영역에서는 "더 이상의 일방적 양보와 공짜는 없다"

이런 원칙을 관철시켜 내지 못할 경우 다시 '퍼주기 논란'이 벌어질 수 있다.

● 재원조달 방안, 참여정부가 내놓아야

다음으로 재원조달 대책 문제이다. 빚을 내서라도 대북 지원을 늘려야 한다면 이젠 재원조달 방안을 내놓아야 할 때이다.

경수로 빚도 매년 눈덩이처럼 불어나고 있다. 이제 남북협력 계정까지 빚을 내기 시작하면 정말 대책이 없다. 재원 조달 대책을 마련해 놓고 나서 대북지원을 늘려도 늘려야 할 것이다.

정부는 '통일세'를 걷든 '부담금'을 더 물리든 뭔가 재원 대책을 내놓아야 한다. 이 빚은 나중에 누가 감당할 것인가. 그러나 통일부는 지금까지 그 어떤 방안도 내놓지 않고 있다. 아예 말도 꺼내지 않는다. 이는 참여정부의 직무유기이다.

빚을 내서 하는 지원이면 누군들 못하겠는가. 누군들 생색내고 싶지 않겠는가. 그러나 뒷일 걱정 안 하고 펑펑 내 쓰는 며느리를 야단치고 바로잡는 시어머니가 반드시 필요하다.

● 별도계정의 설치 필요

예산안 편성과 관련하여, 이들 사업들은 남북협력기금에서 별도의 계정을 설치하여 관리하는 것이 옳다고 본다. 이른바 '마샬플랜 계정'이다.

대북송전의 경우 기존 경수로 계정의 재원을 돌려쓰겠다는 입장을 누누이 밝혀 왔고, 또 이들 재원이 공공기금예수금으로 나오며 특정부문과 목적에 쓰인다는 점을 감안하면 별도의 계정을 설치하는 것이 관리도 쉽고 또 국민적 합의 형성에도 도움이 될 것이다.

대북지원

인터넷

관광

교류

협력

위협

인권

통일법제

2장

인터넷

북한 인터넷과

남북 사이버 교류

사상 최초의 남북 공식 인터넷 교류

2004년 1월 5일. 북한의 조선복권합영회사는 한나라당 박원홍 국회의원의 홈페이지 게시판에 글을 올렸다. 당시 박의원의 보좌관이었던 필자는 '정말 북에서 올린 글인지를 확인하기 위해' 관리자 명의로 댓글을 달았다. 그리고 경찰청 사이버수사대의 도움으로 발신자 IP 218.30.249.2를 추적한 결과 북경의 'China.net'으로 확인되었다. 이렇게 북한 인터넷은 평양의 인트라넷 망을 광(光)케이블로 신의주까지 연결하여 북경의 차이나 텔레콤을 통해 외부와 연결되어 있다. 또한 북한 조선복권합영회사의 홈페이지(http://www.jupae.com) 비회원 게시판에도 조선복권합영회사가 올린 글이 있었는데 같은 내용이 실려 있는 것으로 보아 북한이 올린 것이 확실했다.

조선복권합영회사의 글 내용은 2003년 10월 국정감사 및 2004 회계연도 통일부 예산안 심의를 통하여 주장한 대북 도박자금 규모가 과장되었다는 것이었다. 필자는 우리 네티즌들이 북한 인터넷 사이트에서 도박을 하고 있는 현황을 조사하기 위해 해당 사이트에 접속하여 실제 게임 내용을 분석하고 송금경로와 금액을 확인하는 등 수십 시간을 투입했다. 이렇게 정리된 자료가 국정감사에서 발표되었고, 나중에는 경찰의 협조 요청으로 도박자 수사 자료로 활용되기도 했다.

조선복권합영회사는 2002년 3월말부터 자체 홈페이지에 자유게시판을 개설하여 비회원의 질문에 스스로 답변을 해 왔지만, 이렇게 남쪽 게시판에 글을 올려 자신들의 주장을 펴기 시작한 것은 남북한 인터넷 역사상 처음 있는 일이었기에 대단히 흥미로웠고 언론의 관심도 대단했다.

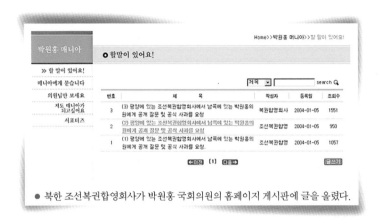

● 북한 조선복권합영회사가 박원홍 국회의원의 홈페이지 게시판에 글을 올렸다.

통일부에서는 1월 6일 남북교류협력법상의 북한 주민과 접촉을 했으니 사후보고를 해줄 것을 요청해 왔다. 그렇지만 북이 일방적으로 올린 것이고, 사실 확인을 위한 댓글을 단 것에 불과하며, 인터넷 접촉 승인 예외를 규정하는 법 개정안이 발의되어 심의중이고, 이와 관련되어서는 처음 있는 일이었기 때문에 신중한 법 적용이 필요하다는 입장을 전했다.

그리고 나서 통일부의 요청에 대해, 법령집을 한 번 더 보고 북한 도박 사이트 처리 문제에 대해서 두 번 더 생각하고 남북 인터넷 협력 등에 대해 세 번 생각한 끝에, 사후보고를 하기로 했다. 동시에 북한 주민접촉신청을 냈다. 직접접촉은 말할 것도 없고 인터넷을 통한 메시지 전달 등을 위한 접촉은 현행법상으로는 명백한 승인대상이기 때문이었다. 접촉 목적은 북한 인터넷의 실상을 조사하고 조선복권합영회사 운영 현황을 알아보고, 나아가 일개 북한 기업이 아닌 북한 당국의 인터넷 정책에 대해 알아보기 위한 목적이었다. 또 인터넷 이용을 늘리기 위한 방안도 함께 모색하고 남북 IT협력을 위한 대북지원 방안도 찾아보려 했다.

통일부의 접촉 승인을 받은 직후 북한 조선복권합영회사와 주패 사이트 관리자에게 이메일을 보냈다. 앞으로 당면한 도박 사이트 폐쇄 문제와 남북인터넷 협력 방안을 논의하기 위한 것이었다. 북한은 이에 대해 부정적 입장을 담은 답변을 필자의 이메일로 보냈고 동시에 이 내용을 자신의 홈페이지 등에 올렸다. 통일부는 마침내 1월 22일, 우리의 주장을 받아들여 북한 도박 사이트에 대한 차단 조치와 이에 투자했던 남한 기업의 대북사업 승인을 취소하는 강경조치를 취했다. 국회에서 문제제기를 한 지 3개월여 만이었다. 이에 대해 해당 기업은 법원에 소송을 제기하기도 했으나, 승소하지 못했다.

경찰청 사이버수사대는 2003년 12월, 약 250여 명의 남한 네티즌들이 이 북한 도박 사이트에 수억 원의 돈을 보내서 노름을 한 사실을 확인했고, 1천만 원 이상 송금한 2명과 300만 원 이상을 보낸 14명을 입건한 뒤 형사처벌 수위를 고심했다. 이 숫자는 검찰의 공소유지를 위한 최소한의 조사에서만 적발한 실적이다. 이 외에도 다른 나라의 도박·포르노 사이트의 결재를 대행하는 외국 전자지불결제 대행회사와 계약을 맺어 추적을 어렵게 하고, 회원들 간의 거래를 가장하여 온라인 입금방식으로 리얼머니를 사고 팔고 한 사실도 밝혀졌다.

도박 자금의 많고 적음을 떠나 남쪽 사람들이 북한에 도박 자금을 보냈다는 것은 이유여하를 불문하고 있을 수 없는 일이다. 도박장을 개장하여 이런 참담한 결과를 낳게 한 책임이 누구에게 있는지, 당사자들은 진정 역사 앞에 반성해야 할 것이다.

한편 남북 간의 인터넷 접촉 사실이 알려지자 남쪽의 수많은 네티즌들이 북한 주패 사이트(http://www.jupae.com)에 접속해 공개게시판에 글을 남겼고, 북측은 일일이 댓글을 달아주었다. 남북 간의 인터넷을 통한 공개적 접촉이 이루어진 셈이다.

"평양 날씨는 어때요?"

"지금 평양에는 눈이 오고 있습니다."

북측은 민감한 정치적 내용의 글은 스스로 삭제하고 홈페이지 운영 등과 날씨 등의 가벼운 사안에만 답글을 달아주었고, 남쪽 네티즌들도 예의와 성의를 갖추어 글을 남겼다. 이를 두고 어떤 기자는 '사이버 통일'이라고 표현하기도 했다.

남쪽 네티즌들의 북한 홈페이지 방문이 늘면서, 북측과 접촉할 때는 통일부의 사전승인을 얻도록 규정한 '남북교류협력에 관한 법률' 적용 여부가 논란이 되었다. 그동안 북한 사이트 방문 자체를 통제해 왔는데, 수많은 네티즌들이 북 사이트를 방문하고 글을 남기자, 결국 검찰 등은 단순 방문은 처벌하지 않는다는 입장으로 후퇴했다.

앞으로는 더 나아가 인터넷을 통한 남북 접촉의 경우에는 통일부의 사전 승인제를 완전히 폐지하자는 등의 남북교류협력법의 개정 움직임이 활발해질 것이다. 남북 간이 인터넷을 가지고 뭘 해보려 해도 이 사전승인 조항이 살아있는 한은 어렵기 때문이다. 하지만 이를 위해서는 인터넷 신뢰 구축이 중요하다. 수많은 남북 접촉이 이루어지고 있으나 인터넷 접촉은 아직 초보단계이다. 북한이 아직 인터넷 마인드와 인프라가 미흡하기 때문이기도 하고, 원칙적으로 북한에서는 체제 특성상 인터넷의 완전한 전면 개방이 허용될 수 없기 때문이기도 하다.

먼저 정부는 '남북 통신협정', '인터넷 의정서' 등 남북기본합의서의 부속문서를 합의하여 북한의 인터넷 선용(善用)의지를 확인할 필요가 있다. 이렇게 되면 인터넷을 이용한 대남 심리적 가능성 운운하는 소리는 사라질 것이다.

남한은 또한 이런 낡은 법령의 정비뿐만 아니라 북한이 인터넷을 올바로 활용하도록 유도해야 한다. 인터넷은 남북 모두에게 이익을 가져다주는 수단이자 도구가 되어야 하는 것이다. 특히 인터넷 초기 단계인 북한이 전자상거래 등으로 인터넷을 화해 협력을 위한 장으로 건전하게 사용하게끔 해야 한다. 이 과정에서 남북관계가 좋아지고 여건이 된다면, 우리는 북한에게 IT기술을 제공하고 정보인프라 구축을 위한 대규모의 지원도 해야 할 것이다.

〈자료〉남북 사이에 인터넷으로 오고간 최초의 편지

〈북한에 보낸 편지 전문〉

안녕하십니까?

북측 조선복권합영회사 관계자 여러분, 저는 대한민국 국회 박원홍 국회의원 보좌관 이종헌입니다.

이렇게 글을 쓸 수 있게 되어 대단히 반갑고 기쁩니다.

오랜 분단의 질곡에서 벗어나 새로운 화해의 시대로 나가기 위해서는 남북의 교류와 협력의 확대는 무엇보다 중요하다고 생각합니다. 오늘의 이메일이 남북한 간 인터넷 교류의 새 역사이자 하나의 이정표가 될 것을 굳게 믿습니다.

이 이메일 발송은 박원홍 의원의 위임에 따른 것이고, 남한의 현행 법률인 '남북교류협력법'의 정해진 절차를 거쳤으며, 통일부의 북한 주민 접촉 승인 하에 이루어지는 것임을 미리 말씀드립니다.

특히 지난 1월 19일 남한에서는 주패 사이트에 대해 접근할 수 없도록 하는 조치가 내려졌기 때문에 'DKLotto'의 관리자에게로 이 글을 보내는 것입니다. 이렇게 글을 쓰게 된 것은, 남-북측 사이에 제기된 '주패 사이트' 문제에 대해서 누군가가 나서서 이를 풀어야 한다는 생각에서입니다.

지금 이 문제로 인해 남북 당국은 물론 국민들 사이에서도 불신이 생기거나 감정의 골이 깊어져 남북 화해와 협력에 장애가 초래된다면, 우리 민족 모두에게 큰 손실이 될 것입니다.

(중략)

주패 사이트의 도박성 문제를 제기하는 과정에서, 마치 인터넷 협력을 반대하는 것으로 비춰진 면이 없지 않으나, 실은 그렇지 않으며 잘못 알려진 면이 많습니다.

앞으로 주패 사이트 문제 해결은 물론이고 남북 인터넷 협력, IT분야의 대북 지원 및 협력 등에 대해 정책 대안을 마련하고 이를 추진하기 위해 노력하겠다는 입장을 이미 밝힌 바 있습니다. 이를 위해서는 현황 파악과 상호 간의 입장 확인 등 기본적인 내용을 이해하고, 책임 있는 상호 간 대화가 매우 중요하다고 생각합니다.

오늘의 이메일은 일단 북측과의 상호 협의와 연락 채널을 열기 위한 데 그 일차적인 목적이 있음을 말씀드립니다.

따라서 이런 글을 드리며, 이에 대한 북의 성의 있는 답신을 기대합니다.

북측 관계자 모두에게 뜨거운 동포애의 인사를 보내며,

2004. 1. 28 (수) 서울,

대한민국 국회 이 종 헌(李鐘憲) (국회의원 박원홍(朴源弘) 보좌관)

〈조선복권합영회사가 보내온 공개 답변〉

안녕하십니까?

리종헌 보좌관의 이메일 반갑게 받아 보았습니다. 먼저 우리는 이번에 접수한 이메일 자체의 문제점, 그리고 박원홍 의원의 진의에 대하여 우려를 가지게 된다는 점을 먼저 말씀드립니다.

우리는 조선복권합영회사와 박원홍 의원 사이의 문제를 가지고 공개적인 서한을 보냈습니다. 하지만 그에 대한 답변은 비공개 이메일로 받았습니다. 우리는 이와 같은 비공개 답변을 바라지 않았습니다.

비공개로 이런 대화가 진행되면 어느 일방이 사태의 진상을 뒤집어서 이야기하게 되는 경우 누구의 말이 맞는지 알 수 없기 때문입니다. 실제로 우리가 공개 해명 요구를 한 후에도 박원홍 의원이나 통일부는 우리에게는 일언반구도 없이 우리를 모독하고 진실을 왜곡한 사실과 맞지 않는 자료들을 발표하였으며 이러한 사실들은 적지 않은 남측언론에 그대로 보도되었습니다.

바로 이러한 이유로 하여 우리는 남측과의 공개대화를 원하는 것입니다.

(중략)

끝으로 구체적인 공개 질문을 하였습니다. 다시 그 질문을 반복하지 않겠습니다. 앞에서는 사업자 승인 취소, 사이트 차단을 하고 뒤로는 화해하자는 식의 이런 메일이 아니라 공개적으로 답변을 하시는 것이 북남 간의 화합과 교류협력을 위해 중요하다는 것을 밝힙니다.

* 박원홍 의원이 공개 답변을 하지 않았기 때문에 보내온 메일을 첨

부 공개하고 우리의 회신은 박원홍 의원의 게시판, 우리 바둑 사이트의
공지에 공개 답변하고, 이메일로도 보냅니다.

주체 93(2004년) 2월 1일
평양 조선복권합영회사

북한인터넷 접촉 사전승인제 폐지해야

한반도의 분단 상황 개선에 기여하고 남북한 간의 신뢰구축과 상호
이해증진을 위해서 다양한 분야의 교류·협력을 더욱 적극적으로 추
진해야 할 것이다. 이를 위해서는 인터넷 등을 이용한 사이버 분야의
남북 협력도 더욱 확대되어야 한다.

우리는 그간의 강력한 국가 정보화 전략에 힘입어 인터넷 강국으로
성장했으며, 수많은 네티즌들이 전 세계 사이버 네트워크 망에서 자유
롭게 정보를 공유·교류하고 있다. 그러나 현행 법률 안에서는 북한
사이트 열람 등의 인터넷 접촉까지도 통일부 장관의 사전승인을 얻어
야 하며, 이를 위반할 경우에는 3년 이하의 징역 또는 1000만 원 이하
의 벌금에 처하도록 하고 있다.[7] 이는 남북 화해·협력의 시대에 걸맞
지 않은 과도한 규제이며, 많은 네티즌들이 북한사이트를 방문하고 있
는 실정에 비추어 법 집행의 면에서도 사실상 불가능한, 비현실적인
조항이다.

---

7) 국회는 2005년 5월 31일 남북교류협력에 관한 법률을 개정, "사전계획이 없이 전자우편·전
자상거래 등 인터넷을 통하여 북한주민과 접촉한 경우에는" 사후 신고를 허용함으로써 그 제
한을 완화했다.

남북 인터넷 교류 확대는 화해협력과 상호 이해증진에 기여함으로써 분단 관리와 위협 해소에 도움이 될 것이다. 또한 정부 · 민간 부문의 접촉 확대 · 'e-business' 창출 등 정치 · 경제 · 사회 전 부문에도 긍정적인 효과를 기대해 볼 수 있을 것이다.

서울과 평양에 떨어져 있는 이산가족들이 인터넷을 통해 화상 대화 · 화상 상봉을 하고, 북한의 물품을 마우스의 클릭 한 번으로 구매할 수 있으며, 북한과 거래를 하는 기업인들이 전자통관망으로 무역서류를 주고받는 세상이 되기 위해서는 이 법의 개정이 반드시 필요하다.

일부에서는 북한의 인터넷 망이 인트라넷 망이기 때문에 일반 주민들과의 접촉은 불가능하다, 그렇기 때문에 형평의 차원에서 문제가 있다는 말을 한다. 일면적으로는 타당하나, 우리가 나서서 북한의 개방을 유도하고 또 인터넷 망이 깔릴 수 있도록 하는 적극적인 자세가 오히려 더 중요할 것이다. 또한 서신 등 다른 접촉수단과의 형평성 문제 등을 지적하고 있으나, 이는 온라인이라는 인터넷의 속성을 충분히 감안하지 않은 견해에서 비롯된 것이다.

어떤 이들은 이 법률의 개정에 의한 북한의 인터넷 해킹 또는 북한의 선전선동의 확산 등을 우려하고 있으나, 이는 이 법률 개정과는 사실상 무관한 것이며 직접적인 관련이 없다. 조금만 더 신중하게 생각해 본다면 충분히 이해할 수 있을 것이다. '수압이 강한 쪽에서 약한 쪽으로 물이 흐르듯', 남 · 북한 정보화 수준의 현격한 격차를 감안할 때, 인터넷은 북한을 개혁 · 개방의 길로 나오게 하는 유력한 수단이 될 수 있다. 이러한 것을 볼 때 법률과 현실의 괴리는 하루 빨리 개선되어야 한다.

북한 인터넷 개방과 남북한 화상 채팅

북한 인터넷 사이트 방문과 회원가입 등 북한 인터넷에 접촉을 할 때, 지금까지는 통일부 장관의 사전 승인을 받도록 되어 있었다. 이를 폐지하자는 법률이 지난 16대 국회와 이번 17대 국회에서 제출되었고 (한나라당, 열린우리당, 민주노동당 모두 따로) 지난 2005년 4월 21일 마침내 통일외교통상위원회를 통과했다. 5월초 본회의를 통과하면 통일부 장관의 사전승인제는 폐지된다. 물론 이 사전승인제 완전 폐지를 위해 애를 썼으나, '완전폐지는 시기상조다'라는 주장이 대세였다. 그래서 우연한 접촉의 경우 사후 보고도 가능하도록 상당히 완화했다.(사후신고제)

필자는 2004년 초 북한 조선복권합영회사와 이메일을 주고받은 적이 있었다. 북측이 남한 사이트에 실명으로 글을 올렸고, 필자가 댓글을 달았다. 이후 필자가 이 회사 홈페이지 웹마스터에게 이메일을 보냈고 북한은 답장을 보내왔다. 이것이 남한과 북한의 공개적이고 공식적이며 합법적인 최초의 인터넷 접촉이었다. 물론 이는 통일부의 사전승인 절차를 거친 적법한 것이었고, 그 내용은 통일부에 사후 보고 되었다. 그 이후 1년여 만에 북한 사이트에 대한 비교적 자유로운 접근이 가능하도록 법률이 개정되었다. 참으로 반갑고 다행한 일이 아닐 수 없다.

일부 인터넷을 잘 모르는 보수적인 사람들과, 국가정보원, 국방부 등 보안 안보 관련부처들이 대놓고 반대를 했다. 그러나 더 많은 사람들이 첫째로 북한 주장에 놀아날 네티즌들이 있을리 없고, 둘째로 북한이 나쁜 행동을 보이면 우리 네티즌들이 뭉쳐서 북한 사이트를 응징

할 수 있고, 셋째로 우리가 북한에게 인터넷을 가르쳐 북한 개방의 수단으로 활용해야 한다는 반론을 펴 왔다. 그나마 사후신고제로 바뀐 것도, 남북관계가 정경분리의 원칙 하에 상호 이익이 되는 방향으로 가고 있고, 또 이런 노력의 덕분이라고 할 수 있다.

2005년 4월 24일 국가정보원은 북한 사이트 '우리민족끼리 www.uriminzokkiri.com'가 노동당 대남담당 부서인 통일전선부 소속이라는 보도자료를 냈다. 이러한 것은 이제 새삼스러운 일도 아니다. 국회에서 북한 인터넷과 관련된 전향적 조치가 있을 때마다 이런 보도가 나오게 만들어 제동을 걸고 있다. 이러한 것이 국정원의 할 일이라 생각은 한다. 국민들에게 경각심을 갖게 하고 또 법 개정을 앞둔 국회의원들에게 바른 정보를 줘야 한다는 생각에서 취한 조치로 이해된다. 어찌되었건 2004년 11월 '열린 참여 정부'는 친북·북한사이트의 접근을 차단하는 강경 조치를 취했다. 그래서 현재도 많은 북한 사이트의 접근이 차단되어 있는 상태이다. 하지만 그렇다고 굳이 차단까지 해야 하는지, '친북사이트 본다고 북한 주장에 세뇌될 사람들은 없다'며 일부에서는 인터넷 후진국의 행동이라고 정부의 조치를 강력히 비난하고 있다.

북한도 정경분리의 원칙에 따라 인터넷을 제대로 이용해야 한다. 남한 인민들의 사상을 교양하고 체제선전하는 식의 선전선동 목적이 아니라, 이념이나 사상 등의 내용은 가급적 없애고, 인터넷을 이용한 상거래, 투자 유치 등 경제 협력 분야와 이산가족 화상 면회 등의 사회 문화 교류 협력 분야에 쓰도록 해야 한다.

2007년 6월 6.15 민족대축전 참석을 위해 평양을 방문했을 때 양각도 호텔 안에 있는 '인터넷 센터'를 가 보았다. 몇 달러의 돈을 내면 전

세계로 이메일을 보낼 수 있으나, 남한만은 예외였다. 남한 사이트의 방문은 고사하고 이메일 발송조차 아직은 불가능한 실정이다.

북한이 2004년 한 해 동안 남한 기업에게 모래를 팔아서 번 돈은 90만 불도 안 된다. 북한이 마음을 바꾸고 이런 인터넷 사업을 허용하거나 또 직접 운영한다면 그 몇 십 배에 해당하는 돈을 모래를 파는 것보다 쉽게 벌어들일 수 있을 것이다. 지금처럼 북한 인민을 인터넷에 접근하지 못하게 하고서도 말이다.

남북한 당국의 자세변화를 동시에 촉구하는 바이다. 남북한 사람들이 화상 채팅사이트에서 자유롭게 이야기할 수 있는 그날을 고대한다.

이산가족 인터넷 화상상봉, 이윤동기 민간주도가 최선

2005년 8월 15일 인터넷을 이용한 남북한 화상 상봉이 최초로 진행되었다. 그리고 8월 26일에는 금강산에서 이산가족 상봉행사가 진행되었다. 화상 상봉 신청자들은, 너무나 연로해서 이산가족 상봉이 이루어지는 금강산까지 갈 수조차 없는 분들이 대부분이었다. 남측 신청자의 90%이상이 90세 이상의 노인들이었고 북측 신청자 역시 거의 모두가 70세 이상이었다.

마지막으로나마 꿈에도 그리던 가족들 얼굴 한 번 보고 죽자는 소망이 이루어지게 된 것이었다. 비록 손잡고 함께 울고 혈육의 정을 직접 느끼지는 못했지만, 모니터를 통해서나마 육친의 모습을 보고 또 대화를 할 수 있게 된 것이었다. 남쪽은 이 화상 상봉을 위해 많은 비용을 부담했다. 북에 광케이블을 깔기 위한 돈과 PDP, 인터넷 장비 등을 보냈고, 마침내 7월 18일 케이블이 연결되었다.

IT 강국 대한민국의 기술과 남북 분단의 질곡이 결합된, 역사적으로나 세계적으로나 드문 행사였다. 이는 남북의 인터넷 협력의 가장 모범적인 사례라 할 수 있다. 그동안 이런 남북 인터넷 협력의 성사를 위해 참으로 많은 사람들의 노력이 있었다.

앞으로 남북이산가족 화상상봉을 위해 서울 7곳과 대전, 광주, 대구, 부산, 춘천 각 1곳 등 모두 12곳에 화상상봉장이 설치된다. 이제 시작이다. 이런 화상 방식을 통해서라도 이산가족들 누구나 편하게 혈육을 만날 수 있었으면 한다. 아울러 앞으로는 통일부나 대한적십자사 또는 '추진기획단' 등 정부기관이 주선하는 식이 아니라 민간에게 교류를 맡겨야 할 것이다. 북한도 이산가족 상봉은 외부적 요인에 상관없이 항상 보장해야 한다. 정례화, 시스템화가 중요하다. 인도주의적 관점에서 이는 충분히 그렇게 할 수 있는 일이다. 지금까지는 이벤트성 행사로 한 번 진행하고 나서 북한 입맛에 맞지 않으면 그것으로 끝이었다. 잘 진행되다가 중단되고 다음을 기다리다 세월만 갔다.

이산가족 상봉을 남북관계의 조절수단으로 이용하고 대북 지원을 얻어내려는 카드로 쓰는 것은 너무나 잔인한 일이다. 또 이산가족 상봉 대기자는 남이나 북이나 수만 명에 이른다. 지금의 정부 주도 방식, 정치적 사안으로서의 이산가족 상봉은 한계가 있다. 실제 상봉은 하늘의 별따기이고 로또 당첨과 맞먹는 행운이 아니고서는 불가능한 실정이다. 따라서 정치적 사안, 인도적 사안에서, 그리고 이제는 상업적 사안으로 바꿔나갈 필요가 있다. 민간이 주도하고 이윤이 생길 수 있도록 하는 것이 가장 효율적이고 또 영속성을 보장하는 최선의 방법이다.

남측이 북측 친지를 한 번 만나는데, 예를 들어 직접 상봉은 200달러, 화상상봉은 100달러를 부담하는 것이다. 물론 이 비용의 일부는 남쪽 정부가 보조해야 할 것이다. 북은 이렇게 해서 돈도 벌고, 이산가족을 찾고 관리하는데 쓰면 되는 것이다. 이렇게 되면 북은 더 적극적으로 나올 것이다. 북한도 예를 들어 '남북혈육상봉 총회사' 같은 것을 만들고, 남한도 마찬가지로 민간단체 등이 주도하면 된다.

"이산가족 가지고 북한에 돈벌이를 시켜 주냐."

이런 식으로 비아냥거리기에는 이산가족의 아픔이 너무나 크다.

"민간주도, 이윤 동기 부여."

이 두 원칙이야말로 가장 빠르고 효율적으로 이산가족 상봉을 실현할 수 있는 길이 아닌가 한다. 이제 이산가족 상봉 행사는 더 이상 새삼스러울 것도 없다. 정치적으로 민감할 것도 없고 또 북한도 이 이산가족 상봉을 하나의 대남 카드로 이용하는 식의 모습은 더 이상 보여서는 안 될 것이다. 따라서 정부가 이런 민간주도와 이윤 동기 부여 등의 방식으로 정책을 바꾸고, 북한으로 하여금 이렇게 할 수 있도록 하기 위해 노력해야 한다.

지금의 방식으로는 매번 제자리걸음일 뿐이다. 남북 양측 당국에게 발상의 일대 전환을 촉구한다.

대북지원

인터넷

관광

교류

협력

위협

인권

통일법제

3장

관광

금강산, 개성,
백두산 관광과
현대아산

1. 현대아산과 북한의 애증

현대아산과 북한의 갈등, 그 배경과 전망

　현대아산의 현정은 회장이 김윤규 부회장을 퇴출시켰다는 말이 나
오자, 곧이어 북한이 개성관광권을 롯데관광에 제의했다는 보도가 나
왔다. 이미 내막적으로 알 만한 사람은 알고 있었지만, 현대의 사정을
생각해서 쉬쉬해 왔는데 그것이 터져 나온 것이다. 현대와 북한이 벌
이는 시소게임은 흥미진진했다. 하나를 던지면 다른 하나를 치면서,
서로가 게임의 상대가 되어 밀고 당기기를 거듭하고 있다. 이 와중에
우리 정부, 특히 통일부는 아예 모른 척 입도 뻥끗 안하고 조용히 있을
뿐이었다.

　현대와 북한의 애증관계에 이상기류가 흐른 것은 이미 한참 전부터
이다. 현상적으로는 김윤규 부회장의 제거·축출 등의 이유 때문이지
만, 이는 정말로 표피적인 것일 수 있다. 현정은 회장과 김윤규 부회장
은 함께 김정일 위원장을 면담했고 이 자리에서 김 위원장은 이들에게
함께 열심히 하라고 격려한 것으로 알려졌다. 그런데 얼마 지나지 않

아 김윤규 부회장을 '축출한' 모습이 어떻게 보면 김정일 위원장의 뜻을 정면으로 거스른 것으로 보일 수도 있다. 또 남한 사람 중에서 가장 김정일 위원장을 많이 만난 김 부회장을, 현 회장이 아무리 오너지만 이렇게 할 수 있는가 하는 불만도 있을 수 있다.

그러나 롯데관광에 개성관광 등을 제의한 것을 보면, 결국은 돈 문제 때문이라는 것을 알 수 있다. 더 많은 이익을 얻고 싶은 것이다. 현대에게는 더 많이 챙길 수 없다는 판단이거나 북한 관광권을 이원화해서 서로 경쟁시키면 더 많은 이익을 얻을 수도 있겠다는 판단을 하고 있는 듯하다.

당사자인 김윤규 부회장은 미국으로 떠났고, 현대의 현정은 회장은 '이젠 투명하게, 정도를 걸으며 기업을 운영하겠다'고 선언을 했다. 그동안 그러지 못했음을 반성하는 것인지도 모르겠다.

이러한 일은 길게 끌수록 남북 모두가 손해이다. 그리고 북의 저런 주장에 대해 단호한 입장을 취해야 한다는 소리도 많이 나온다. 북한에 끌려 다녀서는 안 된다는 말이다. 하나를 주면 열을 달라는 북한에 대해, 비록 사업이 곤란을 겪을 각오를 하더라도 안 되는 것은 안 된다는 분명한 입장이 필요하다. 2005년 9월, 상황은 점점 악화되었다. 북한은 자존심 문제로 생각하고, 현대는 더 양보할 수 없다고 여기면, 결국은 파국으로까지 갈 수 있다. 그러나 이렇게 되면 둘 다 손해가 막심한 만큼 갈라서지는 않을 것이다. 둘 사이에는 많은 이들이 관여되어 있다. 그중 가장 큰 것이 바로 '햇볕정책'이다. 거기에 정부도 목을 매고 있는 것이다.

누군가 조정하고 중재를 해야 하지만, 지금으로서는 어렵기만 하다. 아무도 이런 일을 해보지 않았고, 그동안 문제가 있으면 항상 우리

쪽이 먼저 숙이고 가서 무마시켰기 때문이다.

어느 기자가 전화를 해서 '얼마 전 남북협력에 관한 법률 개정으로 정부의 대북 사업 승인권이 폐지되었으니, 정부의 허가 없이도 일부 기업이 북한이 던진 미끼를 물 수 있지 않느냐'고 물었다.

"비록 사업승인은 신고제로 바뀌었어도 통일부는 대북사업 조정권한을 가지고 있다. 또 지금 현대아산과 북한이 힘겨루기를 하고 있는데, 어느 기업이 북한과 관광하겠다고 나서겠는가. 만일 나선다면 이는 현대에 칼을 꽂는 행위이다. 그러니 그 기업은 도덕적으로 욕을 먹을 뿐만 아니라 현대가 북한에 줘야 하는 개성 관광비용의 몇 배를 줘야 할지도 모른다. 이렇게 되면 대북 퍼주기 논란이 다시 나올 수 있다. 그리고 우리 정부의 뜻이, 모르긴 몰라도, 아직은 경쟁체제를 원하지는 않을 것이다."

그 질문에 이렇게 대답했다.

모든 것이 공개되는 남한이고 그래서 남한의 사정을 잘 아는 북한이다. 그렇기에 남한의 정치적 관계를 잘 활용하고 수를 잘 풀어 가면, 자신들의 뜻대로 남한을 움직일 수 있을 것이라고 생각할지도 모른다. 그러니 이번에 많은 이익을 챙길 수 있을 것으로, 절호의 기회라고 여길 수도 있다. 그러나 그건 오산이다. 남한의 누구도, 현대와 관계가 안 좋은 사람들조차도 북한만 이롭게 하거나 북이 일방적으로 이익을 얻는 상황을 원하지는 않을 테니까 말이다.

아직 제 3자들은 조용하다. 언론도 말 많은 NGO, 정부, 국회도 지켜만 보고 있다. 통외통위 국정감사에서 어느 야당의원이 현정은 회장과 김윤규 부회장을 2005년 10월 10일에 통일부 국정감사 증인으로 출석하라며 증인 신청을 한 것을 빼고는 말이다. 하지만 실제 증언이 이뤄질지 아직은 더 지켜볼 일이다.

현대아산 사태와 상선약수(上善若水)

현대아산이 결국 김윤규 부회장을 퇴출시켰다. 말이 나온 지 2개월여 만이다. 김 부회장이 퇴출된 이유는 알려진 대로 비리와 횡령 그리고 부적절한 처신 때문이다. 그는 고 정몽헌 회장 사후 실질적으로 현대아산을 이끌었고, 김정일 국방위원장을 가장 많이 만난 사람이다.

이제 가신 1세대인 이들이 사라져 정주영 회장의 흔적은 모두 없어졌다. 그룹은 분리되었고, 김윤규, 이익치 등 70년대 현대에서 함께 했던 사람들은 하나같이 별로 아름답지 못하게 사라져갔다. 이제는 완전히 현정은 회장 체제이다. 그는 구악을 끊고 새로운 기업문화를 만들겠다는 입장을 밝힌 바 있다. 이런 시도가 북에게는 대단히 위험한 것으로, 김정일 위원장이 총애했던 사람을 내치는, 그래서 북에 도전하는 모습으로 비춰지고 있는 것 같다. 그래서 북은 현대아산에 대해 호의적이지 않다.

현 시점에서 이런 문제를 생각한다. 언론에 나온 일반적인 분석을 빼고, 첫째로 김윤규 부회장의 횡령 또는 비리 자금이 어디로 흘러갔나. 개인적으로 치부를 했든가, 아니면 부적절한 관계의 상대자에게 돈을 대 주었던지, 이도 아니면 반대로 남한의 정치권으로 흘러갔는지, 또는 북의 금강산 사업 관련자들에게 상납이 되었는지 등 많은 의혹이 남는다. 이미 일부의 사람들은 김윤규 부회장을 검찰에 고발했다. 그러니 검찰 수사가 이루어지면 이에 대한 의혹도 풀릴 것이다.

둘째로 국민의 세금인 남북협력기금이 유용되었는가에 관해서이다. 이를 두고 통일부와 현대의 주장이 다르다. 국회가 정신을 바짝 차리고 검증해야 할 부분이다. 만약 협력기금을 횡령한 것이라면, 통일부에 엄청난 비난과 책임이 돌아가고 결국 정동영 장관에게도 심각한 손상이 될 것이다. 나아가 국회 통외통위는 무엇을 했냐(기금 지원할 때 국회 통외통위에 보고하고 집행한다), 국민의 대표로 뽑아주었더니 이러한 것도 제대로 보지 못했냐는 소리가 나올 수도 있다.

셋째로 그게 전부인가, 공금유용액 8억2천만 원이 전부인가 하는 의문이 남는다. 현대건설, 현대아산 등으로 나간 남북협력기금은 4천억 원이 넘는다. 이중 대부분이 토목 건설공사이다. 돈을 다른 곳으로 돌리기에 아주 쉬운 업종인 것이다. 일반적으로 건설 토목 공사에서는 노무비, 자재비를 속이는 일이 너무 흔하다. 게다가 군사분계선이나 민통선 이북 지역, 북한지역의 공사이다 보니 민간의 감시도 덜하다. 그러니 이에 대한 전면적인 조사도 필요하지 않을까 한다.

넷째로 금강산 사업의 운영 과정의 문제는 없는가. 금강산 사업에서 현대아산은 매년 적자였지만, 일부 사업은 그렇지 않았을 수도 있다. 몇몇 기업은 식자재를 납품하고 공사 하청을 받아 재미를 보았다. 이런 세세한 부분의 검토도 필요할 것이다.

앞으로 많은 조사와 감사와 청문회가 필요한 상황이다. 누구는 그냥 덮어두자, 조용히 묻어두자고 말한다. 또 다른 누구는 철저히 파헤쳐야 한다고 말한다. 입장과 조건과 처지에 따라 현대아산의 대북관광사업을 보는 시각들은 다르다. 어느 한 부분만을 보고 과장하기도 한다. 하지만 분명한 것은 의혹은 밝히고, 진상은 규명하고 가야 한다는 것이다. 그래야만 그 위에서 모든 새 출발이 가능할 것이다.

현대아산도 마찬가지이다. 설령 다소간의 상처를 입더라도 고름을 제거하고 종기의 근원을 치유하고 가야 뒤탈이 없다. 모두가 이런 자세로 현대아산의 대북관광사업 문제를 바라보고 또 접근해야 할 것이다.

물은 흘러간다. 남북관계도 대북 관광사업도 마찬가지이다. 물은 바위가 있어도 잠시 머뭇거리다 결국 타넘고 다시 흐른다. 갑자기 물 한가운데에 바위가 던져진다고 해도, 그 바위를 비난하거나 그것을 던진 사람을 욕할 이유는 없다. 그것은 해결하고 풀어가야 할 모두의 숙제이기 때문이다. 물은 그 바위를 넘어 아래로 흘러간다.

상선약수(上善若水). 물은 서로 다투지 않으며 모두를 이롭게 한다는 뜻이다. 남북 협력의 도도한 흐름에서 던져진 김윤규 부회장 사태를 보며 이 말을 떠올린다. '물의 지혜' 이것이야말로 바른 방향이 아닌가 한다.

북한 '아태'의 현대그룹 배제 성명을 보면서

2005년 10월 20일. 북의 '아시아태평양 평화위원회'가 대북 사업에서 현대그룹과는 '연을 끊겠다'는 성명을 발표했다. 그 사유는 현대아산 김윤규 부회장의 토사구팽(兎死狗烹) 때문이라고 했다. 결국 조강지처와 첩의 싸움이 본격화되는 셈이다. 현 정부의 '조강지처(糟糠之妻)'인 현대아산과 '첩' 격인 북한과의 갈등인 것이다.

북은 현대에 대해 더 이상 크게 먹을 것이 없다고 판단한 듯 보인다. 사실 현대는 그동안 무리를 해서 북한에 투자를 할 여력이 별로 남아 있지 않다.

이제 북한은 김윤규 씨 건을 계기로 다른 기업과 손을 잡으려 한다.

이때 북에 지불해야 할 관광 단가 등은 몇 배로 오를 것이다. 대북 관광 사업이 경쟁 체제로 바뀌면, 그래서 개성은 롯데가, 평양은 통일교가, 백두산은 한국관광공사가, 하는 식으로 나뉘면 북으로서는 더 많은 이익을 취할 수 있다고 판단한 듯하다.

북한은 성명에서 한나라당과 미국을 들먹였다. 그리고 현정은 회장과 한나라당의 김모 의원이 친인척 관계임을 들먹이며 '밀약설'을 주장했다. 이는 지난 국감에서 한나라당 의원들이 제기한 '50만 달러 사건', 즉 '김윤규 부회장이 북에 정기적으로 상납을 했다. 제2의 불법 대북 송금 사건이다'라는 주장에 대한 대응으로 보인다. 사실 김윤규 부회장은 비자금을 조성해 금강산 현지에서 50만 불을 인출했다. 그런데 이 돈의 행방이 묘연했다. 이는 현대의 내부감사보고서나 통일부 장관도 인정한 사안이다. 이러한 것을 보면 결국 한나라당을 교묘하게 물고 들어가 남남 갈등을 조장하고 현 정부가 현대아산을 지원하지 못하도록 하려는 북한의 속셈으로 보인다.

지난 국정감사에서는 민족의 이익(남북 모두의 이익), 남한의 이익, 북한의 이익 중에서 우리가 가장 경계해야 할 것은 북한만 이익을 보는 것이라는 주장을 했다. 남이 분열되어 여러 기업들이 돈을 싸들고 북한에 매달려 관광권을 구걸하는 최악의 상황, 정부도 정신을 못 차리고 남북 협력의 미명 하에 북의 의도대로 끌려가는 모습이 바로 북한만 이익을 보는 모습이다.

정동영 통일부 장관과 참여정부는 정신을 바짝 차려야 한다. 조강지처인 남측의 기업을 버리면서 북과 살림을 할 것이냐, 아니면 양쪽을 화해시켜 같이 잘 데리고 살 것이냐. 어떻게 될 것인지는 오직 통일부의 태도에 달려 있다.

지난 국감에서 정동영 장관은 "현대아산과 북의 계약서는 유효하지만, 정부가 거기에 기속되는 것은 아니다"라는 말을 했다. 이 말은 정부의 불투명한 태도, 즉 '정부도 경우에 따라서는 현대의 독점을 인정하지 않을 수 있다'는 식으로 들렸다. 이 때문에 북한에게 잘못된 신호가 전달된 것이 아닌가, 북이 이 말을 오해한 것은 아닌가 하는 생각이 든다. 이것이 사실이라면 정동영 장관의 책임도 적지 않다고 할 수 있다.

북은 드디어 승부수를 던졌다. 2005년 10월 20일 어느 기자에게 "조만간 북이 뭔가 수를 내놓을 것이다. 현대와 갈라서든 아니면 손을 내밀든, 아마 10월이 가기 전에 승부수를 던질 것이다"라고 말해 주었다. 그런데 이 말을 하는 동안 북한 아태는 현대와의 절연 성명을 발표하고 있었던 셈이다.

앞으로 북의 승부수에 남남갈등이 재연되고, 통일부가 우왕좌왕하면서 북한 눈치보고, 일부 세력들이 현대아산을 적으로 돌리는 식으로 되는 일이 없어야 한다. 특히 철모르고 덩달아 흥분해서는 더더욱 안 될 것이다. 또한 남한을 분열시켜 얻는 이익은 절대로 오래가지 않을 것이다. 민족의 이익이 무엇인지, 남북 모두의 상생의 길이 무엇인지, 북은 한 번 더 생각해야만 한다.

2. 백두산

백두산 개성 관광, 평양도 열리려나?

2005년 7월 16일. 현정은 현대아산회장과 김정일 위원장이 만나 백두산, 개성 등 북한 관광 사업에 대해 합의했다. 현대나 북한만이 아닌 국민 모두에게 대단히 잘 된 일이다. 빠르면 8, 9월부터 개성이나 백두산 관광이 가능할 것이라는 소식이다. 그러나 금강산처럼 일반인들이 쉽게 관광할 수 있기 위해서는 많은 준비와 투자가 필요할 것이다. 하여간 북으로서는 금강산에 이어 또 다른 일부 지역을 개방함으로써, 더 많은 관광수입을 챙길 수 있게 되었다. 그리고 현대는 금강산 지역을 포함하여 명실상부한 대북관광의 독점권을 부여받음으로서, 향후 대북사업의 확고부동한 교두보를 확보할 수 있게 되었다.

현대는 지금까지 금강산 특구의 내금강 구역, 그리고 북으로 명사십리와 원산에 이르는 1천만 평 정도의 개발계획을 추진해 왔다. 특히 원산 갈마반도의 군용비행장을 빌려 여기에 금강산 관광객을 수송하는 방안까지 검토해 왔다. 이것이 실현되면 육로뿐만 아니라 김포공항에서 원산까지 관광전용기를 띄울 수도 있을 것이다.

북은 백두산 지역에 이미 콘도 형태의 숙박시설을 지어 왔지만, 자체적인 투자로는 한계가 있었다. 자신들의 힘만으로는 어렵다는 것을 깨달은 것이다. 무엇보다도 교통편이 문제이다. 그래서 북은 이미 백두산 인근 개마고원의 삼지연 비행장만 개보수해 주면 백두산 관광 독점권을 주겠다고 했다. 그러나 어느 기업도 선뜻 뛰어들지 못했다. 사업전망이 워낙 불확실했기 때문이다. 하지만 현대가 맡아 추진한다면, 그 특유의 뚝심으로 가능할 것이라고 본다. 북측도 이를 염두에 두고 또 고 정몽헌 회장에 대한 마음의 부채도 갚으려고 현대에게 백두산 관광 개발을 맡겼을 것이다.

북으로서는 고 정몽헌 회장에게 큰 빚을 진 셈이다. 대북 불법 송금 문제를 정회장의 자살로 모두 덮었고, 그 후유증과 죗값도 모두 정회장이 안고 간 셈이 되었기 때문이다. 현대의 금강산 사업도 그동안은 지지부진했지만, 정회장의 자살 이후 일사천리로 이어졌다. 그러했기에 그 사건 이후 북은 현대의 요구 요청을 거의 수용했고, 현대가 하자는 것은 모두 까다롭게 굴지 않고 들어주었다.

이제 그동안 대북 관광사업을 놓고 현대와 통일교 그룹이 펼쳤던 경쟁에서는 현대의 완전한 승리로 결론이 나는 것 같다. 이 둘은 과거 금강산 사업권을 놓고 치열하게 싸운 적이 있다. 또 작년 현대의 금강산 특구에 맞서, 통일교 그룹은 남포시의 평화자동차를 이용하여 평양 시범관광을 추진했고 약 1000여 명의 관광인원 한도를 받아냈다. 그래서 1차 관광단이 전세기를 이용하여 평양과 묘향산을 다녀오기도 했다. 그런데 여러 사정으로 2차 관광단의 출발은 여전히 이루어지지 못하고 있다.

이제 금강산에 이어 개성, 백두산, 묘향산 칠보산 등이 열릴 가능성이 높다. 그러나 아직은 각 관광지마다 엄청난 투자가 뒤따라야 한다. 숙박, 교통 등 엄청난 관광 인프라가 필요한 것이다. 관광비용도 만만치 않다. 북한관광은 여러 고정비용과 '규모의 불경제' 때문에 원가가 아주 많이 들어간다. 북한을 4박 5일 여행하는 것이 10일간 유럽을 관광할 때 드는 비용 이상으로 들어갈 정도이다. 따라서 비록 시범관광 합의가 있었다고는 하나 일반인들의 관광이 실현되기 위해서는 상당한 시간이 필요할 것이다.

현대는 2005년부터 겨우 금강산에서 흑자를 내는 것으로 알려졌다. 그만큼 실정이 어려운 것이다. 현대의 투자여력 제한 때문에 한국관광공사를 앞세운 우리 정부가 직접지원(관광기금 등을 이용한)을 할 가능성도 있다. 과거 금강산 특구가 그랬다. 현대의 자금 사정이 정말 어려워지자, 관광공사를 앞세워 현대에 약 1천억 원을 우회 지원한 적도 있다.

현 회장의 김정일 위원장 면담에 발맞추어 정동채 문화관광부 장관은 '남북 연계관광을 추진하겠다고' 호응했다. 이는 현대에 힘을 실어주기 위한 정부의 응원 성격이 짙다. 제10차 경추위 합의나 정부의 이른바 대북 7대 신동력사업 등에서 볼 수 있듯이 대북관광 추진 확대 계획은 상당히 오래전부터 검토된 것이다.

이제 달러가 급한 북한이 문호를 열었고, 현대가 앞장서서 미리 돈을 투자하게 되었다. 나중에 이 돈이 모자라게 되면 국민의 세금으로 또 대북 지원을 하는 등의 수순을 밟게 될 것이다. 그리고 일정한 기반이 갖춰지면 일반인들의 북한 관광도 가능해질 것이다. 해외로 나가기 보다는 이북에 가서 돈을 쓰고 이 돈이 북한 경제를 살리는데 도움이 되면 여러모로 좋을 것이다. 따라서 북한관광은 남북의 화해와 협력에도 크게 도움이 될 것이다.

우리의 북한 투자를 좀 덜 반기는 이들도 이제는 북한의 사정을 딱하게 여기며 관광비용을 한반도 평화비용으로 생각했으면 한다. 그리고 국민들이 북한에 가보는 것을 긍정적으로 보고 이때 드는 비용을 미래를 위한 통일의 투자로 생각해 주었으면 한다. 다만 이 돈이 헛길로 새는 것은 아닌지, 무기를 만들거나 김정일 정권의 개인구좌에 들어가는 일은 없는지, 이런 것은 철저히 검증하고 확인해야 할 것이다. 과거와 같이 정상회담의 댓가로 수억 달러를 그냥 퍼주는 행동은 더 이상 못할 것이고, 해서도 안 된다. 이런 원칙은 이제 누구에게나 공유된 것이고 또 그러한 만큼 이 원칙은 지켜질 것이다. 백두산, 개성, 묘향산 등 여러 북측 땅을 밟을 날도 얼마 남지 않았다. 현대그룹의 선구적 노력에 찬사를 보낸다.

백두산 삼지연공항 활주로 50억 원 공사 부실, 또 지원

백두산 관광을 위해 우리가 2005년 북한에 지원해 준 50억 원 상당의 공사가 잘못되어 수십억 원의 예산을 낭비한 일이 발생했다. 통일부는 2006년 1월 '백두산 지구 관광인프라를 위한 자재지원 계획'을 국회에 보고해 왔다. 그리고 2006년 1월 20일, 통일부가 이런 내용을 기자들에게 알리면서 예산 낭비 사실도 드러났다.

이날 아침 9시에 〈문화일보〉 기자로부터 "추가지원 이야기를 아느냐"라는 전화가 왔다.

"어떻게 알았습니까? 통일부가 공개한 것입니까?"

―"지금 했습니다."

"추가지원은 며칠 전에 국회에 보고한 사항입니다."

―"그때 부실공사 이야기는 없었습니까?"

"그런 보고는 없었습니다. 이상하긴 해서 유심히 봤는데, 지난번은 도로포장용이고 이번에는 활주로 공사용이라고 되어 있었습니다."

―"그런 게 아닌 것 같습니다."

―"저는 더 이상은 모르겠습니다."

몇 시간 후 다시 확인해 보니, 통일부의 보고서 내용이 아주 의뭉스러웠다. 공사잘못 이야기는 없고 '추가 시설 보완'을 위해 아스팔트가 더 필요하다는 투로 써 놓았을 뿐이었다. 이에 대해 담당과장과 통화했다. 그는 미리 입을 맞춘 대로 정해진 이야기만 했다.

이러한 명목으로 집행되는 남북협력기금은 '공동체 회복지원'항으로, 북한에 물자와 자재 장비를 지원하는 예산이다. 문제는 이들 자재 장비 지원의 타당성이 얼마나 있는지, 어떻게 쓰이는지, 공사는 제대로 했는지 등 관리감독 및 검증, 그리고 평가가 잘 안 된다는 데 있다.

일례로 매년 쌀 40~50만 톤을 보내지만, 북은 분배내역서 문서 하나와 우리 참관단 연인원 50여 명의 조사만 허용한다. 이러다 보니 투명성 문제는 항상 남아있게 된다. 이번에 문제가 된 삼지연 공항 활주로 포장공사 역시 마찬가지다. 우리 기술지원이나 인력이 들어가지 못하고 북한에게 아스팔트 등의 자재만 넘겨주었다. 북한은 공사를 잘못했고 이에 또다시 2006년 1월 9일, 추가로 8000톤을 더 달라고 요구했다. 그리고 통일부는 그 즉시 지원하기로 결정한 것이다. 이는 '대북 퍼주기'의 전형적인 모습이라고 할 수밖에 없다.

대북지원의 투명성과 지원시스템의 개선 없이는 이런 사례가 재발하지 말라는 보장이 없다. 당초 우리 인력들이나 장비가 들어가 공사를 했으면 이런 일이 없었을 텐데 북한은 이를 거부했고 공사는 실패했다. 북한은 인정할 것은 인정해야만 한다.

"우리들이 할 수 있다, 남쪽은 자재나 장비 지원만 해 달라. 기술이나 인력은 필요 없다."

이것은 그저 북한의 자존심일 뿐이고 그들의 입장일 뿐이다. 남한의 지원과 조사가 없다보니 아스팔트의 군사용 전용 의혹까지 제기되고 있다. 이젠 남쪽 장비와 인력, 기술이 필요하다는 것을 인정하고 이를 받아들여야 한다. 이게 현실이고 남북 모두의 이익이 되는 길이다. 그래야 예산 낭비가 줄어들 것이다. 세금 내서 북한을 지원하는 남한 사람들을 생각한다면 당연히 그래야 한다.

백두산 관광은 앞으로 갈 길이 멀다. 비행장은 활주로만 있다고 해서 비행기가 내릴 수 있는 것은 아니다. 우리 관광객이 비행기로 가자면 국제민간항공기구(ICAO) 등이 정한 민간항공기와 공항 관련 규정을 충족해야 하는데, 이런 것은 어떻게 할지, 이를 위해 앞으로 얼마나 더 돈이 들지 정확히 알 수 없다.

백두산 관광의 큰 그림도 없이 통일부는 돈부터 주고 있다. 이 사업을 누가 할지, 현대아산은 아예 제외할지, 그럼 남한 사업자는 누구로할지, 한국관광공사가 직접 할지, 아무것도 북측과 합의한 것도 없고우리 정부도 복안을 가지고 있지 않다. 국회도 마찬가지다. 북한은 '현대그룹과는 일을 하지 않겠다'고 하고, 현대는 자신들이 기득권이 있고 합의서가 있다고 주장하고 있다. 거기에 다른 남한 기업은 아직불투명한 대북 관광사업에 쉽게 뛰어들지 못하고 있다. 이런 판에 국민의 혈세는 북한 땅에서 낭비되고 있다.

50억 낭비와 관련하여, 북측과 협상을 잘못해서 이런 일을 발생시킨 한국관광공사와 통일부 담당 관리의 책임을 물어야 한다. 또 최종적으로 이 지원을 승인한 남북교류협력추진협의회 위원장인 당시 정동영 통일부 장관도 자유롭지 못할 것이다. 국내에선 단 10원의 예산이 나가도 사후 관리를 한다. 사전 평가, 집행과정, 사후 결과 등등 비교적 철저하다. 그러나 북으로 지원되는 돈은 사전 평가도 부실할 뿐만 아니라, 거기서 끝인 것이다. 집행과정을 확인할 수도 사후 결과를 조사할 수도 없다. 예산 결산을 심사하는 국회도 마찬가지다.

필자는 우리 예산이 지원되는 북한의 모든 곳, 모든 사업에 대해 예산이 제대로 집행되는지 철저하게 확인해야 한다고 생각한다. 정부는 물론이고 국회도 이를 철저히 해야 한다. 대북 쌀 지원 인도 요원으로, 금강산 체험학습 현장조사 등으로 굳이 북한에 가 보려고 하는 것도 모두 이런 이유에서다. 그리고 이게 국회에 몸을 담고 있는 사람들이 가져야 할 자세이고 책무라 믿는다.

4. 금강산

겨울 금강, 개골산에서

지난 2005년 12월 26일~28일까지 2박 3일 금강산에 다녀왔다.

다른 동료 20여 명과 함께 갔기에 MT와 같은 느낌도 들었다. 하지만 개인적으로는 금강산에 가는 우리 중고생들의 관광(연수) 실태는 어떤지 조사도 할 겸 겸사겸사 다녀온 것이었다. 운이 좋아서 비용도 아주 저렴했고, 현대아산에서도 많은 편의를 제공해 주었다.

2005년 겨울방학 동안 우리 중고생 2만여 명이 참여하는 금강산 체험 프로그램이 진행되었다. 교육부와 통일부가 예산을 지원하고 현대아산이 협력하는 프로그램이었다. 우리는 용인, 분당, 시흥 등 경기교육청 소속 학생 400여 명과 함께 금강산에 올랐다. 우리 중고생들과 선생님들이 금강산에 가서 잘 먹고 있는지, 잠은 어디서 자는지, '관광인지 교육인지' 프로그램도 점검하고, 무엇보다 국회가 금강산에 여러 형태로 협력기금 지원을 승인해 주고 있는데, 이 돈이 제대로 쓰이고 있는지 확인하기 위한 조사목적도 있었다.

● 겨울 금강산의 설경.

2004년 6월 15일. 금강산 육로관광 시범행사에 초청을 받아 이미 금강산에는 한 번 다녀온 적이 있었다. 그래도 겨울 금강, 즉 개골산의 풍광이 기대되어, 한 번 가본 곳을 다시 가는 것인데도 다소 설레었다.

다시 본 금강산특구는 너무나 변해 있었다. 많은 공사가 진행 중이었고 못 보던 건물도 생겨났다. 금강산 호텔이 문을 열었고 제2온정각 공사도 한창이었다. 거기다 골프장이 착공되었고 눈썰매장 스키장도 열었다. 심지어 카지노까지 허가를 받았다는 소리까지 들렸다. 또 여러 부대시설과 도로 공사도 한창이었다. 특히 금강산 호텔의 종업원은 전부 북한 사람으로 바뀌었고 등산로의 물품판매대 수도 늘었고 상품도 다양해졌다. 그동안 금강산 관광의 가장 큰 약점 중의 하나였던 북한 사람들과의 접촉 기회의 부족도 많이 개선된 것 같았다. 남북한 사람들이 만날 수 있는 장을 넓히는 것, 이것이 중요하다고 많은 사람들이 지적했는데, 현대 측도 이에 대해 많은 노력을 하는 것 같았다.

북한 사람들은 국회에서 왔다고 하니까 많은 관심을 보였다. 그래서 즉석에서 토론이 벌어졌다. 삼일포와 만물상에서는 북한 환경순찰원들과 남북관계 현안에 대해 많은 이야기를 했다. 그래서 탈북자 문제, 북한 인도적 지원, 남북공조, 북한 핵문제, 정상회담 문제 등 민감한 현안에 대해서도 많은 의견을 나누었다.

'우리가 보낸 쌀과 연탄은 잘 받았나. 얼마나 받았나. 그것도 어렵게 지원되는 것이다.'

'핵 양보하고 개방하라. 그러면 엄청난 지원을 해 줄 수 있다.'

'남북정상회담도 해야 한다. 김정일 위원장이 답방을 해라. 그것이 남북관계에 획기적 발전을 가져올 계기가 될 것이다.'

이런 이야기를 하다 보면, 구경은커녕 동료들은 벌써 저만치 가 버려 허겁지겁 뒤쫓기 일쑤였다. 그래도 단순한 관광보다는 이게 낫다 싶었다.

우리 중고생들이 식사하는 곳에 일부러 들어가 봤다. 학생들은 음식이 입에 맞는지 식사에는 불만이 없는 듯했다. 잠자리도 편했다고 한다. 현대아산은 열심히 학생들을 챙기는 것 같았다. 그러나 프로그램을 위한 학생 선발은, 어떤 학교는 선생님 아들이라고 해서 선발되고 어떤 학교는 '가위바위보'로 정하기도 했다고 한다. 학교마다 통일된 기준이 없고 알아서들 한 분위기이다. 게다가 프로그램에는 방북 느낌, 소감문 작성, 남북문제 토론 등 나름의 연수 및 교육내용 등이 잡혀 있긴 했지만, 실제로는 거의 진행되지 않았다. 이러한 점은 대단히 중요하다. 애초 이 프로그램이 관광이냐, 연수냐 논란이 있었고, 특히 거울 비수기에 국가 예산을 들여 현대아산을 지원하기 위해 시행한 것이 아닌가 하는 시각이 있었기 때문이다.

이 프로그램이 제대로 된 통일교육의 일환이라면 통일부나 교육부가 예산을 지원하는 것이 의미가 있지만, 단순한 관광이라면 결국 민간기업을 위한 편법적 지원이라는 비판을 면할 길이 없게 된다. 또 국회에서도 통일교육으로 보고 예산 지원을 찬성했고, 또 관광이 아닌 내실 있는 교육이 될 수 있도록 잘 준비하라고 신신당부를 했기에 더욱 그러했다.

겨울이었지만 다행히 날씨가 좋아 만물상 꼭대기까지 올라갔다. 눈 덮인 설산을 보며, 눈길을 기어오르고 내리며, 겨울 산행의 정취에 흠뻑 빠졌다. 그리고 등산로 판매대에서는 인삼차와 오미자차를 마셨다. 북한 판매원들은 추위에도 아랑곳하지 않고 과자 몇 개 사탕 몇 봉, 얼어버린 곶감, 음료수 몇 병 등을 팔고 있었다. 하나라도 더 팔기 위해 손님도 청하고 호객행위도 하는 저들에게서 자본과 경쟁의 힘을 느꼈다면 지나친 것일까?

숙소인 금강산 호텔로 돌아오니 남쪽에서 긴급한 메시지가 와 있었다. 그래서 현대아산의 도움을 받아 서울로 연락을 취했다. 몇 시간 동안 전화가 불통이었다. 현대아산은 남쪽과의 연결을 위해 인공위성을 이용한 008 국제 전화망을 쓰고 있었다. 그래서 음질도 나쁘고 연결도 잘 안 되는 경우가 많았다. 겨우 서울과 연결이 되었지만 몇 마디 하지도 못했는데 또 끊어졌다. 전용 전화선과 인터넷 이용을 위한 광케이블 연결이 매우 시급함을 느꼈다.

그래도 내용은 들을 수 있었는데, 금강산에 갔다고 어느 지역 신문에서 이를 비판하는 기사를 실었다는 것이었다. 지역 문제와 결부시켜 교묘히 엮어 놓았다고 했다. 그저 난감할 따름이었다. 그렇지만 그

● 금강산 등산로에 있는 간이 판매대.

기자도 나름대로 최선을 다한다고 한 것일 테니 그냥 웃었다. 언젠가는 자신이 쓴 것과 다르다는 것을 알게 될 날이 올 것이다.

그 순간, 신계사의 부처님께 절한 일이 생각났다. 남측의 조계종이 복원하려는 신계사는 본존 대웅전이 들어섰고 남측 스님 한 분이 상주하며 관리를 하고 있었다. 절집에서는 절을 한다는 평소 소신대로 3번 절하고 부처님 얼굴을 한 번 보았는데, 그 순간 부처님의 몸에 비친 햇빛이 내 눈으로 반사가 되었다. '금강의 정기와 부처님의 귀여움을 받고 가는구나' 했다. 그래서 그 신문기사 건은 그냥 웃고 '내가 부족한 탓이다. 내가 더 잘해야지'하고 생각하기로 했다. 그게 부처님의 가르침이 아닌가 싶기도 했다.

지난번에는 금강산 특구를 보면서, '현대가 참으로 큰일을 했다'고 느꼈는데, 이번엔 어떤 책임감, 연대감 같은 것을 느꼈다. 함께 건설하

● 2005년 12월 복원 공사가 진행 중인 신계사.

고 제대로 잘 만들어가야 한다는 동반자 의식이랄까. 그건 아마 우리의 세금이 지원의 형태로 들어가기 때문일 것이다. 지난해만 금강산에 도로 포장하라고 30억 원을 주었고, 중고생들 관광경비 보조로 30억 원 등 60억 원 이상이 나갔다. 동해선 도로 철도 연결 예산을 빼고도 말이다.

겨울 금강을 찾은 우리 중고생들이 호연지기를 키우고 이북 땅도 우리 강역임을 확인하며 또 통일의 필요성을 느낄 수 있게 되기를 기대한다.

북 고성 방문기 (금강산 온정리 양지마을, 고성읍내)

지난 2005년 5월 8일부터 10일까지 북한 강원도 고성군 고성읍과 온정리 일대를 둘러보았다. 국회의 일정으로 금강산을 찾았지만, 마침 '새천년생명운동'이라는 대북 NGO단체가 지원물품 전달행사를 한다고 참석해 줄 것을 요청해 와서 함께 하게 되었다. 이 자리에는 현대아산의 금강산 사업소장이 직접 나와 2박 3일의 전체 일정을 함께 했다. 소장은 먼저 고성항 옆에 있는 발전소를 보여 주었다.

북한은 전기가 부족하기 때문에 금강산 지구의 일부는 현대가 디젤 발전기를 돌려 생산한 전기로 충당한다. 지금은 발전기 4대에서 3000kwh를 생산해 쓰고 있지만, 너무나 부족하다고 한다. 이 4대를 완전히 가동하는데 이중 한 대만 아웃되어도 정전이 일어난다고 한다. 특히 여름철에는 교예공연할 때 전기가 부족할까봐 아예 미리 다른 쪽의 전기를 죽이고 교예공연장에 집중적으로 전기를 몰아준다고 한다. 교예공연하다가 정전이 되면 공연자들이 치명적인 위험에 빠지기 때문이다. 하지만 이제 곧 6500kwh를 증설할 예정이다. 그러면 9500kwh 정도 되니까, 어느 정도 숨통은 트일 것이다.

그런데 현대는 여기에 소요되는 예산의 상당부분을 정부가, 통일부의 남북협력기금에서 지원해줄 것을 기대하고 있다. 이 사업이 상징성이 큰 국가적 사업이고, 도로 전기 등 인프라 구축은 정부가 해 주는 것이란 주장이다. 사실 국내에서 기업이 공단에 입주할 때는 기업이 직접 전기를 끌어오고 공장 부지를 조성하지는 않는다. 또 개성공단은 한국토지공사가 이런 기반시설을 다해 놓고 기업들은 몸만 들어가면 될 정도로 지원하고 있다. 이에 비하면 현대아산은 국가 직접 사업이 아닌 민간기업 사업이라는 이유로 엄청나게 고생하고 있는 셈이다.

현대는 또 고성항이 내려다보이는 산등성이 50만 평을 깎아 18홀짜리 골프장을 짓고 있었다. 이 골프장은 2007년 10월 개장 예정이다. 이

● 고성항이 내려다 보이는 언덕 위에 건설되는 금강산 골프장.

곳은 북한군 진지가 있던 곳인데, 군부대 시설은 다른 곳으로 옮겨가고 이곳을 현대가 차지하고 골프장을 만드는 것이다.

산 위에서 보는 장전(고성)항은 참으로 아름다웠다. 현대 측은 이곳을 9봉9미(9峰9美, 9봉우리의 9가지 아름다움)한 곳으로, 최대한 자연을 살려 만들고 장전항과 동해를 내려다보며 라운딩할 수 있도록 할 것이라고 자랑했다. 또 앞으로 북한과 이야기가 잘 되서 승용차 타고 금강산에 골프를 치러 올 수 있도록 하겠다고, 지금 이야기가 잘 되고 있다는 말까지 덧붙였다. 이 말을 듣고 있자니 곧 금강산에서 골프 칠 날도 멀지 않은 듯했다.

대북 NGO 단체와 함께 금강산 초입 오른쪽 편에 있는 온정리 양지 마을을 찾았다. 이번에 실어온 물품은 못자리용 비닐이었다. 온정리 인민위원회 마당에서 전달식을 했다. 지원 단체 소속 사람들과 현대아산이 내준 버스를 타고 마을로 들어섰다. 금강산을 오갈 때 스쳐 지나가는 곳이지만, 이렇게 마을 안까지 들어오는 것은 대단히 드문 경험이었다.

북한은 외부인에게 속을 내보이려 하지 않는다. 그래서 처음에는 우리의 방문을 거부하다가 NGO 쪽에서 강력히 요청하니까 마지못해 허용한 것이다. 앞마당에 차를 세우고 기념사진을 찍었다. 인민위원회 건물 안에도 들어가 보았다. 여러 대의 카메라가 사진을 찍느라 마당이 왁자지껄했다.

떠나려 할 때 지게차가 움직여 비닐이 쌓여 있는 팔레트를 트럭에서 내렸다. 이 모습을 사진기로 찍으려 하자 북측 관계자가 제지했다. '내리는 모습을 찍지 말라' 대충 무슨 의미인지 짐작은 갔지만, 굳이 말하지는 않았다.

● 대북 민간 NGO단체 새천년 생명운동이 실어온 못자리용 비닐.

인민위원회를 나와서 양지마을 민가를 방문했다. 좁은 마을길을 따라 집들이 늘어서 있었다. 이미 정해진 집안으로 들어갔는데 마당은 거의 없었다. 텃밭으로 가꾸었기 때문이다. 집집마다 약 3~5평 정도의 텃밭이 있었고 채소가 심어져 있었다.

안방으로 들어서자 김일성 수령, 김정일 위원장, 김정숙 여사의 사진이 벽에 걸려 있었다. 이를 배경으로 사진을 찍으려 하자 '사진이 잘리지 않도록 찍어 달라'고 동행한 북한 사람들이 요청했다.

집안 세간도, 냉장고 세탁기 등이 잘 갖추어져 있고, 부엌에 있는 양은 솥 두개는 너무 잘 닦여 윤까지 났다. 화장실도 양변기에 신식이었다. 이런 시골에, 다소 보여주기 위한 것이라고 해도, 예상보다는 훨씬 잘해 놓았다.

다음 목적지는 현대아산의 영농장이었다. 이곳에 가기 위해서는 고

● 금강산 온정리 양지 마을의 모습. 집 앞에는 텃밭이 있고 채소 등이 심어져 있다.

성항 장전호수를 돌아서 고성 읍내를 지나야 했다. 버스를 타고 고성항을 돌아갔다. 바로 앞이 2005년 여름부터 해수욕장으로 지정된 곳이었다. 관광객들은 맑은 고성항 바다에서 피서하고 해수욕할 수 있게 된 것이다. 이곳은 천혜의 군항으로 북한 해군 잠수함 기지로 쓰이던 곳이었다. 이 잠수함 기지가 남한 사람을 위한 해수욕장으로 바뀌었다. 어디에도 이런 커다란 변화는 없을 것이다.

장전 2다리를 건너 읍내로 들어갔다. 신발수리, 건재상점, 교통안전 교양실, 인동리발관 등의 건물과 간판이 눈에 들어왔다. '후세에 통일된 조국을 물려주자'는 간판도 눈에 띄었다. 사람들도 많았다. 자전거를 타거나 주로 걸어 다녔다. 길가에는 찔레꽃과 수양버들이 한창이었다. 보리밭도 보였고 논갈이로 분주해 보였다.

지나가는 자전거 뒤에 실린 노란 쌀 포대가 눈에 띄었다. 이는 눈 감고도 알 수 있는 우리가 보내준 쌀 포대였다. 노란 포대에 '쌀 40kg 대한민국'이라고 검은 글씨로 적어 놓은 우리의 쌀 포대였다. 너무 반가워 '우리 쌀 포대다'라고 외치자 버스 속 모든 사람들의 눈이 그리로 쏠렸다. 필자는 2003년 이 쌀 포대 30만 개(12000톤)를 배에 싣고 군산을 떠나 남포에 내려 주고 돌아온 기억이 있다. 그래서 이 한 자루의 쌀 포대에 대한 기억이 남과 다르게 애정이 담겨 남아 있는 듯하다.

'총폭탄', '선군시대' 등 정치구호도 있었다. 지나가던 주민들은 차와 차에 타고 있는 남측 사람들을 의식했다. 거의 대부분의 사람들이 애써 안 보는 척하면서 눈길을 돌렸다.

고성읍내를 지나 조금 더 가자 3만 평 규모의 영농장이 나왔다. 몇 주 전 비바람이 몰아치고 돌풍이 불어 몇 개의 비닐하우스 비닐이 날아가 버렸다고 한다. 이쪽 동해의 바람도 꽤나 매서웠다. 이곳 영농장은 북한 사람들이 맡아 경작하고 호박, 상추, 치커리 등 야채를 심어 금강산의 남측 관광객에게 공급한다. 유기농으로 재배를 해서 맛도 좋다. 북측 관리직원, 북한 처녀 노동자 몇 명 등이 나와 남측 손님을 맞이했다. 그들은 들깨를 뿌리고 있었다. 옆에 앉아 이런 저런 이야기를 나누었다.

돌아오는 길은 역시 우리가 왔던 길 그대로였다. 다시 읍내를 지나다가 눈에 확 띄는 모습을 보았다. 북한 청년역을 지나 온정역으로 이어지는 북한의 동해선 철도였다. 그러나 자세히 보니 그 교각 중의 하나가 유실되어 있었고 철로 역시 휘어져 있었다. 이미 북측 동해선은 제 기능을 하지 못하는 상황이었다. 남북 연결로인 동해선 철도 연결을 위해 우리는 지금까지 900억 원 이상을 썼다. 군사분계선 이북부터 금강산 청년역까지의 북측 구간도 우리 자재 장비가 지원되었고 북은

● 현대아산이 운영하는 영농장.

● 참깨 씨를 뿌리고 있는 북한 농민들과 남한 방문단.

인력만 투입했다. 앞으로도 200억 원 정도가 더 든다고 한다. 하지만 어차피 북한 지역의 철도가 개량되지 않고는 동해선 연결 철도의 기능은 제한적일 수밖에 없다.

이렇게 경의선과 경원선을 연결하는 북한의 철도 이천청년선을 개량해서 개성공단을 연결하고 경원선을 통해 시베리아 횡단철도와 연결하자, 그래서 철의 실크로드를 만들자, 하는 구상이 여러 차례 나왔다. 이번에 정동영 장관이 김정일 위원장과 면담을 하면서 이런 말이 오고 갔다고 보도되기도 했다. 그러나 이천청년선 개량 때문에 동해선 연결이 지연되거나, 동해의 저진—강릉 구간 철도 건설 착공이 늦어지거나 해서는 결코 안 될 것이다.

금강산 해금강으로 관광을 갔다. 그곳에서 해당화를 보았다. 꽃 자체를 보는 것은 처음이었다. 이 해당화는 남녘의 해당화와는 다른 의미로 다가왔다. 원산 갈마반도부터 명사십리, 그리고 이 해금강 해당화까지, 붉은 꽃이 참으로 고왔다.

해금강 한쪽 편에서는 사진을 찍지 못하게 했다. 군사 시설이 있는 곳이라 했다. 과거 같으면 상상도 못할 일인데, 돈 앞에서 문을 연 것이다. 해금강에서 남쪽의 바다를 바라보았다. 고성 통일전망대가 손에 닿을 듯 가까웠다. 여기도 북한 환경 감시원이 나와 있었다. 그 사람 옆을 무심코 지나가다가 '임선생!'하며 입에서 바로 그 사람의 성이 튀어 나왔다. 전에 만난 적이 있는 사람이었다. 올 1월에 겨울 금강산에 간 적이 있는데, 만물상 쪽에서 이 사람을 만나 한참을 이야기하며 같이 산을 올랐다. 국회 사람들이라고 소개하고 남북한 현안과 정세, 우리의 통일노력, 국회와 여야 정당의 활동, 미국문제 등 많은 이야기를 했다.

임선생 : 한나라당 사람들 왜 그럽니까?

필자 : 왜요. 뭐가 문제라도 있나요?

임선생 : 왜 통일을 막고 북조선을 적대시 하나요?

필자 : 그런 적 없습니다. 남이 이만큼 해주면 북도 그만큼 해 달라 이런 게 한나라당 사람들의 요구입니다.

임선생 : 우리가 못한 건 뭐 있습니까?

필자 : 많지요, 아주 많지요. 우선 쌀 받으면 고맙다는 소리 좀 하세요, 남쪽 사람들 세금으로 쌀을 사서 보내는데 받기만 하고. 그리고 총질 좀 하지 마세요. 서해에서 북한군이 총 쏴서 우리 군인들이 몇 명이나 죽었는지 알아요?

임선생 : 거참!! 이선생 이거 봐요…….

임선생도 달변이었다. 흥분을 하기도 했지만 최대한 차분하게, 조금도 밀리지 않고 북의 입장을 설명했다. 조국에 대한 사랑이 충만한 사람이었다. 그러면서 그는 미국에 대한 분노를 표시했다. 그러다가 결국은 '우리는 한민족이 아니냐. 우리민족끼리 잘해 보자'로 결론을 내렸다. 그런데 이 임선생을 다시 만난 것이었다.

"반갑습네다. 리선생."

우리는 진심으로 반갑게 인사했다. 같이 사진을 찍자고 했더니 '근무 중엔 안 찍는다'고 했다. 그래서 '그건 일반 관광객에게나 할 소리고 나 같은 친구에게 그러면 안 된다. 천리 길 마다않고 또 왔는데 이러기냐'고 말했다. 그래서 결국 함께 한 컷을 찍었다.

임선생과 같은 조의 여성동무는 참 싹싹했다. 북한의 신세대였다. 말도 톡톡 쏘는 것이 거리감이 없었다. 이북의 여성 안내원들은 참으로 열정적이었다. 조금도 거침이 없었고 때로는 아주 도전적이기까지 했다. 임선생과는 나중에 다시 금강산에 가면 또 만나게 될 것이다.

2005년 지금, 기록할 가치가 있는 것만 기록했다. 이 기록도 몇 년 지나면 식상한 것이 될 것이다. 더 많은 사람들이 이와 같은 경험을 하게 될 테니 말이다. 하지만 당연히 그래야만 한다. 더 많은 관광객들이 올라가고 또 북한 인민들을 접하고 하면 거리감도 줄어들 것이다. 남이나 북이나 점점 가까워지고 있다. 이런 추세가 이어지도록 정책을 잘해야 한다. 정부나 국회나, 이런 방향으로, 화해와 협력의 기조가 확고해질 수 있도록 해야 한다. 북한에 대해 별다른 거부감 없이 대하고 마치 옆 마을 이야기 하듯 할 때, 통일은 한 걸음 더 우리 앞에 다가설 것이다.

내금강에 첫발을 딛다

현대아산의 초청으로 내금강 시범관광 행사에 다녀왔다. 150여 명의 1차 방문단은 2007년 5월 27일부터 29일까지, 역시 150여 명의 2차 방문단은 5월 28일부터 30일까지로, 총 300여 명의 인원이 2개조로 나뉘어 구성되었다.

필자는 1차 방문단의 1호차에 편성되었다. 이 조는 전직 장관 2인, 국회의원 1인, 모교의 전 총장님, 전 감사원장님, 유명한 북한 전문교수, 국내 최고의 북한 철도 전문가 등등으로 구성되었고 필자는 말석에 이름을 겨우 올렸다. 그리고 기자단도 1, 2차 합쳐 무려 70명 정도가 참가했다. 거의 모든 방송, 신문, 인터넷 언론사들이 망라된 셈이다. 그도 그럴만 한 것이 분단 50년 만에 열린 내금강이었다. 그 성스러운 첫 발걸음을 함께 하게 되어 정말이지 영광이었다.

금강산 특구는 정말 상전벽해였다. 올 때마다 달라졌다. 전보다 건물도 많이 들어섰고 사람들의 표정도 훨씬 밝아졌다. 농협이 자체 건물을 지어 올렸고 옥류관이 개관했고 제2 온정각이 문을 열었다. 한때는 김정숙 휴양소였고, 방치되었던 외금강 호텔도 말끔히 단장했다. 북한 교예단 공연, 금강산 온천은 빠지지 않는 코스다.

밤에는 옥류관에서 내금강 관광 기념행사가 열렸다. 필자가 앉은 원탁 테이블은 명경대로 이름을 붙여 놓았다. 그런데 여기서도 반가운 사람을 만났다. 2003년 8월에 라임벨 호에 쌀 12,000톤을 싣고 북으로 갔는데, 그때 쌀 인수 요원으로 나왔던 김선생이 우리 테이블에 있었다. 우리는 서로 알아보고 반갑게 인사를 나누었다. 그리고 술을 여러 잔 마시며 참으로 많은 이야기를 나누었다. 나이는 나보다 어리

● 내금강 시범 관광 현수막이 붙은 현대아산 출경장.

지만, 김일성종합대학에서 철학을 공부한 똑똑한 북한 엘리트였다.

28일 월요일 7시 30분. 드디어 꿈에 그리던 내금강 관광을 위해 길을 떠났다. 6대의 버스에 나눠 타고 만물상 방면으로 길을 잡았다. 외금강 온정각에서 그 험한 만물상을 지나 온정령 고개 터널을 넘어 고성이 아닌 금강군으로 접어들어 금강산을 반 바퀴 돌아야 겨우 내금강 초입에 닿는다. 거리는 44km이지만, 길이 좁고 험하고 특히 비포장이라 1시간 30분을 달려야 한다.

내금강 지역의 마을을 스쳐갔다. 단풍리, 금천리, 금강읍내 등을 지나가야 했다. 500m 정도마다 북한 군인들이 버스를 감시했다. 혹시 사진을 찍을까 해서였다. 북에서는 특구 밖 이동 중에는 절대 사진을 찍을 수 없다.

버스마다 북한 안내원 1인과 동행원 2인이 동승하여 해설을 해 주

● 남측 동해선 제진역사. 남북 동해선 철도 남측 시발역이다.

면서 감시도 겸한다. 어제 만났던 김선생이 1호차 담당이었다. 남북관계, 쌀 문제, 방코델타아시아(BDA), 남한 대선, 김정일 위원장 답방 등등 모든 남북 현안에 대해 이야기했다.

드디어 내금강 입구였다. 금강산선 철도도 보였다. 레일은 없지만, 그 흔적은 지금도 남아 있었다. 곧 이 철도도 복원될 것이다. 그렇게 되면 서울에서 단번에 기차를 타고 올 수 있다. 일제시대에는 이곳이 수학여행 제1코스였다. 그때의 내금강 입구에는 철도 역사와 여관 상점 등이 즐비했지만, 지금은 쓸쓸했다. 아무 것도 없었다.

버스는 장안사 터를 지나갔다. 험한 산길이었는데, 이번 관광을 위해 급하게 길을 넓힌 듯했다. 지금도 옆에서는 포크레인이 도로 작업을 하고 있었다. 금강산 4대 사찰 중의 하나였던 장안사는 기단이 남아 있을 뿐이었다. 폐사지의 감상을 느낄 새도 없이 버스는 표훈사 앞에 이르렀다. 여기서부터는 걸어가야 했다.

　표훈사는 한국전쟁의 전화를 피해서 지금까지 남아있는 유일한 절이다. 670년 표훈선사가 창건했고 지금까지 1300여 년을 견디어 냈다. 해방 전에는 20채의 절집이 있었지만, 지금은 7채만 남았다. 단청은 퇴락했지만, 절의 기풍이 잘 살아 있었다. 절집에서는 그 주인인 부처님께 절을 한다는 자세로 본존 부처님께 삼배를 올렸다. 법당에 들어가 절을 하자, 같이 온 일행 중 일부가 따라 들어와 같이 절을 했다. 삼배를 마치고 1달러를 불전함에 넣었다. 북한 안내원들이 '저 친구 뭐하나' 하는 눈으로 물끄러미 쳐다보았다.

　북한 스님들 둘을 만났다. 합장하고 인사를 하자, 그들 역시 그렇게 했다. 그리고 나서 그들과 같이 사진을 찍었다. 머리가 길고 남쪽의 스님과는 달랐지만, 그래도 가사장삼을 입고 있었다. 주체의 나라, 종교

● 금강산 표훈사 대웅전. 금강산 4대 사찰 중 지금까지 남아있는 유일한 절이다.

● 북한이 1954년 금강산 만폭동 바위에 새긴 글씨. '지원'은 김형직 선생의 좌우명.

는 인민의 아편이라는 체제 하이기에 종교와 스님의 의미는 우리와 다를 것이다. 대북관계에서는 알면서도 굳이 말하지 않고 또 이해하려는 열린 마음이 반드시 필요하다.

본격적인 등산이 시작되었다. 금강문을 지나 만폭동으로 갔다. 조선조 명필 봉래 양사언이 쓴 만폭동 글씨는 대단했다. 정철의 관동별곡 그대로 따라 올랐다. 명경지수와 폭포, 높은 하늘, 시원한 바람, 정말 장관이었다. 수많은 시인들이 시를 읊었고 화가는 그림을 남겼다. 겸제 정선의 만폭동 그림을 떠오르게 했다. 같은 장면을 보면서 그는 그림을 남겼지만, 나는 사진을 남긴다는 마음으로 연방 셔터를 눌렀다.

바위란 바위는 글씨로 가득했다. 북한이 공산주의화되고 난 이후 쓰인 구호도 많았다. 그러나 수많은 한문 이름도 있었다. 고려 조선조

● 조선조 명필 양사언이 만폭동 바위에 쓴 글씨.

의 유람객들이 자기 이름을 남긴 것이다. 아예 돈을 받고 글씨를 새겨 주는 사람까지 있었고, 돈을 많이 주면 이름 석자를 크게, 돈이 적으면 적게 새겨 주었다고 한다.

보덕암 암자가 눈에 들어왔다. 내금강 대표 명물이다. 바위에 암자를 지었는데, 구리 기둥 하나에 위태롭게 올려져 있다. 안으로 들어갈 수는 없고, 암자 뒤편에서 내금강 골짜기를 보면 그 절경이 한눈에 들어온다. 명당자리엔 역시나 암자가 있는 듯했다. 너무 멋진 풍광 때문에 스님들의 수도가 제대로 되었을지 모를 일이다.

금강문을 지나 만폭동으로 올라갔다. 약 1km 구간에 걸쳐 수많은 폭포와 소로 이루어져 있었다. 양사언이 남긴 만폭동 글씨, 정선의 만폭동 그림이 떠올랐다.

30분을 더 가면 묘길상이 있다. 한반도 최대의 마애불로 나옹선사

● 내금강의 상징, 보덕암 암자.

가 새겼다고 한다. 높이 15m 폭 9.4m로 한눈에 다 들어오지도 않았다. 원래 이름은 아미타여래상인데, 옆에 묘길상(妙吉祥)이란 큰 글씨가 있어 별명이 붙은 것이다. 묘길상은 암자 이름이었다는 말도 있다. 위, 아래, 카메라로 마구 찍어댔다. 이것을 보자 고창 선운산에 있는 마애불도 생각났는데 크기나 조형미, 조각미로 보면 묘길상이 몇 배 낫다. 묘길상 부처님이 훨씬 잘생겼고 보존상태도 좋았다. 선운산 마애불은 풍파를 겪으며 많이 깎여 나갔고 갑오농민전쟁 등 농민 봉기를 겪으며 여러차례 훼손되었다. 그러나 묘길상 부처님은 지금도 선이 선명하고 돋을 새김도 뚜렷했다. 이렇게 잘 보존된 것이 신기할 따름이었다. 서산 경주 등 남쪽의 어느 마애불과 비교해도 훨씬 낫다. 위엄과 기풍이 있어 고려시대 마애불의 최고봉이라고 할 만했다.

내금강 코스는 여기까지였다. 이제부터는 왔던 길을 되돌아 내려가야 했다. 올라올 땐 잘 보이지 않던 내금강의 모습이 이제야 한눈에 들어왔다.

"이런 비경을 거쳐 올라왔구나."

북한 안내원들이 지점마다 서 있었고, 그들은 때때로 남측 관광객과 동행했다.

● 한반도 최대 마애불 묘길상.

같이 내려오면서 또 많은 이야기를 나누었다.

"왜 쌀을 안 주냐. 주기로 했으면 어서 달라."

"BDA 문제 때문에 묶인 거 잘 알지 않느냐. 이게 풀려야 한다."

"BDA 문제는 왜 잘 안 풀리냐."

"미국 내부 문제인 것 같다. 우리도 답답하다."

역시 그들 최대의 관심은 쌀이었다. 지금이 정말 힘든 단경기라 급하긴 급한 모양이었다. 이 외에도 이런저런 남북한 현안과 남쪽 사정에 대해 이야기했다.

표훈사로 내려오니 뷔페식으로 점심이 준비되어 있었다. 금강산도

식후경이라는 말처럼 많이 덜어다가 열심히 먹었다. 북측 안내원과 소주도 나눠 마셨다. 이들은 항상 2인 1조로, 남녀 1쌍이 같이 움직였다. 같이 술을 나눠 마시고 식사를 하면서 이런저런 이야기를 했다.

내려오는 길에는 서산대사비와 나옹, 지공, 무학, 사명대사 등의 부도가 있는 백화암터 부도밭에 들렀다. 아쉽게도 서산대사비는 깨져 있었다. 아마 후대에 비문이 넘어지고 지붕돌이 떨어지면서 거북 모양의 기단석을 내리친 것 같았다. 그 모습을 제대로 보지 못해 너무나 아쉬웠다. 하지만 서산과 사명의 자취를 여기서 만날 수 있었다.

조금 더 내려오면 삼불암이란 부처님 셋이 새겨진 마애불이 있다. 이 역시 나옹선사가 새긴 것으로 고려 14세기 때의 작품이다. 충남 서산 마애불은 중심에 큰 부처님이 계시고 좌우에 작은 부처가 있는데, 이 삼불암 부처는 세 분 모두 크기가 비슷하다. 생긴 것은 서산 부처님이 훨씬 잘 생겼다. 삼불암 부처님은 사각형의 얼굴에 살이 많았다. 후덕하지만, 좀 삐진 듯한 모습이었다. 서산 부처님은 날씬한 얼굴에 온화한 미소를 지니고 있다. 아마 남쪽 백제와 북쪽 고려의 차이일 것이다.

다시 버스에 올랐다. 해설원의 청산유수 같은 입담이 즐거웠다. 왔던 길을 돌아 6대의 버스가 달리기 시작했다. 이동 중에는 사진을 찍지 말라고 했는데, 누군가 이를 어기고 사진을 찍은 모양이었다. 길가에서 감시하던 군인이 보고 확인 요청을 하는 듯했다. 관광안내조장의 워키토키가 시끄러웠다. 다행히 시범관광이고 해서 별다른 문제없이 잘 넘어갔다.

내금강으로 들어서자 한 치 앞도 안 보이는 안개 세상이었다. 산 하나 사이인데 천지가 갈린 듯했다. 다음으로 금강산 온천에 가서 몸을

뉘었다. 어두워진 하늘을 보며, 여기가 어딘가 생각했다.

출발일 날에는 아침부터 비가 왔다. 전날 마신 술과 노독이 덜 풀렸는지 조금 피곤했다. 오전엔 선택 관광이었다. 그래서 힘들지 않은 코스로 가려고 마음을 먹고 해금강과 삼일포로 방향을 잡았다. 피로가 덜 풀린 탓도 있었지만 혹시나 해금강의 해당화를 볼 수 있을까 해서이기도 했다.

과거나 지금이나 별로 변한 것이 없었다. 하지만 해금강 해안은 지 2006년에 폭풍으로 많은 손상을 입었고, 그래서 돌길을 새로 내고 넓혀 놓았다. 그 바람에 해당화는 사라져 버렸다. 아쉬운 마음이 남아 북측 안내원에게 해당화 이야기를 했다. 그러자 그는 나중에 몇 그루 심어 놓겠다고 한다. 나중에 가봐야겠다고 마음을 먹으며 발길을 돌렸다.

● 삼일포 전경.

삼일포에서 온정각으로 돌아오는 길에는 동해선 열차 길을 넘었다. 5월 17일 딱 한 번, 이 길로 북의 열차가 남으로 왔다가 북으로 돌아간 적이 있었다. 남북의 열차가 매일 다닐 수 있게 되어 금강산 관광객들이 좁은 버스가 아니라 기차를 타고, 동해의 절경을 보며 금강산 여행을 할 수 있는 날이 빨리 왔으면 한다.

삼일포 근처엔 남북 합작 사업 단지가 여럿 있었다. 충북 제천시가 지원하는 과수원이 있고 어느 NGO단체가 운영하는 시범농장도 있다. 그리고 이들 온정리 마을에는 남측이 제공한 연탄보일러와 연탄이 놓여 있었다. 금강산 일대는 남쪽의 손길이 그나마 많이 가는 곳이다. 그래서 이 동네 사람들은 혜택을 받은 셈이다. 이런 남측의 손길이 북한 구석구석, 방방곡곡에 스며들 때 남북은 한층 더 가까워질 것이다. 반드시 그렇게 되어야 한다.

● 대북지원 NGO단체 새천년생명운동이 온정리 마을에 지원하고 있는 보일러.

금강산특구 들어가는 길 좌우 군부대에서 탱크와 야포를 볼 수 있었다. 이전에는 전혀 볼 수 없었던 일이다. 마치 시위를 하듯, 남쪽 관광객들에게 보란 듯한 모습을 보이고 있는 것이다. 주요한 요충지마다 군사 시설을 만들어 두고, 탱크와 야포를 위장도 하지 않은 채로 드러내고 있다.

"선군정치를 과시하는 것이고 북한 군부가 죽지 않았다, 자신들의 배려로 관광이 가능한 것이다, 뭐 이런 다목적의 시위용이다."

TV에 자주 나오는 북한 문제에 있어서 전문가인 선배와 같이 토론하면서 내린 결론은 이러한 것이었다. 아직은 분단 상황이니 남쪽도 조심하라는 듯한, 시위용의 행동으로 보였다.

금강산 특구에서 풀어졌던 기분이 싹 가시고 정신이 바짝 드는 순간이었다. 남으로 내려와 휴전선을 지키고 있는 우리 군인들의 모습을 보면서, 한편으로는 안도하면서도 또 한편으로는 이런 분단 상황을 빨리 바꾸어야 한다는 생각을 했다.

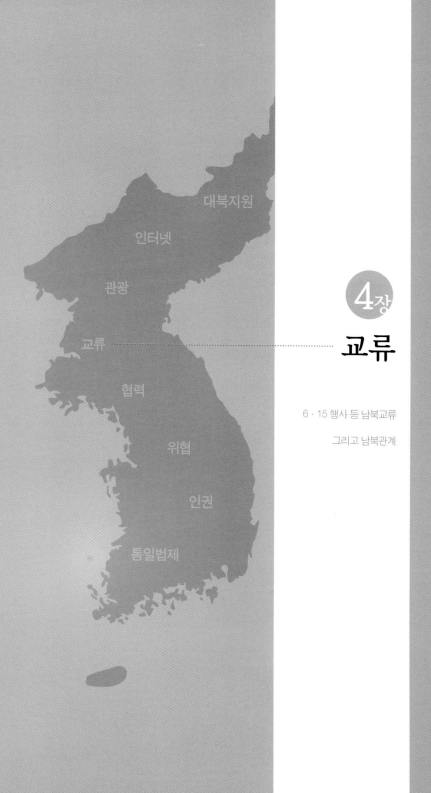

대북지원

인터넷

관광

교류 ·········· 4장

협력

위협

인권

통일법제

교류

6 · 15 행사 등 남북교류

그리고 남북관계

1. 6.15 민족대축전

2005년 6.15 행사

북한이 2005년 6.15 공동행사 2주일여를 앞두고 돌연 남측 방문단 수를 615명에서 190여 명 수준으로 줄여달라는 통지를 했다. 이유가 좀 독특하다.

"미국이 최근 핵 문제와 관련해 북한체제를 압박·비난하고 (북의) 정치체제까지 모독·중상하며, 남측에 스텔스 전폭기를 투입하는 등 축전 개최와 관련한 새로운 난관이 조성되고 있다."

축소 이유가 정치적인 것이고 또 미국과의 문제다 보니 뾰쪽한 해결책이 없다.

차라리 쌀이나 비료가 더 필요하다고 했으면 어떻게 해 볼 수도 있지만, 이건 애초 협상대상이 되지 않는 황당한 주장이다. 우리 정부가 어떻게 해볼 수도 없는 것이다.

북의 이런 행태는 남북 협상을 조금만 아는 사람이면 누구나 짐작할 수 있는 지극히 상투적인 수법이다. 먼저 합의하고 황당한 이유를 들어 그 합의를 번복하고 그래서 우리가 '매달리고 더 많은 양보를 해서 달래고' 그러면 북은 마지못해 남측의 요구를 수용하는 식이다. 김정일 위원장이 통 큰 결단을 내리면서 마치 시혜를 베푸는 듯이, 아랫사람 대하듯 그렇게 행동한다. 지난 40여 년간 남북대화의 모습은 언제나 이래 왔다. 신뢰와 상식이 통하지 않을 때도 많다. 같은 동족인 남한을 상대할 때도 이런 식이다. 이런 것이 소위 자주이고 주체라면서, 자신들의 자존심을 이런 식으로 보상받으려 하는 것이 오히려 안타까울 따름이다.

남한의 정부 대표단이 간다는데 이런 식이니, 다른 회담이나 협의야 말해 무엇하겠는가. 남북회담할 때 우리가 국장이 나가면 저쪽은 과장급이 나오고, 우리가 장군 급이 나가면 저들은 영관급을 보내고, 국기도 꼭 더 큰 것을 더 높이 달고 항상 그래 왔다. 그리고 무엇이든 지원이 있어야 회담이 진행되었다. 민간이든 지방정부든 합의문 하나 쓰려 해도 '냉장고 10대, 세탁기 30대' 등을 선물로 줘야하는 경우도 있다. 눈에 안 띄게 각급 협상자들이 비공식적으로 보내준 것도 엄청나다. 알려지지 않았을 뿐이다.

지난 차관급 회담(실무급회담)에서 합의한 합의서의 잉크가 채 마르지도 않았다. 게다가 남한의 통일부 장관이 직접 간다고 하는데, 이런 식이다. 북한에는 '남한 정부는 미제의 괴뢰 정부이자 하수인' 또는 '자신들이 한반도의 유일한 합법정부'라는 생각이 내재되어 있다. 그래서 오히려 정부대표단을 민간과 NGO들보다도 덜 존중할 때도 있는 것이다.

가서 무엇을 합의한다고 해도 북이 이런 식이면 그 합의의 효력을 보장하기는 힘들 것이다. 6월, 서울의 장관급 회담도 마찬가지이다.

주말에 다시 이 문제를 협의하기 위해 대표단이 평양으로 올라간다고 한다. 정부차원에서도 막후 협상과 재논의를 할 것이다. 참으로 힘든 일이다. 비료 20만 톤이 아직도 북으로 올라가고 있는데, 이들은 벌써 그 합의를 깨면서 나오고 있다.

그러나 이런 북을 달래가면서 그래도 대화하고 협상하고 해야 한다. 남북이 힘을 모아야 할 일이 더 많고 또 그것이 중요하기 때문이다. 그렇지만 북을 달랠 때도, 대화를 해야 할 때도, 우리는 원칙을 가지고 당당하게 나가야 한다. 6.15 행사와 정부 대표단 방북을 아예 전면 취소하는 한이 있어도 말이다.

하여간 어렵게 성사된 남북축전이다. 그동안 불참했던 한나라당의 국회의원 4인도 북으로 갔다. 북한은 그동안 한나라당에 대한 비판과 비난을 많이 해 왔다. 이번에 한나라당 안상수 인천시장이 북에 다녀오고, 또 한나라당 의원들이 올라가는 것을 계기로 양측 사이에도 화해의 기운이 조금이라도 생겨났으면 한다. 최소한 대놓고 욕을 퍼붓는 식의 비난은 더 이상 북이 하지 않았으면 한다.

행사 프로그램을 보니 예년과 크게 다른 점은 없었다. 무도회, 행진, 공동사진전, 체육경기, 축하공연 등의 프로그램이었다. 올해는 만경대에는 안 가고 동명왕릉에 간다는 것이 조금 다를 뿐이다. 지나치게 정치적이거나 한 것은 사전에 조정되었다.

각 부문별 상봉모임도 있다. 남쪽 국회의원의 상대로 북한에서는 최고인민회의 대의원이 나올 것이다. 양측 의원들이 상호이해를 넓히고 남북국회회담 같은 생산적인 합의를 이끌어냈으면 한다.

이 남북국회회담은 지난 1990년까지 예비회담만 몇 번 하다가 결국 본회담까지 가지 못하고 지금까지 결렬상태이다. 정부 측 회담, 민간

회담은 활발한데, 국민의 대표인 국회만 제자리걸음이다. 그동안 여러 차례 국회회담 성사를 위해 노력했지만, 결국 무산 되었는데, 이번 의원들 접촉이 국회회담 성사의 단초가 되기를 간절히 바랄 뿐이다.

정동영 통일부 장관의 김정일 면담 여부도 관심사이다. 이미 이번 행사가 끝나면 장관직에서 물러나 10월에 보궐선거에 출마해서 당으로 돌아오라는 요구가 나오고 있다. 그러니 마지막으로 뭔가를 이루었으면 하는데 칼자루는 오직 김정일 위원장이 잡고 있을 뿐이다. 어쨌든 이것도 두고 볼 일이다. 또 정부 대표단을 이끌고 갔는데, 북한의 대접이 어떨지도 궁금하다. 지난번 개성공단 기념식에서 북한은 정동영 장관을 완전히 '물을 먹이기도' 했다. 이번에는 좀 달라질지 기대해 본다.

그리고 과거 6.15 행사에서는 일부 인사들이 '만경대 정신을 이어받자'고 운운해서 남남 갈등이 극에 달했던 기억이 있다. 이런 해프닝은 더 이상 없었으면 한다. 북에 갔다고, 민족 만났다고 흥분해서 우리의 정체성을 잃거나 해서 북한의 계산된 정치적 놀음에 놀아나는 일이 있어서는 안 될 것이다. 특히 폐막성명, 공동합의문 등에서 남한을 부정하거나, 북한 핵을 용인하는 듯한 내용이 들어가서는 안 될 것이다.

남측의 많은 사람들은 북한이 이 6.15 축전을 어떻게 이용하고 있는지 잘 알고 있다. '체제 단속'과 '수령론 강화' 등을 위한 여러 방편으로 쓰고 있다는 것을 알고 있다. 그럼에도 함께하고 또 남북화해협력을 앞당기는 방향으로 만들어나가야 하는 것이다. 이러한 것은 바로 강자의 여유와 자신감, 한민족의 동포애, 교류협력의 확대라는 이유들 때문이다.

양좌우파들은 양쪽에서 사고를 친다. 극좌파는 북에 가서 '만경대 정신' 어쩌고 하거나, 남한정부를 부정하는 식의 언행을 하는 등 정말 문제 있게 행동한다. 남쪽의 극우파는 6.15 행사의 부정적인 면을 강조해서 마치 참가자들이 북한에 이용만 당하고 우리 참가단이 아무것도 모르고 북한의 장단에 놀아난다고 떠들어 댄다. 이런 극좌우파의 준동을 자제시킬 수 있는 것은 우리의 건강한 대북의식뿐이다. 알면서도 어느 범위까지는 함께 해 주어서 그들을 끌어내오는 것, 이것이 이미 체제경쟁에서 승리한 우리가 가지는 여유일 것이다. 어찌되었건 아무 사고 없이 잘 마치고, 성과 있게 돌아오길 기대한다.

북한과 한나라당, 5월 광주와 6.15축전

"한나라당이 권력의 자리에 오르면 6.15가 날아나고 평양 서울로 가는 길, 금강산 관광길이 막히게 될 것이며 개성공업지구 건설도 전면 중단되고 남녘땅은 물론 온 나라가 미국이 불 지른 전쟁의 화염 속에 휩싸이게 될 것이다."

위의 글은 북한 안경호 조평통(조국 평화 통일 위원회) 서기국장이 2006년 6월 10일 평양 중앙로동자회관에서 진행된 '반일 6.10만세 시위투쟁 80돌 기념 평양시보고회'에서 기념보고를 통해 한 발언이다. 지난 5.31 총선에서 "한나라당이 승리하면 한반도는 전쟁의 참화를 겪게 될 것이고 따라서 열린우리당을 찍어야 한다"고 공공연하게 선동했다고 당시의 우리 언론이 보도한 바 있다. 얼마 전에는 북한 관영 언론에 한나라당의 박근혜 대표를 '유신 창녀'라는 식으로 표현한, 상상도 할 수 없을 만큼 심한 글이 실려 한바탕 난리가 난 적이 있다.

북한은 2006년 신년사(공동사설)에서 남한 정세와 관련하여 '반보수대연합' 구성을 주장했다.

"남조선에서 반보수 대연합을 이룩하는 것이 중요하다. 남조선의 친미보수세력은 지금 6.15통일시대를 과거의 대결시대로 되돌려 세우고 저들의 집권야욕을 실현하기 위하여 최후의 발악을 하고 있다."

이런 북한의 남한 정세와 내정에 대한 언급, 제1야당에 대한 노골적 비난 등에 대해 정부도 곤혹스러워 하기는 마찬가지이다. 사실 남북은 지난 2000년 6.15 공동선언 이후부터 상대방에 대한 비난을 자제해 왔다. 우리는 휴전선의 심리전 시설(대북방송 등)을 철거했고, 해외동포 대상의 사회교육방송 내용에서도 반북적 내용은 없앴다. 북한도 남한에 대한 비난을 자제했고 '삐라'도 덜 내려 보냈다. 그러나 최근 들어 북한은 6.15 선언 이전으로 돌아가고 있는 듯하다.

한나라당에 대한 비난은 점점 늘고 있고, 우리 정부에 대한 비판과 비난도 많아지고 있다. 그리고 그 강도 역시 아주 강해지고 있다. 북한이 진정 6.15 정신을 말한다면, 이런 상대방에 대한 비난부터 중단해야 한다.

주요 당사자인 한나라당과 '보수세력'들은 못들은 척, 안 들은 척 할 뿐이다. 대응을 해 봐야 북한 전술에 말려드는 것일 뿐이고, 특히 북한이 저런 주장을 한다고 그 주장에 동조할 사람들은 거의 없다고 생각하기 때문이다. 그러나 속으로는 분명 화가 날 수밖에 없다. 특히 정책이나 노선 등이 아닌 이회창, 박근혜 등 당 대표와 같은 특정인에 대해 노골적인 비난과 욕설을 퍼부을 때는 참기 어려울 것이다. 그렇더라도 그들은 그냥 참고 있다. 북한 비난에 대응논평을 내면 '똑같은 행동'이라는 말밖에 안 되기 때문이다. 대신 통일부에 대고 "북한이 그런 소리를 안 하도록 조치 좀 해 달라"며 질책하고 부탁하고 있다. 열린우리당이야 당사자가 아니니, 강 건너 불구경하듯 바라보고 있을 뿐이다. 지금까지 북한이 열린우리당에 대해 직접적으로 비난한 논평은 단 한 건도 없다. 그 이유는 누구나 쉽게 짐작할 수 있을 것이다.

통일부는 북한에서 심한 비난이 나오면, 혹여 한나라당이나 보수세력이 대북사업 추진에 반대할까봐 다소 걱정을 하고 있다. 남북대화 채널을 통해 북한에게 "그건 남북관계를 위해서 바람직하지 않다. 자제해 달라"고 말은 한다. 그러나 북한은 통일부의 이런 요청을 들은 척도 하지 않는다. 대남 통일사업, 대남 선전선동 부서와 남북 당국 간 채널은 별도인 듯이 다르게 행동하고 있다. 남북관계 악화를 걱정해서 논평을 안 내는 행동은 보이지 않는다. 그동안 우리가 그런 비난을 듣고도 말만 할 뿐 실제적인 조치를 취하거나 경협과 연계하거나 하는 식의 행동을 보인 것이 전혀 없기 때문이기도 하다.

'북한 조선중앙통신이나 노동신문, 평양방송 등을 통해 나오는 저런 비난 성명이나 논평 등은 남한을 직접 겨냥한 것이라기보다는 북한 인민들의 사상교양을 위한 체제단속용인 내부용이다'라는 분석도 있다. 즉 대외적이라기보다는 대내적인 것이고, 반미를 선동하고 '우리민족끼리'의 민족공조를 강화하기 위한 선전일 뿐이라는 것이다. 하지만 실제로 북한 사람들을 만나보면, 한나라당에 대한 적개심이 정말 대단하다. 그렇게 교양을 받았으니 당연하다.

그러나 문제는 앞으로이다. 북한의 우리 정치와 선거 등에 대한 간섭은 점점 노골화될 것이고, 또 거세질 것이 분명하기 때문이다. 특히 방송이나 신문 등의 방식이 아니라 6월 10일 조평통 안경호의 '사업보고'에서처럼 공식행사에서 한나라당을 직접 언급하면서 비난했다는 사실은 정말 심각한 문제이다. 이러한 북의 행태는 남북관계 발전에 역행하는 처사이고, 6.15 정신을 훼손하는 것이며, 남북 모두에게 전혀 도움이 되지 않는다. 그리고 대남 선전 효과도 별로 없다고 생각한다. 더구나 남쪽의 정치상황과 선거에 노골적으로 개입하려는 행태는 정말 비난 받을 일이다.

지금까지 진행된 남북관계 발전과 교류 협력은 특정 정당만의, 또는 특정 세력만의 주도로 이뤄진 것이 아니라, 대한민국 법률에 의해, 국회의 동의에 의해 합의되고 승인된 기반 하에서 추진된 것임을 알아야 한다.

정부도 북의 비난과 대북지원을 연계할 것까지는 없다고 해도, '북한 정권의 특수성'을 운운하면서 소극적인 자세를 보이기보다는 좀 더 적극적으로 북한의 자제를 촉구해야만 한다.

'5월 광주'와 북한의 만남, 2006년 6.15 통일대축전

6.15 통일 대축전이 다른 곳도 아닌 광주에서 열렸다. 북측 대표단 148명(당국 대표 20, 민간참가자 128)은 분단 이래 처음으로 서해직항로를 거쳐 14일 오전 11시께 광주에 왔다. 그리고 해외동포들도 참석했고, 일본의 민단과 총련은 이번 행사 참석을 계기로 그간의 반목을 청산하고 함께 협력하기로 했다. 남북과 해외의 민간 부문과 남북한 당국이 함께하는 공동행사였다. 여기서 가장 주목할 것은, 광주에서 열렸다는 점이다.

우리 현대사에서 광주가 갖는 상징성, 특히 광주 5.18 묘역의 의미는 정말 남다르다. 북한 공식대표단은 14일 오후 5.18 묘역을 참배했다. '5월 광주'와 북한의 공식적 만남이었다. 보수혁신 대결이 여전한 우리 한반도 현실에서 이들의 접속은 아주 상징적이고 큰 의미를 가지고 있다. 5월 광주로 시작된 80년대 민주화 운동세력과 북한 정권의 합법적인 접속과 연계, 이들의 공통적 지향은 바로 반미자주화와 연결되어 있고, 당면하게는 주한미군 문제로 압축되기 때문이다.

지난 3월께, 남·북 민화협의 실무접촉을 통해 올해 행사장소를 광주로 정했다는 소리를 민화협 실무책임자인 친구가 했을 때, 필자의 첫마디는 이런 것이었다.

"괜찮겠냐. 북한과 광주의 만남이라니. 남쪽 보수 세력의 반발이 엄청날 텐데."

그 친구는 이런 대답을 했다.

"충분히 그럴 수 있지. 그러나 뭐 독일월드컵에 묻히지 않겠어? 월드컵 분위기를 타고 조용히 넘어가겠지."

실제로도 그런 분위기였다. 언론도 별로 주목하지 않았다. 국민들의 눈과 귀는 오직 월드컵에만 쏠려 있었던 것이다. 하지만 이렇게 또 역사의 한 페이지가 넘어갔다. 월드컵의 우산 속에서 치러진 광주 6.15 행사는 우리 통일사에 또 하나의 계기가 되었다.

일부에서는 이런 6.15 행사를 '우리가 북한의 통일전선전술에 놀아나는 식으로, 일부 좌파세력과 현 좌파정부가 북의 통일노선에 멋모르고 동조하는 멍청한 짓'으로 생각하고 있다. 또 혹여 북의 의도와 계략에 당할까 걱정하고 우려한다. 그러나 이런 걱정과 우려, 북과 무언가 함께 하는데서 오는 위험성 등은 실제로 6.15 행사를 추진하는 사람들도, 중간에서 지켜보는 사람들도 충분히 알고 있다고 본다. 일부의 우려가 현실화되지 않도록 주의하고 또 경계하면서 진행하면 되는 것이다.

'북한과 접촉하면 저들은 훈련받은 사람들이라 훈련받지 않은 우리가 당한다'는 식의 피해망상에서 하루빨리 벗어나야 한다.

남북의 민간과 정부가 함께하는 6.15 행사는 일부의 우려와 위험성을 바로 알고 대처하며 이해와 합의의 장으로 선용하는 지혜가 필요하다. 이런 적극적인 자세, 열린 시각, 냉철한 분별력, 이것이 2006년 광주 6.15행사를 보는 3가지 요구조건일 것이다.

통일부장관 '엿 먹인' 북한의 대남비방

2007년 3월, 이재정 통일부장관은 평양에서 제20차 장관급 회담을 이끌었다. 장관은 2월 28일 첫 회담 전체회의 기조연설에서 "북측이 우리 측 대통령 선거와 관련해 특정 정당이나 인사들을 거명해 비난하는 것은 남북기본합의서에 배치될 뿐만 아니라 남북관계 발전에도 도움이 되지 않는다"며 중단을 요구했다.

지난 2000년 '6·15 공동선은'은 남북의 상호 비방을 중단하자고 합의했고, 그 당시에는 잘 지켜졌다. 그러나 2003년에 들어서면서 대남비방, 내정간섭 등에 대해 조금씩 강도와 빈도가 높아지더니 2005년부터는 다시 과거 수준으로 돌아가 버렸다. 그리고 지금은 대놓고 비방한다. 특히 최근 북한은 관영매체를 동원해 반(反)한나라당 주장과 이명박 전 서울시장, 박근혜 전 대표에 대한 인신 공격성 비난을 퍼붓고 있다. 그리고 그 정도는 점점 심해지고 있다.

2007년 북의 신년사 관련 구절이다.

'남조선에서의 반 보수 투쟁은 민족대단합 실현의 중요한 고리이며 사회의 진보와 통일운동의 전진을 위한 관건적 요인이다. 지금《한나라당》을 비롯한 반동보수세력들은 외세를 등에 업고 매국 반역적인 기도와 재집권 야망을 실현해 보려고 발악적으로 책동하고 있다. 사회의 자주화와 민주화, 조국통일을 바라는 남조선의 각계각층 인민들은 반 보수 대련합을 실현하여 올해의《대통령선거》를 계기로 매국적인 친미반동보수세력을 결정적으로 매장해 버리기 위한 투쟁을 더욱 힘 있게 벌려 나가야 한다.'

이 장관이 대남 비방 중단을 요구하는 입장을 밝혔음에도 북한 노동신문은 3월 1일자에서 "올해 말 남조선에서는 대통령선거가 있다. 한나라당을 비롯한 극우보수 세력의 권력 강탈 책동은 말 그대로 필사적이며 그것이 남조선 사회의 진보에 미치는 후과는 엄중하다. 올해 남한의 대통령선거를 통해 친미, 보수 세력을 매장해야 한다"고 주장했다. 회담을 위해 통일부 장관이 평양을 방문하고 있고, 대남비방 중단을 요청한 그 다음날 북은 노동신문을 통해 보란 듯이 비방 논설을 실은 것이다. 통일부 장관이 뭐라 하든 "우린 할 소리는 한다"는 것이었고, '장관은 한 번 당해 보라'는 신호였고 행위였다. 회담이 끝나고 남측 장관이 돌아가고 나서 그런 소리를 해도 될 것인데 회담 중에 그러한 논설을 실었으니, 북의 대남협상의 진정성을 의심하게 할 정도이다. 항상 북한은 자신들이 '우위'에 있다는 것을 과시하려는 식의 행동을 보인다. 그럼에도 이렇게 면전에서 우리 대표단이 노골적인 수

모를 당한 것은 이번이 처음이다. 정말 기가 막힐 수밖에 없다.

이에 대해 우리 대표단이 어떤 대응을 할지 주목된다. 혹여 '노동신문 사설은 대내용이다. 너무 개의치 마라. 그리도 남쪽 정부 당신들도 한나라당과 보수 세력의 집권을 원하지 않지 않느냐. 적의 적은 동지이니 이해해라'라는 식의 노동신문 사설이 나온 배경에 암묵적 합의가 있었는지는 모를 일이다. 물론 그렇기야 했을까마는, 이렇게 생각하면 정말 입맛이 쓰다. 남쪽 정부 대표단을 우습게 만드는 북의 못된 행태가 언제까지 계속될는지 안타깝기만 하다.

2007년 6.15 행사, 그 파행의 현장에서

평양에서 열리는 6.15 민족대축전 행사를 위해 필자는 2007년 6월 8일 남측 민족화해범국민협의회(민화협)에 참가 신청서를 냈고, 얼마 뒤 확정되었다는 연락이 왔다. 열린우리당과 한나라당, 민주노동당의 국회의원 8인을 포함해서 남측 대표단은 총 350명으로 구성되었다.

남측 6. 15 공동준비위원회에 소속되어 있는 민화협에는 우리 사회 각계각층의 인사들과 단체들이 망라되어 있고, 한나라당 국회의원들도 개인 자격으로 이 조직에 참여하고 있다. 6.15 행사의 의미가 민족화합과 대단결인 만큼 정치적 이념에 관계없이 6.15 기본 정신에만 동의한다면, 함께 할 수 있는 것이 당연하다. 한나라당 역시 이번 행사에 예년과 다름없이 일부 의원들을 대표단으로 보냈다.

2007년 초순부터 한나라당은 2.13 북핵 합의에 따른 미·북 관계의 개선과 그동안의 남북관계 발전 등을 고려하여 다소 전향적인 대북정책 수립을 위해 노력했다. 별도의 여러 실무팀(T/F)을 만들어 정책 연

● 2007년 6월 14일 평양 대성산 남문에서 열린 6.15 민족통일대축전 개막식 모습.

구를 맡겼고, 그 결과를 의원총회에서 토론하기도 했다.

필자는 대방동에 있는 어느 모임장소에서 각계의 대북전문가들과 함께 모여 여러 날 동안 주제별로 토론했다. 새벽까지 그 회의를 주재하다 보면 목이 아프고 힘들었지만, 그런 노력 덕분에 새로운 대북정책 보고서가 완성되었고 마침내 지도부에 보고할 수 있었다.

북한은 지난 핵실험 이후 모든 한나라당 인사들의 방북을 허용하지 않았다. 6.15 행사에도 한나라당 의원들이 참가하는 것을 마뜩해 하지 않았다. 그러나 '한나라당이 빠지면 반쪽짜리 행사가 될 것이다. 반드시 참가할 수 있도록 해야 한다'고 행사를 준비하는 민화협에 강력히 요구했고, 민화협 역시 당연히 참가해야 한다는 입장이었다. 북과 몇 차례 실랑이가 오간 연후에 마침내 한나라당 인사들에게도 초청장이 발급되었다.

6월 14일 오전 10시 인천공항, 남측 방북단을 태운 아시아나 전세기가 이륙했고 이 비행기는 ㄷ자 코스를 따라 40분 만에 평양 순안공항에 착륙했다. 대동강의 섬 양각도 호텔에 여장을 푼 후에, 대성산 남문에서 열린 개막식에 참석했다. 이날 행사 주석단에는 남북의 대축전 관계자들과 한나라당 및 열린우리당 의원 2인 등 10여 명이 자리를 잡았다. 저녁에는 만수대예술단의 다채로운 공연과 환영연이 열렸다. 이 환영연에서도 여야 국회의원들은 헤드테이블에 앉았다.

문제는 본 행사가 열린 그 다음날 터졌다. 행사장인 평양 인민문화궁전은 북측 4000여 명과 남측과 해외 인사 500여 명 등으로 인해 뜨거운 열기를 내뿜고 있었다. 그러나 10시 정각으로 예정된 행사 바로 직전에 북은 주석단에 한나라당 박계동 의원을 앉게 할 수 없다는 등의 이유로 행사 진행을 중단시켰다. 그 후부터 무려 11시간여의 대치

● 개막식에서 북측 참가자들이 남측과 해외 참가자들을 열열히 환영하고 있다.

● 2007년 6월 17일 태권도전당에서 열린 6.15 본 행사에서 주석단의 인사들.

와 기다림이 이어졌고 본 행사는 끝내 무산되었다. 6월 16일에도 6.15 민족대축전 본 행사는 열리지 못했고, 주석단 문제로 대치상태는 계속 이어졌다.

남북은 상황을 슬기롭게 풀기 위해 머리를 맞댔지만, 해법은 쉽게 나오지 않았다. 한나라당 의원들이 주석단에 앉겠다고 요구한 것도 아니었다. 그럼에도 개막식 행사 때에는 아무 문제도 제기하지 않다 가 돌연 본 행사에서 안 된다고 하는 북의 행태를 남측과 해외 대표단 은 도저히 수용할 수 없었다. 6월 17일 출발일 아침, 그래도 반드시 성 사시켜야 할 본 행사였기에, 한나라당 의원들이 행사에 참석하지 않 고, 말 많은 주석단에는 남북해외 위원회 대표만 앉는 것으로 합의가 이루어져 '태권도전당'에서 약식으로 행사가 치러졌다. 그리고 행사 가 끝나기가 무섭게, 바로 공항으로 이동해서 비행기에 올라 서울로 돌아와야 했다.

6.15 행사는, 2000년 열린 역사적인 남북정상회담 이후 이어져 온 남·북·해외 동포들이 함께하는 명실상부한 최고의 남·북·해외 교류 행사이다. 그럼에도 이러한 해프닝은 6.15나 8.15 행사 때마다 되풀이되고 있다. 벌써 7년째 같은 행사를 진행하고 있음에도 단 한 번도 조용히 원만하게 진행된 적이 없다. 2007년에는 주석단 문제였지만, 그전에는 연설문의 문구 하나, 노래 선곡, 행사 진행 방식 등 어찌 보면 대승적으로 쉽게 합의할 수 있는 사안을 가지고 치열하게 대립하다가 행사를 파행으로 끝맺기도 했다. 행사 참가자들은 기본적으로 통일에 대한 열의를 가지고 있다. 그 방식이 때때로 달리 나타날 뿐이다. 남·북·해외 행사관계자들은 말아야 할 선, 지켜야 할 원칙을

● 본 행사를 마친 후 북측 참가자들이 남측과 해외 참가자들을 환송하고 있다.

누구보다 잘 알고 있다. 그럼에도 매년 다른 사안으로 같은 현상이 되풀이되고 있는 것이다. '차이를 넘어 함께하는' 것이 이른바 6.15 정신임에도 대결과 갈등은 계속되고 있다. 더구나 일부의 분파주의적 모습, 주도권 다툼, 타성에 젖은 행사진행 등등은 6.15 행사의 진정성과 필요성을 심각하게 훼손하고 있다. 새로운, 보다 성숙되고 실질적인 남북교류의 틀과 방식을 고민할 때이다.

2. 남북 사회·문화 교류

북한 대표단 국회방문, 국회 분발 계기되어야

2005년 8.15 민족대축전에 참석하고 있는 북한 대표단이 국회를 방문했다. 이들 대표단은 국회 본회의장을 둘러보고 본관의 로텐더 홀[8]에서 국회의장이 주최한 오찬에 참석했다. 이 일을 계기로 남북국회회담이 성사되고, 국회가 남북관계 발전에서 제 역할을 했으면 하는 바람이다.

사실 그동안 국회는 남북관계 측면에서 제 몫을 하지 못했다. 가장 중요한 법률문제만 봐도, 매년 수조원이 북한에 지원되고 정책의 상당 부문이 북한과 한반도 안정 문제임에도 북한 관련 법률은 거의 없다. 주요 대북관련 사안은 속칭 통치권 차원에서 거의 이루어지고 법률에 의한 통제는 거의 없다. 대통령이 하겠다고 하면, 하는 것이다.

김대중 전 대통령이 북한에 4억5천만 달러의 불법비자금을 준 것도

8) 국회의사당 본관 중앙의 4각형 홀이다.

이런 법률적 미비가 한 원인이다. 북한 관련 법률 중 실제로 작동하고 있거나 의미가 있는 법률은 헌법 제3조, 남북교류협력법, 남북협력기금법, 국가보안법 정도이다. 거의 전무하다시피 한 것이다. 또 북한과 맺은 수많은 합의서의 국회동의 절차조차 현행 법률에는 없다. 하도 급하니까 통일부 장관이 서명한 문서를 외교통상부 장관이 외국과 맺은 조약에 준해서 그 절차를 따라 대통령과 국회에 보고하는 일도 있었다. 외교부는 '북한이 어떻게 외국이냐, 주무부처도 아닌 우리가 남북합의서 체결동의 절차를 밟는 것은 적절하지 않다'는 입장을 밝히기도 했다.

지금은 그냥 통일부 장관이 남북 간 합의서를 국회에 보고하고 국회는 체결동의를 해 주는 식으로 한다. 법률적 근거도 없이 그냥 무법인 상태로 그렇게 하는 것이다. 누구 하나라도 이 국회 체결동의의 효력을 문제 삼는다면 기가막힌 일이 생길 수도 있다. 법률에 근거하지 않은 체결동의 절차를 거쳐 비준된 합의서의 효력이 어찌될지는 법원이 최종적으로 판단하겠지만 말이다. 그냥 이렇게 무법인 상태로 시간만 간다.[9]

더구나 1991년 남북이 합의한 '남북기본합의서'는 북한의 경우 최고인민회의가 비준동의를 했지만, 우리 국회는 체결동의 절차를 거치지 않고 있다.

이런 입법적 미비는 정부와 국회 모두의 '그냥 대충하자, 누구도 문제 삼지 않으면 되는 것 아니냐, 자꾸 떠들면 남남갈등만 나오고 서로 좌우 갈려 싸우기만 할 뿐이니, 조용히 가자'는 식의 자세 때문이다.

9) 2005년 12월 19일 마침내 '남북관계 발전에 관한 법률'이 제정되면서 이런 입법적 미비는 모두 해소되었다.

정부는 물론이고 국회 모두 반성해야 한다. 김원기 국회의장이 이 남북관계의 입법적 문제를 언급한 것은 아주 정확한 지적이다. 그리고 국회회담, 남북 국회의 대화는 과거 남북국회회담 예비회담만 몇 번 하다가 결국 중단되었고 국회회담은 말만 무성할 뿐 전혀 진척이 없었다.

2003년도 국회와 행정부 민간부분의 방북자 현황을 따로 통일부에 요구해서 자료로 받았다. 단 45명, 이중 상당수는 국회 보좌관들이 금 강산 연수를 간 것이고, 식량 차관 인도 요원으로 북한에 간 것 등이 전부이다. 국회 접촉이랄 것도 없다.

2004, 2005년에 들어 의원들이 나서고 있고 국회차원에서 과거보다 는 활발히 남북접촉이 이루어지고 있어 다행이다. 국회에도 북한 문 제를 연구하는 모임이 늘고, 대북 전문가 의원들도 많다. 개별적으로, 모임 차원에서 NGO나, 정부기구와 함께, 다양한 차원의 활동이 이루 어지고 있다.

그러나 국회가 더 열심히 해야 한다. 대북문제, 통일문제에 더 적극 적이야 한다. 남북문제를 둘러싼 갈등과 점점 더해만 가는 좌우의 대 결을 화해와 화합, 그리고 타협으로 이끌어낼 책임은 바로 국회에 있 는 것이다. 이번 북한 대표단의 국회방문이, 제 몫을 못하고 있는 국회 에 강한 자극이 되길 바란다.

북한 청년학생협력단의 한계와 교류협력 방향

인천 아시아육상선수권대회에서 북한 선수단 응원을 위해 '청년학 생 협력단원'들이 2005년 9월 2일 한국에 들어왔다. 지난 2002년 부산

아시안 게임과 2003년 대구 유니버시아드 대회 당시 한국을 뒤흔들었던 북한 미녀 응원단의 새로운 버전이었다. 북은 이번에는 '미녀 응원단' 같은 말을 쓰지 말아달라고 했고, 그래서 명칭도 '청년학생협력단'이라고 정했다고 한다.

그런데 남쪽의 반응은 과거와는 다른 것 같다. 인천 현장의 열기는 뜨거웠고 또 많은 호응이 있었지만, 전체적으로 그 관심과 열기가 이전만 못한 것이 아닌가하는 생각이 들었다. 남한 사회가 워낙 빨리 바뀌고, 우리의 관심사도 워낙 다양해져서 그런 것일까? 북으로서는 이젠 이런 대규모 응원단 형태의 제한된 남한 방문보다는 다양한 분야에서의 소규모 교류협력 방식도 고민해 봐야 할 것이다.

남의 교류협력은 매우 다양한 분야에서 실질적 협력을 위한 방북 형태로 이루어지고 있다. 북이 즐겨 하는 '집단적, 집체적 행사' 방식의 남북 사회문화 협력은 지난 2003년 제주평화축전의 참담한 실패로 막을 내렸다. 공연단, 체육인, 응원단 등 수백 명이 내려오고 남의 수천 명이 동원되어 군중대회 형식의 거대한 종합 행사를 치르는 방식은 남쪽에서는 이제 별로 호응을 받지 못한다. 그 내용도 '통일'만을 외쳐서는 이젠 먹히지 않는다.

조용필의 평양공연과 같은, '왕재산 경음악단'이나 '보천보 전자악단'의 서울공연이 오히려 더 나을 수도 있는 것이다. 전문화되고 특화된 영역에서 북이 자랑할 수 있는 부분의 독립적인 협력, 이게 남쪽에서 큰 호응을 받을 수 있지 않을까 생각된다.

또 다른 문제로, 남북관계에서는 아주 작은 예기치 않았던 사건이 엄청난 후폭풍을 가져오는 경우가 많다. 그만큼 가변적이고 불확실하며 또 폭발성을 띄고 있기 때문이다. 금강산 관광의 경우에는 1999년

6월 민영미 씨 사건이 있었다. 북측 안내인에게 남한으로 같이 내려가 살자고 권유했다는 혐의로 북한이 우리 관광객을 억류했던 사건으로 하나의 해프닝에 불과했지만, 남한의 금강산 관광 열기를 싸늘하게 식게 하는 계기가 되었다. 미녀응원단 역시 지난 2003년 대구의 현수막 사건이 있었다. 응원을 마치고 대구로 돌아가던 응원단들이 김정일 위원장과 김대중 대통령의 남북정상회담 당시의 악수 장면이 인쇄된 현수막이 비를 맞은채 걸려 있는 것을 보고 '장군님을 비 맞게 할 수 없다'며 현수막을 떼어낸 사건이었다. 이 역시 북으로서는 당연했을지 모르나, 남쪽 사람들에게는 섬뜩하고 서늘한 하나의 사건이었다.

"이번에 가서는 지나치게 극단적인 모습은 보이지 말라."

아마 북이 조금은 현명하다면, 그리고 남한을 배려한다면, 이렇게 미리 교양을 했을 것이다. 또 그래야만 한다.

우리의 방북단이 조심하는 것처럼, 북도 그럴 필요가 있다. 그리고 차이와 갈등을 서로 인정해야 한다. 또 정부나 당국은 이런 파장과 부정적 효과가 확산되는 것을 차단하기 위해 애써야 한다. 남북 간의 행사가 있을 때면 많은 사람들이 그 성과를 따지는 것은 나중이고 '무사히, 사고 없이' 마무리되기를 우선 주문하고 기원한다.

이들 응원단 비용의 일부는 우리 남북협력기금이 부담한다. 과거에는 이들이 얼마나 썼는지, 1인당 얼마를 지원했는지 파악하는 것도 재미있었지만, 이젠 별관심도 없고 시들하다. 어쨌든 무사히 사고 없이 잘 마치고 돌아갔으면 한다.

기밀과 협조요청, 국민의 알 권리 그리고 정책판단

국가기밀이라는 것이 있다. 이는 당연히 지켜야 한다. 그러나 때로 정권은 자신들의 비리와 잘못을 덮기 위해 이를 이용한다. 가끔 내부의 사람이 이를 공개적으로 밝히고 고발한다. 이를 내부고발자—딥 스로트(Deep Throat) 또는 호르라기를 부는 사람—휘슬 블로어(Whistle-Blower)라고 부른다. 그런데 기밀도 아닌 참으로 어정쩡한 것이 있다. 대외비 또는 협조요청 등이 그것이다. 지키지 않아도 법률로 처벌을 받거나 하지는 않는다. 다만 국익을 위해 입 다물어 달라, 혼자만 알고 있고 언론에 흘리지는 말아 달라, 1주일만 참아 달라 등등의 요청이 참으로 많다. 이는 비공식적인 것이다.

2005년 10월 31일. 통일부에 남북협력기금 관련해서 전화로 몇 가지를 물었더니, 담당과장이 말도 없이 달려왔다. "다 말하겠다. 하지만 국익을 위해 혼자만 알아라"라는 요청을 했다. 듣고 보니 1억 원 정도 되는 예산을 어디에 쓴 것이었다. 한 쪽에서 들으면 정부를 엄청나게 욕할 일이지만, 반대쪽에서 보면 충분히 그럴 수 있고 이해할 수 있는 일이다. 계속 사업을 추진하는데 굳이 방해할 필요도 없고, 무엇보다 국민적 이해가 걸린 심각한 사안도 아니고, 또 그 파장도 별로 크지 않은 일이었다.

"좋습니다. 하여간 감추려면 제대로 감추십시오."

이렇게 말하며 웃고 끝냈다. 대부분 이렇게 정리된다.

탈북자들이 어느 나라 국제학교에 들어갔고, 중국 공안이 체포해 우리 공관원들이 협상 중이라면, "탈북자의 안전을 위해 모른 척 해 달라"는 요구를 받고는 굳이 떠들어 댈 사람은 없다. 이런 일은 엠바고가 걸리지 않아도 언론 역시 스스로 입을 다물고 보도하지 않는다.

그러나 반대의 경우도 많다. 지난 2005년 국정감사에서 외교부에 여권장비를 구매한 계약서를 달라고 했더니 '대외비'라고 제출을 거부했다.

"국가 2급 기밀도 보고하는데, 대외비 자료 가지고 제출거부하면 고발당한다. 보내라, 안 보내면 나중에 안 좋다."

며칠 후 보내온 원본을 보니 대외비 표시조차 없었다. 이런 대외비 문서는, 담당자 자기가 지정하면 그대로 대외비 문서가 된다. 기가 막힐 노릇이다. 결국 자신들의 잘못을 감추려고 대외비 제도를 악용한 것이었다. 이 자료를 가지고 다시 보니 결국 신여권의 보안필름의 단가가 급격히 올라간 사실을 확인할 수 있었다.

이처럼, 정부의 비공개 요청이라고 그냥 수용하다가는 이렇게 당하게 된다. 그래서 항상 정신을 바짝 차리고 정부 사람들이 어떻게 나올까를 미리 짚어봐야 한다. 일단 들어보고, 자료를 확보하고, 협조할 것은 협조해야 하는 것이다. 정부가 중요한 정책결정 과정에서 국민들 모르게 자기들끼리 대충해서 넘어가려 한다면, 그것이 비록 국가기밀이 아니라 그보다 더한 것이라 해도 입 다물어 달라는 정부의 요청를 쉽게 수용할 수는 없다. 특히 국회의 입장에서는 말이다.

'모른 척하고 눈감아주고 편히 지낼 것이냐. 당장은 욕을 믹너라도 밝히고 드러낼 것이냐. 정부 정책 협조가 중요하냐, 국민의 알 권리가 중요하냐.'

누구도 쉽게 답을 내릴 수가 없는 일이다.

누구도 비판은 할 수 있으나, 그 판단과 행동에 대한 책임은 결국 자신의 것이다. 그 모두는 자신의 몫이고 자신의 십자가이다. 이것이 정책판단과 그 영역에서 정말로 어렵고도 힘든 문제 중의 하나이다.

금강산에서 한 판한 남과 북―통일부 잘못이 크다

2006년 3월 24일 남과 북이 금강산에서 한 판 세게 붙었다. 납북자, 이른바 특수 이산가족의 상봉을 취재하면서 우리 기자들이 '납북', '나포'라는 용어를 사용해 리포트 했다고, 북측이 방송 테이프를 빼앗고 이산가족의 귀환을 막기까지 한 것이다. 아마 남북 교류협력 행사에 이렇게 큰 싸움판이 벌어진 것은 사상 유례가 없는 일일 것이다. 특히 이산가족 상봉 행사의 경우는 대단히 우호적이고 또 수십 년 동안 해 온 일이었는데 이런 일이 벌어지니 난감할 수밖에 없다. 남북이 처음으로 대화의 물꼬를 튼 것도 양측 적십자사이고, 또 남북 이산가족 상봉 행사였다. 지금까지는 별다른 준비 없이 상시적으로 잘해 온 것이었다.

너무 익숙하다보니 정부가 신경을 덜 썼을 수 있다. 남북 접촉과 행사는 항상 깨지기 쉬운 그릇 같아서 언제 어디서 어떻게 사고가 날 지모르는데, 통일부가 제대로 준비를 잘하지 못한 것 같다. 특히 북한은 24일부터 실시되는 한미연합훈련 등으로 지금 거의 준 전시상태에 들어가 있다. 납북자에 대해서도 북은 끝까지 이를 인정하지 않고 '의거 월북'으로 주장하고 있는 상황이다. 정부는 이런 북한에 대해 쉬쉬하면서 납북자 문제에 대해서는 모른 척 해 왔다. 지금 북한의 인권문제에 대해 침묵하고 있는 것처럼 말이다.

그러나 납북자단체와 야당의 피눈물 나는 노력 덕분에 마침내 정부도 입장을 바꿔 납북자 문제 해결에 적극 나서기로 했고, 지난번 이봉

180

조 통일부 차관은 그제야 납북자 단체를 만나 주었다. 그래서 북한에 대해 이른바 '특수 이산가족'이란 이름으로 납북자 상봉을 이번에 성사시켰지만, 결국 이런 사고가 났다.

북한은 500여 명의 납북자 문제에 대해 솔직히 인정하고 거주지를 납북자 자유의사에 맡겨야 한다. 이들의 생사확인, 상봉, 그리고 남으로 올지, 북에 남을지 등의 거주지 선택 등을 허용해야 한다. 일본인 납치에 대해 인정하고 일본으로 돌려보내준 것처럼 말이다.

이번 금강산 사태에 대해 통일부가 더욱 강하게 나갔어야 했다. 우리 국민이 금강산에서 '인질'이 되어 여러 시간 발이 묶이는 엄청난 사태에 대해 유감만 표명한다고 수습되는 일이 아니다. 더구나 북은 우리의 이런 발표를 우리 측의 사과, 사죄로 받아들였다. 이는 추후 확인해야할 대목이다. 추가 상봉을 거부하는 한이 있어도 보다 강력한 조치를 취했어야 했다. 어차피 우리가 그렇게 해도 남북의 교류, 경제협력 등에는 전혀 차질이 없을 것이고 또 지장을 받지도 않을 것이다.

북한도 이제는 사안별로 대응할 수밖에 없다. 작은 일 하나 꼬투리 잡아서 남북관계를 전면적으로 거부하거나 동결할 수도 없기에 그러한 행동은 하지 않는다. 그래봐야 자기들만 손해인 것을 알기 때문이다.

24일 밤 12시에는 광화문에서 북한 금강산 온정리에 연탄보일러 공장을 짓기 위한 대북지원 단체 일행이 버스로 출발한다. 금강산 관광객은 오늘도 내일도 올라간다. 그리고 비료를 실은 배는 지금도 북으로 가고 있다. 또 개성에서는 북한 묘목지원을 위한 남북 민간 부문 협의가 진행되고 있다.

이처럼 북한과의 당국 간 회담과 정치적인 행사는 한미연합훈련을 핑계로 거부하고 있지만, 경제협력이나 주민접촉은 아무런 차질도 없다.

정부가 맥없이 당할 일이 아니라는 것이다. 북에 대해 당당하게 사과를 요구하고 재발방지 약속을 받아내야 한다. 그리고 남북행사 취재하는 언론사와 기자들에 대한 '협조', 취재지침 등에 대해 새로 정할 필요가 있다. 툭하면 언론과 싸우고 소송 걸고 하는 것이 현 정부의 대언론정책이다 보니 정작 국익을 위해 필요한 협조조차 이루어지지 않고 있다. 오히려 이제는 부메랑이 되어 나타나고 있다. 북한의 반발이 정말 문제가 될 것 같다면, 금강산에서 송출하는 보도만이라도 '납치, 납북'이란 용어는 쓰지 말아달라고 협조요청을 하고 또 따르도록 했어야 한다.

혹시 북한 땅에 억류나 되지 않을까 걱정하며 불안 속에서 무려 한나절 이상을 걱정하며 보냈을 연로하신 우리 할아버지 할머니들의 심정을 조금이라도 헤아린다면, 통일부가 좀 더 잘했어야 했다. 여러모로 아쉬울 뿐이다.

김정일 국방위원장의 말씀 자료

대북지원 쌀의 군량미 전용 논란은 그간 수많은 추측과 보도가 있었지만, 명쾌하게 밝혀진 것은 없다. 그런데 이른바 '위대한 령도자 김정일 동지께서 군수동원 총국장에게 하신 말씀' 자료와 '조선로동당 중앙위원회 비서국 결정 제122호'라는 문건이 2006년 11월 3일 중앙일보에 의해 공개되면서 한바탕 난리가 났다. 〈중앙일보〉가 남성욱 교수를 인용해 단독 보도하자, 〈조선일보〉 등 각 언론사는 이를 아주 크게 취급했다.

이런 문건들의 존재를 공개하는 것은 이번이 처음이다. 정말 놀랄 일인 것이다. 김정일 위원장의 내부 말씀이라는 자료가 몇 달, 아니 몇 주 만에 공개된 것이다.

부랴부랴 정부가 발표한 공식 내용은 "그 문건은 신빙성이 낮은 것이다"라는 것이었다. 이런 정부의 공식 부인 내용을 이번에는 〈동아일보〉가 크게 키웠다.

최근 탈북자들과 북한 관련 인사 및 기관을 중심으로 북한 최고 권부의 자료라는 정체불명의 문건들이 상당히 많이 돌고 있다. 얼마 전 국회에서는 '개성공단에 감시국을 설치하라', '남한이 백두산에 지원한 아스팔트를 지하 군용활주로 건설에 사용하라'는 내용의 2건의 문서가 공개되기도 했다. 아마 이번에 공개된 것도 그런 류의 것들 중 하나일 것이다.

이런 문건들이 정말 사실이라면, 대북 경협 사업 전반을 진지하게 재검토 해야 할 만큼 매우 심각한 것이다.

그런데 문제는 이런 문건의 진위를 가리기가 참으로 쉽지 않다는 것이다. 북한 최고위층 권력내부의 문서와 김정일 위원장의 말씀이라는 자료가 남쪽에서 공개되고, 이 내용이 사실이라면 참으로 대단한 일이다. 이는 북한의 권력기반에 상당한 누수가 생겼다는 것이고, 혹은 남쪽을 위해 일하는 이른바 간첩이 있다고 볼 수도 있다. 반대로 누군가가 없는 사실을 왜곡해서 어떤 의도를 가지고 이런 엄청난 일을 벌이고 있다면 사태는 의외의 방향으로 흘러갈 가능성이 높고, 남북관계는 엄청나게 왜곡될 수밖에 없을 것이다. 사실 규명이 쉽지 않은 만큼 의혹으로 남을 수밖에 없다.

이런 일이 그 내용의 진위를 떠나 북한정권의 위기, 그 말기적 현상을 투영하는 하나의 단초라고 본다면 지나친 것일까?

'봄이 오면' ─남북관계 풀리나

2007년 1월 말, 남북관계를 계절에 비유하면 아직은 엄동설한이다. 하지만 겨울을 지나고 나면 곧 입춘이 다가온다. 혹한 추위에도 새로운 봄에 대한 기대는 있다. 대북사업 하는 사람들을 생각할 때나, 남북관계를 분석할 때마다 "봄바람 불면 지금과 같지는 않을 거야"라는, 조만간 남북관계는 풀릴 수 있을 것이라는 전망을 내놓곤 했다. 물론 대전제로 6자회담과 BDA문제가 잘 풀려야 하는 것은 두말 할 필요도 없다.

6자회담 일정이 잡히고 북미 간에 물밑 대화가 오가고 있다. 또 한 축인 남북관계에서도 통일부 장관이 개성공단을 방문하는 등 이런 저런 푸른 신호들이 계속 나오고 있다. 물론 극단적으로 2월 16일 김정일 위원장 생일날 미사일 몇 방 더 쏘든지 핵실험 한 번 더하든지 할 가능성은 있으나 이러한 것은 거의 무시해도 좋을 것이다.

봄바람이 오고 있고 남북관계는 화해 쪽으로 방향을 잡는 것 같다. 작년과 재작년 이맘때, 즉 핵실험을 하기 전에 북한은 당당히 남쪽에 쌀과 비료를 보내달라고 요구하곤 했다. 1월 초순, 늦어도 2월에는 그렇게 했다. 북한 자체 식량은 바닥이 나서 남쪽이 보내주는 식량이 급해지고 또 봄 농사를 짓자면 비료 확보가 중요한데, 미리 남쪽에 운을 띄어 놓아야 하기에 늦어도 2월에는 이런 요청을 해 왔다.

남북관계는 1년 주기로 움직인다. 때에 맞는 계기성이 있고 큰 오차

없이 그렇게 진행된다. 오랫동안 남북관계를 세밀히 관찰하면 거의 정해진 패턴이 있기에, 거기에 대응하는 남북의 패턴이나 남쪽의 좌우 대립 등을 쉽게 읽을 수 있다. 물론 미사일 발사나 핵실험 등 돌발 변수도 있으나, 2000년 이후부터는 이런 큰 틀을 거의 벗어나지 않고 있다. 조금만 눈여겨보면, 북한이 2월중 어떤 일을 할지 짐작할 수 있는 것이다.

북한도 2007년 올해는 쌀과 비료를 달라고 할 염치가 없고(핵실험을 진행한 판에) 그리고 그런 요청을 해 봐야 남쪽에서 줄 것 같지도 않으니 자제하고 있는 듯하다. 그러나 인민들이 굶고 농사를 지어야 하는 급한 사정에 놓여 있다. 그렇다면 방법은 남한과 국제사회에 손을 벌리는 것밖에 없다.

그렇게 하자면 뭔가 명분과 실리를 남쪽에 줘야 한다. 6자회담도 조금 잘 풀리게 하고 또 남쪽에는 이산가족 상봉이나 탈북자 문제, 금강산 이산가족 면회소 착공 등을 고리로 쌀과 비료를 요구할 가능성이 높다.

남북관계에서 주목되는 점은 바로 개성관광사업이다. 이 사업은 2005년 관광비용 문제와 현대아산 김윤규 씨 부정비리 문제로 틀어졌는데, 뭔가 물밑 움직임이 있는 것 같다. 지금 북은 개성당일관광에 150달러(14만 원)를 요구하고 있다. 이런저런 관광비용은 최소 20만 원이 넘을 것이다. 너무 비싸기 때문에 당장은 쉽지 않다. 우리가 북한에 현금을 줄 수는 없고 또 150불이라는 거금을 북에 주면서 추진할 이유는 없기 때문이다. 그리고 이러한 것은 국민적 합의를 이뤄내기도 쉽지 않다.

또 하나는 바로 남북정상회담 추진이다. 한나라당과 보수세력들은 이에 대해 정말 예민하게 받아들이고 있다. 이 정상회담이 선거판도에 엄청난 영향을 미치기 때문이다.

'우리가 쌀과 비료를 주고 정상회담 분위기를 조성한다. 러시아를 매개로 러시아가 자신들의 대북한의 채권 40억 불을 탕감하는 대신 우리가 러시아 경협차관 원리금으로 이를 보전하고 대신 러시아에서 남북정상회담을 한다.'

위와 같은 별별 시나리오도 나오고 있다.

봄바람은 남북 정권 모두의 어깨를 들썩이게 만들 것이다. 남북 모두 남북관계에서 뭔가를 도모하여 현 수렁을 탈출해야 하기 때문이다. 그 탈출구가 통상적인 이산가족 상봉이 될지, 아님 개성관광 재추진이 될지, 남북정상회담 발표가 될지, 아직은 장담할 수 없다.

그러나 분명한 것은 그 시작과 무기는 바로 우리 농민이 생산해 창고 가득 쌓아둔 쌀과 공장에서 생산되고 있는 비료인 것이다. 이 쌀과 비료는 남북관계의 악화를 막는 최후의 보루인 셈이다. 앞으로 수년간을 그럴 것이다.

아무리 북이 주체와 강성대국과 핵보유국, 고난의 행군을 내세워도 먹는 문제는 북으로서는 치명적인 약점이고 너무나 취약한 고리이다.

먹는 것만큼 중요한 것은 없다. 우리가 핵무기를 가진 북한에 대해 별로 위축되지 않아도 되는 것은 바로 북한을 먹여줄 '쌀'이 그나마 넘쳐나기 때문이다.

대북지원

인터넷

관광

교류

협력

위협

인권

통일법제

5장

협력

모래, 어업, 철도 등
대북 경제 협력 지원,
북한 경제의 실상과
남북 경제 공동체
건설 방향.

1. 경제협력 시스템과 제도

☐1 전략물자 통제 체제

북으로 반출된 시안화나트륨

우리 어느 기업이 수출한 시안화나트륨이 북으로 넘어갈 뻔 했다고 신문들이 대서특필했다. 전량 다 회수 했다며 정부는 그렇게 얼버무렸다. 외교부장관, 산자부 장관이 나서고 급기야 국가안전보장회의(NSC)까지 나서서 문제없다고 했지만, 며칠이 지나지 않아 정부의 발표는 거짓으로 드러났다. 2003년 6월께 화학무기의 원료가 될 수 있는 한국산 시안화나트륨(청화소다) 100여 톤이 중국을 통해 북한에 수출된 사실이 확인되었기 때문이다. 이번 일로 정부 꼴이 우습게 되었다. 정부의 거짓말도 문제지만, 중요한 것은 시스템이다. 전략물자통제체제는 바세나르 체제(Wassenaar Agrement)나 캐치올(Catch All) 등이 대표적인 것으로 더 큰 문제는 우리의 전략물자 통제체제[10]에 상당한 구멍이 있다는 것이다.

우선 뭐가 전략물자인지, 이를 판정하기도 어렵고 기업들도 잘 모른다. 국내 유수의 대기업은 첨단물품을 어느 나라에 수출했다가 이 체재를 위반했고 그때부터 감시 리스트에 올라 관리되고 있다. 또 어느 중소기업은 리비아에 플랜트 부분품을 수출했다가 역시 이를 위반해서 심각한 상황에 빠졌다. 모두 허가를 받고 수출한 것이기에 기업으로서는 정말 억울한 일일 수밖에 없다. 국제적 전략물자 통제체제를 위반하게 되면 그 기업은 해외수출길이 막히고 국제적 제재를 받게되어 생존할 수 없게 된다. 그러니 기업은 물론 정부도 정신을 바짝 차려야 한다.

우리의 전략물자 감시체제는 아주 원시적이다. 이를 체크할 시스템도 완전하지 않고 인력도 매우 부족하다. 앞으로 이런 일이 얼마든지 다시 일어날 수 있는 것이다. 빨리 시스템을 갖추어야 한다.

또한 북으로 반출되는 물품은 이런 규제에 걸리지 않는지, 개성공단으로 가는 장비와 시설도 잘 점검해야 할 것이다. 전문부서도 아닌 통일부가 잘 해낼지 모르겠다. 그러니 산업자원부와 힘을 모아야 할 것이다.[11]

---

10) 분쟁국가나 국제평화를 저해할 우려가 있는 국가에 전략물자들이 유입되지 않도록 하는 국제적 수출통제 체제이다. 북한은 당연히 통제 대상국이다.

11) 통일부는 국회의 지적이 있은 후 대책마련을 서둘렀다. 2006년 대북반출물자의 전략물자통제체제 정책을 수행하기 위해 관련 조직인 남북경협 3과를 신설했고, 산업자원부, 과학기술부 등과 범정부 차원의 협력체제 구축에 나섰다. 그 이후부터 대북반출물자에 대한 전략물자통제체제는 비교적 제대로 가동되고 있다.

전략물자 북한으로 반출? — 통제시스템 구축 시급

2004년, 시안화나트륨의 북한 수출로 전략물자 수출통제시스템에 대한 관심이 높아지고 있는 상황에서, 남북한 교역과정에서도 상당량의 전략물자가 북으로 반출되었을 가능성이 있다. 이 내용은 국회 국정감사에서 지적되었고 통일부는 공식적으로 그런 일이 없다고 답변했다. 그러나 공식적으로 그렇다는 것이고, 그동안 반출된 물품의 내역과 품목을 일일이 다시 확인하지 않는 한 완전히 밝혀낼 길은 없는 것이다.

분명한 것은 그동안 대북물자 반출과정에서 전략물자통제시스템은 사실상 존재하지 않았고, 정부는 그 필요성조차 깨닫지 못했다는 것이다. 2004년 9월에 터진 시안화나트륨 북한 반출 사건과 국회가 북한으로 넘어간 전략물자 의심 품목 관련 지적을 하고 대책마련을 촉구하고 나서야 비로소 적극적으로 움직이기 시작했다.

필자는 지난 2002년부터 3개년 동안의 대북반출물자를 전부 조사했다. 이 역시 대단한 인내를 요하는 작업이었다. 2004년 8월 후반부터 9월 중순까지 이 문제에만 매달렸다. 그 결과 지난 2002년부터 2004년 8월말까지 3년 동안 최소 27개 품목류 이상, 2,782만 불 이상의 전략물자 의심품목이 북으로 넘어간 것으로 확인되었다. 연도별로 보면, 2002년 1,173만 불, 2003년 1,148만 불 그리고 2004년 8월까지 462만 불 등으로, 3년간 평균 전체 반출액의 2.57%에 이르는 규모이다.

이런 사실은 2003년 12월 산업자원부가 발표한 HS 10단위 통제번호 연계표의 1,993개에 이르는 전략물자 목록과 통일부가 승인한 전체 북한 반출물자 530여 개 품목의 HS 10단위 코드를 일일이 대조한 결과 밝혀진 것이다.

전략물자 판정여부는 대단히 복잡하고, 수십만 건의 모든 반출서류를 일일이 확인할 수 없는 이상 '전략물자'라고 단정할 수는 없다. 그래서 가능성이 있지만 확인할 수 없기에 의심 품목이라고 할 수밖에 없었다.

전략물자의 북한 반출은 정부의 남북한 경제협력의 확대 일변도 정책 기조가 이어지는 상황 아래서 사실상 전략물자 심사를 거치지 않아도 되는 대북지원 등 비거래성 정부 원조의 비중이 높았으며, 또 대북 물자 반출의 최종 승인 권한을 가진 통일부의 심사 시스템은 전무했고 그나마 산업자원부 등과의 업무협조도 제대로 이루어지지 않은 등의 총체적 시스템 부실 하에서 가능했다고 볼 수 있다.

전략물자 여부 재조사 필요

실제로 북한에 넘어간 '실리콘 수지'(3910-00-9000,-9010,-9020-9090)는 미사일비확산체제의 '미사일 추진체 및 추진체용 화학구성제'(MT4C)에 해당되는 전략물자이다. 또 '기체 펌프'(8414-40-0000 등)는 원자력비확산체제의 전용품목(NT7.2) 바세나르체제 소재가공 관련품목(IL2.B.6)에 해당될 수 있다.

이처럼 우리의 전략의심물자가 제3국을 거쳐 북으로 유입되는 것도 문제이지만, 우리의 대북 반출 과정에서 넘어 들어가는 것은 더욱 큰 문제이며 도저히 있어서는 안 될 일이다.

개성공단으로 반출되는 기계 · 장비 1,360개 품목은 미국의 EAR(미국수출통제법)과 전략물자 비확산 체제에 의해 가혹할 만큼 철저한 심사를 받고 있다. 왜 그동안 대북물자에 대해 이런 심사를 제대로 하지 않았는가?

전략물자 여부 판단은 대단히 복잡하고 어려우며 최장 8개월 이상 소요된다. 따라서 즉시 관세청과 협조하여 전략물자정보센터에 530여 품목(HSK 6단위 기준)에 대한 전략물자 해당 여부 판단을 의뢰하고 범정부적 대책을 수립해야 할 것이다.

대북 반출의 전략물자 판단 체계와 시스템을 갖추라

통일부는 2004년 7월 8일 '남북한 교역물품의 반출입 고시'를 개정, 제3조 1항 1호를 신설하여 전략물자 반출입의 경우 별도의 승인을 받도록 했다. 그동안은 산업자원부에 포괄적 승인권을 넘겨놓고 있었다. 따라서 대북 반출 품목의 전략물자 여부 심사판단 능력이 없는 통일부로서는 매번 산업자원부 등에 의존할 수밖에 없어 전략물자 판단은 사실상 구멍이 뚫려 있었고, 남북 경협의 규모 확대가 정책기조인 상황에서 그 누구도 이에 대해 깊은 관심을 기울이지 않았던 것이 사실이다. 특히 우리 관세청 산하 각각의 세관에서조차 전략물자통제시스템이 없어 무방비였던 것으로 확인되고 있다. 따라서 대북물자는 통일부의 무능력, 산자부의 무관심, 관세청의 무신경 등과 책임소재의 불분명 등의 이유로 외국 수출품보다도 더 허술하게 관리되어 온 것이다.

전략물자통제체제는 아직은 국제적 신사협정 수준이지만 점점 그 강도는 높아지고 있다. 지난 2004년 4월 유엔안보리는 강력한 대량파괴무기(WMD)비확산 결의를 한 바 있다. 여기에는 구체적인 실천의

무가 규정되어 있으며, 각국은 이행실적과 계획을 4월 말까지 보고하도록 되고 있다. 이처럼 국제사회의 신뢰 확보를 위해서도 대북 반출물자에 대한 철저한 통제는 반드시 필요한 것이다.

하려면 제대로 잘하라. 능력도 없으면서 권한만 가지는 비정상적 상황은 개선되어야 한다. 독자적인 시스템을 갖추든가 아니면 다른 부처/기관과 통제시스템을 마련하든가 해야 한다. 그럴 수 없으면 아예 승인권을 다른 부처로 넘기고 손을 떼는 것도 한 방법이다.

아울러 통일부가 발표하는 대북물자 반출입 관리 품목분류는 국제 표준 물품분류 체계인 HS제도를 쓰지 않고 국내용의 신MTI(품목부호 6단위)를 적용하여 통계를 운영하고 있다. 이 때문에 전략물자 판단, 무역량 통계 비교 등이 원천적으로 불가능해져 반출입 물자의 국제적 분류와 통계, 통관 등에 상당한 불편을 겪고 있다. 따라서 국제적 기준 인 HSK 10단위 통계를 함께 작성하고 이를 공개해야 한다. 또한 무역 통계월보와 같은 '반출입통계월보'를 발행하여 물자 반출입의 투명성 을 높여야 할 것이다.

② 통일부 이야기

대북 정책 독점

전 세계에 유일한 분단국가 대한민국에는 전 세계 어느 나라 정부 에도 없는 아주 독특한 부처가 있다. 바로 통일부이다. 한때는 통일원 으로 '부'(部)보다 높은 '원'(院)으로 대접받기도 했다. 당연히 경제기 획원과 함께 통일원으로, 장관도 통일부 장관 겸 부총리로 막강한 지위를 누렸던 적도 있었다. 하지만 이제는 일개 부처로 한 등급 격하되었다.

통일부는 대북 정책을 총괄한다. 대북 접촉은 물론 대북과 관련된 모든 사안은 그들의 몫이며, 통일 이후 일정 기간 동안 북한지역과 관련한 행정도 그들이 맡는 것으로 되어 있다. 그러나 최근에는 대북접촉이 다양화되고 민간과 지방자치단체의 대북 교류 협력도 큰 폭으로 확대되고 있다. 게다가 일부에서는 이런 통일부의 권한과 지위에 도전하는 듯한 모습을 보이고 있어 통일부가 바짝 긴장한 듯하다.

다른 일부 정부 부처가 대북교류협력 부서를 설치하려 하자 통일부는 극렬히 반대했다. 또 어느 부처가 '남북협력과'를 만들려고 하자 통일부는 남북이란 이름이 들어가면 안 된다며 항의했다. 결국 이 부처는 '지역협력과'라는 어정쩡한 이름으로 설치가 이루어졌다.

또 통일부는 2005년 12월 통과된 '남북관계 발전에 관한 법률' 등에서 당국 간 대북 접촉의 주도, 북한과의 합의서 체결과 이의 국회 비준 절차의 통일부 주도 등을 법적으로 보장받기 위해 많은 노력을 기울였다.

통일부가 대북정책의 모든 권한을 쥐고 있다 보니, 사무관이 북한 명태 수입쿼터를 몇 톤으로 정할지, 이 쿼터를 선착순으로 배정할지, 아니면 추첨으로 배정할지를 고민하고 있다. 나아가 한술 더 떠 북한 투자사업 승인 여부까지 판단하고 있다. 이러한 상황이라 '명태쿼터 정하는 것은 그냥 해양수산부에 넘겨줘라, 북한 반출입 물품이 바세나르 체제나 캐치올 등 국제비확산체제에 걸리는 건지 아닌지 판단하는 것은 전문 담당 부처인 산업자원부에 넘겨줘라, 그리고 대북반출입 물자의 캐치올 저촉 여부 제대로 확인 좀 해라, 하려면 제대로 하고 안 되면 해당 부처로 넘겨줘라'라고 강력히 주장하기도 했다. 하지만 통일부가 이런 실무적 업무를 이관했다는 소리는 지금까지도 없다.

나쁘게 말하면, 자신의 업무영역은 절대로 넘겨줄 수 없고, 나눌 수 없다는 식으로 볼 수 있다. 대북업무의 통일부 독점이 바람직한 것이냐 아니면 부처로 분산하는 것도 한 방안이냐 하는 문제는, 마치 통상업무를 외교부의 통상교섭본부에 전담시키는 것이 나으냐, 각 부처로 분산하는 것이 나으냐 하는 문제와도 맥이 닿아 있다.

그런데 2005년 6월 안상수 인천시장이 북한에 가서 상당한 합의를 하고 돌아온 적이 있다. 북한의 평양에 105층짜리 유경호텔을 지어주겠다, 2014년 아시아 선수권대회를 공동유치하자 등 굵직한 내용을 합의하고 돌아왔다. 또 안시장은 대북지원을 위한 엄청난 소요예산은 남북협력기금에서 쓸 수 있도록 노력하겠다고 나중에 말했다. 통일부로서는 기가 막힐 이야기이다. 주무부처와는 한마디 말도 없이, 이런 일을 벌일 수 있는가 하는 섭섭함일 수도 있을 것이다. 물론 구속력이 없는 단순한 합의이고, 또 필요할 경우 이런 일에 남북협력기금을 지원할 수도 있겠지만, 분명 인천시장의 권한을 넘어서는 것들이란 생각이 든다. 대북접촉의 경우 자치단체는 그에 맞는 권한과 책임을 가지고 남북교류에 임하는 것이 원칙이다. 사전에 통일부 등과 미리 상의하고 말을 맞추었으면 어땠을까 하는 생각이 든다.

이처럼 통일부가 일을 잘 못할수록, 다른 부처는 우리가 직접하겠다, 이게 더 효율적이라고 하며 문제제기를 할 수도 있을 것이다. 극단적으로는 통일부가 없어져야 남북통일이 되고 교류협력이 더 활성화된다는 식의 주장까지 있다. 이런 주장은 아직은 미미하지만, 통일부가 남북관계의 발전 속도를 따라가지 못해 걸림돌이 되고, 교류협력이 확대되어 대북사업에서 경제논리, 시장논리의 효율성을 따지기 시작하면 그런 목소리는 점점 커질 것이다. 통일부의 지속적인 혁신, 개혁이 중요하다.

통일부의 대북교역 통계 부실

지금 남북은 서로를 국가로 인정하지 않고 있다. 비록 유엔에 가입한 국제적으로는 명백한 국가이지만, 남과 북 사이에서는 성격을 달리한다. 별도의 국가도 아니고 한 나라도 아닌 아주 어정쩡한 관계이다. 1991년 남북이 함께 체결한 남북기본합의서 등에서는 "잠정적 특수관계"라는 표현을 쓴다. 북한 방문도 외교통상부 장관이 발행하는 '여권'이 아니라 통일부 장관이 발행하는 '방북증명서'를 가지고 간다. '출국'이라 하지 않고 경계를 넘는다는 뜻의 '출경'이라고 한다. 그래서 우리가 북으로 보내는 물품도 '수출'이라 하지 않고 '반출'이라고 한다. 당연히 '수입'이 아니고 '반입'이 되는 것이다. 또 남북 간에 맺은 문서에 의한 합의는 외국과 맺은 '조약'과 달리 그냥 '합의서'라고 한다. 조약은 필요한 경우 국회의 '비준동의'를 받지만 남북합의서는 '체결동의'를 받는다. 그리고 당연히 '무역'이 아니고 '교역'이라고 한다. 이처럼 남북 간의 거래는 쓰는 용어부터 다르다.

당연히 통일부가 북한과의 거래를 총괄한다. 반입승인도 내주고 교역품목도 지정해 준다. 물론 물자의 반출입 통계, 사람들의 교류협력 통계 등등도 통일부의 몫이다. 그런데 통일부가 작성하는 남북한 반출입 통계가 수출입 통계에 비해 엄청나게 부실하다는 데 문제가 있다.

통일부가 발표하는 반출입 통계를 보면, 2005년 8월말 기준으로 노트북 컴퓨터는 3,683kg(금액기준 21만3천 불), 수목류는 52톤(23,000불), 기타 가축 6.1톤(131천 불)이 북으로 넘어갔다고 되어 있다. 반출된 컴퓨터를 몇 대가 아니라 kg으로 표시하다니, 이것이 무슨 고물을 처리해서 넘기는 것도 아닌데 말이다.

2005년 8월까지 개인용 컴퓨터는 19.095톤 23만 불 어치가 북으로 갔다. 386급인지 586급인지, 19톤이면 몇 대인지 알 길이 없다. '기타 가축'은 6톤으로만 적혀 있다. 어떤 가축인지 몇 마리인지 아무리 봐도 모르게 되어 있는 것이다.

수량이나 단위정보는 전혀 없고 오직 중량과 달러표시 금액만 제공한다. 이것이 통일부가 제공하는 반출입 통계 정보의 전부이다. 통일부 홈페이지에 가서 남북교역 관련 자료를 다운받으면 그런 황당한 자료들만 나온다. 관세청의 통계월보를 같이 봐야만 구체적으로 알 수 있다. '기타 가축' 6.1톤이 산양 120마리인 것을 알게 되는 것이다.

아래 표는 관세청이 제공하는 관세분류번호(HSK, Harmonized System Korea) 통계와 통일부의 신 MTI(MTI, 옛 상공부 Ministry of trade and industry에서 편의상 통계분류를 하기 위하여 부여한 코드) 통계가 제공하는 정보량을 비교한 것이다. 관세청 정보는 통일부 통계 정보는 물론이고 물품의 상세한 내용을 제공한다. 수출입품목 분류체계(MTI기준)는 비슷한 종류의 여러 개의 HS코드를 묶어 코드와 품목 명을 부여한 체계이다 보니, 정보량의 차이가 한눈에 비교가 된다.

통일부와 관세청의 반출입 통계 정보량 비교

통일부 통계 (신 MTI 6단위) 정보	관세청 통계 (HSK 10단위) 정보
노트북 컴퓨터　3,683kg　213천 불	586급 11대, 386급 111대와 기타
개인용 컴퓨터　19,095kg　230	586급 1대, 386급 583대와 기타
수목류　　　52,000kg 23	사과나무 1030그루 등
기타 가축　　6,100kg　131	산양 120마리
세단형 승용차 172,525kg　377	대형차 5대 포함 10대 이상

* HSK 10단위 정보는 신MTI의 모든 정보를 포함하여 제공.

　국민들이나 통계수요자들은, 컴퓨터의 무게가 아닌 몇 대, 수목류가 아닌 사과나무 몇 그루, 기타 가축이 아닌 산양 몇 마리가 북으로 갔는지가 궁금하고 또 이런 정보가 제공될 때 통계적으로도 의미가 있을 것이다. 통일부 반출입 자료도 중량, 수량, 개별단위 등 다양한 단위정보와 품목별 세부정보를 함께 제공해야 한다.

　이런 내용은 관세청의 품목별 반출입 통계(HSK 10단위 기준 5000여 개)와 일일이 대조한 결과 나온 것이다. 두 자료를 같이 놓고 비교하는 단순작업이라 수십 시간이 걸렸다. 통일부가 발표하는 신MTI 기준(품목부호 6단위) 품목 숫자는 반입 400여 개, 반출 800여 개 등 1200여 품목이고, 이 중 64%이상(760여 품목)이 중량단위(kg) 이외의 개수(Unit) · 평방미터, 입방미터, 리터 등 다른 단위를 써야만 하는 것으로 밝혀졌다.

　물론 이 두 통계는 나름의 쓰임새가 있고 또 쉽게 기준을 바꾸기가 어려울 수도 있다. 하지만 기존의 것을 새것으로 바꾸는 것이 아니라,

신MTI와 HSK 정보를 함께 제공하고 그런 시스템을 갖추면 되는 일이다. 통일부는 이에 대해 '과거에 그래왔기 때문에 지금 통계방식을 바꿀 수 없다'는 식의 답변만 하고 있다. 전형적인 행정편의주의의 모습이고, '말만 앞서는 통일부식 혁신'의 산 증거인 셈이다. 통계를 위한 통계가 아니라 국민을 위하는 국민 중심 서비스가 필요하다.

이런 반·출입 등 통계의 정확성은 올바른 대북협력정책의 기초가 된다. 하려면 제대로 하고, 능력이 안 되면, 주무부처인 산업자원부나 관세청에 그 업무를 넘겨줘야 한다. 통일부는 남북교역의 정책 수립을 하면 된다. 반출입 통계까지 굳이 통일부가 틀어쥐고 앉아 부실한 통계를 생산해 국민들을 혼란스럽고 어리둥절하게 할 이유가 없기 때문이다. 이에 대한 통일부의 혁신이 시급하다.

남북협력공사, 대북코트라, 대북사업 전담기구 필요하다

2004년 국회 국정감사에서 이런 지적이 나왔다. 통일부 사무관이 반출입 통관서류에 도장이나 찍고 있어서야 되겠느냐는 것이었다. 그 대안으로 첫째, 대북관련 규제를 완화하고, 둘째, 대북투자의 판단의 전문성을 갖추고, 셋째, 민원서비스의 질을 높여야 하고, 넷째, 반관반민의 대북지원기구를 만들라고 요구했다. '대북지원기구'의 경우, 대북경협부서와 남북협력기금 운용 등을 관장하는 통일부의 일부 기능을 떼어내서 우리 KOTRA(대한무역투자진흥공사)와 같은 별도의 조직을 만들자, 교류협력국, 개성공단사업지원단, 사회문화교류국, 수출입은행의 남북협력기금 운용부서 등등을 묶자는 것이었다.

이에 대해 통일부는, 당시에는 별말 없이 그냥 지나갔다. 그런데

2005년이 되어 이런 소리를 한 번 더 하고, 여야 의원들이 이 필요성을 제기했더니, '남북협력공사'를 만들겠다고 전격적으로 동의했다. 통일부는 참으로 발 빠르게 재경부, 농림부 등 관련부처 사람들을 모아 TF 팀을 꾸렸다. 그런데 청와대가 이 남북협력공사 설립에 대해 '너무 서두르지 말라'고 하며 속도조절을 주문했다는 소식이 들어왔다. 약 5조 원의 대북추가지원에, 4500억 원의 빚을 내서 북한을 지원한다고 말이 많은 상황에서, 남북협력공사까지 추진하면 정부에 너무 부담이 된다고 생각한 것 같다. 특히 그냥 북한에 '퍼주는' 것도 모자라 '빚까지 내서 퍼준다'는 비판이 무섭고 무엇보다 당장 구멍 난 세수 부족을 메우기 위해 담뱃값을 또 올려야 하는 판에 북한을 지원할 여력이 어디 있냐는 주장이 설득력이 있기 때문이다.

남북 협력이 증가하면서 통일부, 즉 중앙정부 부처만으로는 인력도 모자라고 또 효율적이지도 않게 되었다. 북한 오징어 쿼터까지, 북한 북어포 수입업체 선정까지 중앙정부가 직접 해야 하는가? 그것은 전혀 아니다. 북한산 북어포의 연간 반입한도는 3000톤이다. 이 수입권을 어떤 방식으로 분배할 것인가가 국정감사에서 문제가 되었다. 통일부는 인터넷 공고를 통해 선착순으로 수입권을 나눠주겠다고 했는데 이를 몰랐던 다른 회사와 어민단체가 반발한 것이다. 굳이 통일부가 이 업무를 붙잡고 있어야만 한다면, 민원이 생기지 않도록 선착순이 아니라 신청업체에 골고루 나눠주거나 어민단체에게는 더 많이 배정하는 방안을 찾았어야 했다.

그리고 고도의 경제적 전문성이 요구되는 대북 사업자 승인, 투자 승인까지도 통일부가 판단한다. 수출입 은행에 맡겨 기초적인 심사를 하게 하고는 있지만, 그 최종책임은 정부에게 있는 것이다. 이 사업이 장사가 될지 투자해야 할지 말지를 판단해 주는 셈이다. 하지만 북한 북어포에 불온사상이 묻어 올 것도 아니니 굳이 통일부가 직접 틀어쥐고 있을 이유가 전혀 없다. 그냥 해양수산부에 맡기면 되고 꼭 필요하다면 나중에 그 결과를 통보받으면 되는 것이다. 다른 것도 마찬가지이다.

아예 규제혁파와 효율성 제고 차원에서 각 부처로 업무를 대폭 넘기는 것이 좋을 것이다. 그리고 대북지원센터 또는 대북 코트라 등의 전문적 조직이 필요하다. 그것이 남북협력공사 체제로 할지 등에 대해서는 좀 더 논의해야 하겠지만, 그 필요성은 점점 높아간다.

공공서비스이지만, 중앙정부가 직접 수행할 필요가 없거나 다른 부문이 맡으면 효율성이 높아지는 것은 당연히 민간이든 제 3섹터이든 아웃소싱해야 한다. 비록 북한을 상대하는 일이라 조금 특수하긴 하지만, 지금과 앞으로의 경제협력방향은 경제성, 시장원리, 효율성 등이 중시되는 비즈니스의 세계로 발전해야 하고 또 그렇게 유도해 나가야 한다.

2005년에는 그냥 넘어가지만, 6자회담에서의 일정한 진전이 이루어지거나 2차 남북정상회담 등의 획기적 계기가 있어 남북 교류협력이 큰 폭으로 늘어난다면, 이런 전문조직 신설 논의는 금방 다시 불붙을 사안이다.

2. 개성공업지구

리빙아트 냄비

2004년 12월 15일. 개성공단산 첫 시제품 출하가 있었다. 개성공단 대역사의 첫 출발이었다. 이를 기념하여 통일부 장관을 비롯한 국회의원 등 400여 명이 대거 북한 땅을 밟았다.

'made in DPRK',

made in ROK가 아닌 DPRK의 리빙아트 냄비가 우리 백화점에서 팔리기 시작했다. 과거 단순 임가공 방식으로 우리 기업이 원부자재를 대고 북한에서 바느질을 해서 다시 남한 시장에 팔린 경우는 이미 흔했다. 그러나 이 제품은 우리가 자본과 기술, 설비를 대고 북한이 노동력을 제공하여 만든 첫 제품이라는데 의미를 둘 수 있다.

정치하는 사람들이나 특히 대북사업을 하는 사람들은 작은 꺼리 하나라도 이벤트로 만들어 홍보하길 좋아한다. 자꾸 이런 일을 해야 북에 갈 명분도 생기고 북한과도 만나고 합작할 일이 많아지고 또 국민들의 관심도 높아지기 때문이다.

개성공단은 이제 한 고비는 넘긴 것 같다. 아직 통신문제 등이 미합의된 상태로 있지만, 그래도 생산이 시작되었고 또 '한·싱가폴 FTA'에서 보듯 남북 간의 거래를 민족내부 거래로 인정을 받았다. 국제사회가 이를 내부거래로 봐주면 개성공단산 제품의 해외 판매도 가능해질 것이다. 리빙아트 공장은 최첨단 기술이 필요 없는 비교적 간단한 공정을 가지고 있다. 그래서 미국과의 전략물자 반출 심의 과정에서도 별로 걸릴 것이 없었다.

리빙아트는 개성공단 입주 1호, 첫 제품 출하 기업이 되는 영광을 안았다. 기업으로서는 아주 축하받을 일이다. 이 행사에는 정동영 장관도 참석했다. 지난번 김일성 10주기 조문파동과 북한 급변사태에 대한 정부의 대비계획의 누출 등으로 심사가 뒤틀린 북한은 간접적으로 정장관에 대해 '북한 땅을 못 밟게 하겠다'는 식의 메시지를 보냈다. 이에 정부는 여러 경로로 북한의 오해를 풀기 위해 노력했다.

미국 부시 대통령이 재집권했고, 북한은 한국정부와의 관계를 풀수밖에 없는 처지였다. 더 버텨 봐야 실익이 없었다. 빨리 개성공단이 돌아 달러가 들어와야 했다. 덕분에 정장관의 문제도 자연스럽게 풀렸고 남북관계를 바탕으로 차기 대권주자로서의 큰 행보도 가능해졌다. 정 장관으로서는 다행한 일이다.

하여간 긴 흐름에서 남북 간 교류협력은 확대·강화되어야 한다. 누구도 이를 부인하지 못할 것이다. 그러나 북한 문제를 정치적으로 이용하려는 정략적 시도는 경계되어야 하며, 우리 국민들은 눈을 부릅뜨고 이를 살펴야 한다. 남북정상회담이 국회의원 재보선용 또는 2007년 대선용이라든가, 개성공단 사업 등이 특정 대권주자의 업적과 시용이라든가 하는 것 말이다. 어느 정권이나 이런 유혹에 빠진다. 그리고 그러다 보면 무리수도 나오게 된다. 과거, 돈을 수억 달러나 주고 남북 정상회담을 추진했던 김대중 정권의 전철을 밟게 되는 것이다.

이래서는 안 된다. 그러니 우리 국민들도 큰 눈으로 살피고, 또 그렇게 하려는 정권의 행태를 헤아려 볼 줄 아는 지혜가 꼭 필요할 것이다.

개성공단 민족의 대역사, 그 현장에서

2005년 9월 30일, 개성공단을 방문했다.

"북한 땅인 이곳도 이젠 우리 세금이 들어가는 곳이니 가 봐야 한다. 우리 세금이 쓰이는 곳이니 국회의 감시가 필요하다."

2004년 국정감사 때 통일부의 개성공단지원 책임 국장에게 '우리도 가 봐야 한다. 방문 기회를 달라'고 요구한 적이 있었다. 30일 새벽, 국회에서 출발하기 전에 이런 지적을 상기시켰다. "워낙 북한이 엄격해서 말이죠. 공사관계자 외에는 방북승인이 거의 안 나갑니다. 개성은 아직도 철저합니다"며 어려움을 말했다. 하여간 신포의 경수로, 금강산, 개성 등 이제 백두산에도 50억 원이 갔으니, 가 봐야 할 대상이 계속 늘어난다.

1시간 남짓 자유로를 달려 임진각을 지나니 곧 우리 측 CIQ였다. 지금 경의선 출입국 사무소는 연일 만원이다. 임시 건물이라 매우 비좁은데다 워낙 북으로 오르내리는 사람과 물자가 많기 때문이다.

개성공단이 본격화되면서 그 많은 건설자재와 인력이, 그리고 이미 가동 중인 업체 직원들과 제품들이 매일 이곳을 통해 드나든다. 그래서인지 웬만한 세관, 출입국의 규모를 넘어섰다. 특히 신의주를 통한 중국과의 물동량이 항상 1위였는데 이젠 이곳 경의선 출입국의 물동량이 가장 많다고 한다. 중국보다 남한이 더 중요한 파트너가 된 상징이다. 1회용 임시방북증명서에 도장을 찍고 버스에 오른다. 얼마 지나지 않아 바로 우리 측 DMZ 입구이다.

2001년 10월, 이곳 남북 연결로 공사를 위해 우리 군이 지뢰제거 작업을 할 당시, 바로 이곳을 방문한 적이 있었다. 당시 남북 연결로 합의가 이루어지자, 비상이 걸렸다. 휴전선 지대의 지뢰제거가 급선무인데, 일일이 손으로 제거하는 것은 불가능하고, 너무나 위험했기 때문이다. 그래서 급하게 수십억 원을 주고 여러 종류의 독일제 지뢰제거 장비를 수입해서 투입했다.

당시 현장을 설명하던 육군의 어느 대령은 직접 장비를 작동시키며 시범을 보여주기까지 했다. 발굴·수거해서 전시해 놓은 지뢰 중 특히 대인지뢰와 대전차지뢰의 기억이 생생하다. 그간은 전쟁 억지와 북의 남침 방지를 위해 필요했지만, 이제는 제거대상이 되었다. 막혔던 휴전선을 뚫는 일은 남북 군의 지뢰제거부터 시작되었던 것이다. 당시 이 임무를 담당했던 군 공병대를 기억한다.

가을비를 뚫고 북으로 갔다. 옆으로 장단역의 그 유명한 "철마는 달리고 싶다"의 그 녹슨 열차가 지금도 길옆에 있었다. 도로는 4차선으로 곧게 뻗어 있었고 옆으로는 경의선 단선 철도가 달렸다. 길옆에는 개성공단으로 전력을 공급하기 위한 전신주가 있었고 그 위에 6가닥의 송전선이 걸려 있었다.

북행길. 안개로 밖이 잘 보이지도 않았다. 그러나 돌아보면, 그럴 감상에 젖을 것도 없었다. 바로 뒤에는 '오일뱅크' 유조차가 따르고 있었고, 그 뒤에는 (주)신원의 여성복 원자재를 실은 트럭이 같이 오고 있었다. 패밀리마트 물품 지원차도 왔고, 기술자 김씨, 최씨 등등도 자기 차를 몰고 왔다. 물론 모든 차량의 번호판은 가렸고 붉은 삼각기를 차량 백밀러에 묶어 달고 갔다.

9시 30분 CIQ 통과 차량만 20여 대였다. 하도 오가는 차량이 많아 시간을 나누어 30분 단위로 세관 수속을 했다.

언제 북의 DMZ를 나왔는가 싶더니 바로 북의 초소였다. 북은 이렇게 휴전선 바로까지 개간을 해서 농사를 짓는다. 우리의 민통선처럼 그런 것은 없었다. 북의 군인이 차에 올라 인원을 확인하고 내려갔다. 금강산 특구 방문 때와 같은 절차였다.

다시 3분을 달리자 바로 개성의 사천강이 나왔다. 지금 남쪽의 어느 기업이 여기서 모래를 퍼가지고 실어오고 있다. 톤당 3$씩 모래값을 북에 주고 있다. 강을 건너면 바로 북측 CIQ였다. 그러나 CIQ라고 해도 컨테이너 박스 몇 개가 전부였다. 그 앞에 대규모의 CIQ가 공사 중이었고 곧 완공을 한다고 했다. 세관검사가 끝나서 차에 탔는데 1분만에 다시 내렸다. 다 온 것이었다. 그만큼 가까웠다. 개성공단, 아직은 황량한 곳이지만, 한창 건설 중이었다.

'개성공업지구관리위원회'
이곳 책임기관이다. 북한 법령에 의한 기관이지만, 남한 사람이 위원장이다. 직원들은 거의 남한사람이지만, 북한 직원도 있다. 남북한 직원이 함께 근무하는 최초의 기관이자 조직인 것이다.

관리위원회의 안내로 30분 정도 현황설명을 들었다. 김일성대 출신의 젊은 여자 직원이 브리핑을 했다. 그리고는 담당 부장이 역시나 예산 이야기로 마무리를 했다.

● 우리는 개성공단, 북은 개성공업지구라고 한다. 개성공업지구관리위원회 건물.

"개성공단이 잘되려면 국회의 지원이 중요하다. 2006년도 직원훈련원과 신청사 건립을 위해 85억 원이 필요하다. 기획예산처가 예산 안 준다고 해서 애먹고 있는데, 국회가 도와 달라."

주변시설을 둘러보았다. 토지공사, 현대아산, 우리은행, 그린닥터스 병원, 패밀리 마트, 소방서 등이 들어와 있었다. 아직은 시범지구만 겨우 가동되고 있었다.

점심때에는 개성공단 끝에 있는 북이 운영하는 식당 '봉동각'으로 갔다. 칠보산의 송이버섯 등과 개성냉면이 나왔다. 북의 접대원들이 노래도 하고 술도 따라줬다. 건배구호는 역시 "개성공단, 성공! 성공! 성공!"이었다. 위원회 이사장과 통일부 지원단장, 모두 여기에 목숨을 걸었다고 각오를 밝혔다.

식당 밖에 있는 판매대에서 북어를 몇 마리 샀다. 통북어 3마리에

● 개성공단 내 여성복을 만드는 공장의 작업 모습.

10$였다. 다들 술과 담배, 고사리, 송이 등을 구입했다. 송이 세트는 70$로, 남으로 치면 20~30만원짜리인데 1/5 가격이었다.

점심 후 가동 중인 공장들을 둘러봤다. 신발, 의류, 화장품 용기 공장이었다. 공단에는 약 5000여 명의 북의 근로자들이 출퇴근하며 일하고 있었다. 월급은 놀랍게도 60달러가 안 되었다. 65,000원도 안 되는 것이다. 식사도 도시락을 싸 가지고 다녔다. 의류공장 책임자는 "아주 만족한다. 곧 10개 라인을 1년 이상 빨리 당겨 증설할 계획이다"라고 말했고, 신발공장 책임자는 "남한 숙련공의 70% 수준이다. 그러나 숙련속도가 아주 빠르다"라고 말했다. 남측의 60~70년대의 봉제, 신발공장을 생각하면 될 것이다. 시설은 최신식이고 북한 노동자들이 모여 열심히 일하고 있었다.

"힘든 점은 없나? 어렵거나 위험한 것은 없나? 개성에 사는가?"

간단한 대화를 건넸다.

"어려운 점은 없다, 문제가 있으면 현장의 관리자들과 회의하여 해결한다."

이러한 평이한 답변이 돌아왔다.

특히 눈에 띄는 것은 북측 근로자들이 사회주의 교양 방식에 품질과 기술교육을 결합하여 분임조 QC 등의 활동을 한 자료였다. 회의와 토론이라는 조직화된 체계에 익숙한 북의 근로자들이 스스로 자료를 만들고 교육한다고 했다.

개성공단은 우리 중소기업의 마지막 기회의 땅이다. 중국은 더 이상 중소기업의 투자대상이 아니다. 개성공단으로 우리 중소기업들이 모이고, 북의 노동력과 우리의 기술과 자본이 결합해야 한다. 정부가 50%보조를 함에 따라 분양가도 평당 17만 원에 불과하다. 그리고 여

● 화장품 용기를 만드는 공장에서 북측 근로자들이 작업에 열중하고 있다.

러 지원 혜택은 엄청나다. 앞으로 창원보다 큰 공단이 조성될 것이고 남북은 수십조 원의 경제적 효과를 전망한다. 개성은 민족경제 성장의 엔진인 것이다. 화해와 협력도 쌀과 돈이 있어야 빨라지는 것이다. 그러니 남북이 함께 물건을 만들고 돈을 벌어 서로의 이익을 도모하는 것이 가장 효과적일 것이다.

돌아오는 길에 자양강장제인 '양계론'을 사기 위해 CIQ 매점에 들렀다. 1통에 40$을 달라고 했다. 금강산의 2배였고, 남한의 35$보다 더 비쌌다. 그래서 우리 안내 담당자에게 슬쩍 물어봤다.

"이렇게 비싸게 받는 거 알고 있나."

"자기들 지정가격이다. 금강산보다 2배 비싼 것이 맞다. 그렇지만 술은 여기가 더 싸다."

"왜 그런가."

"사회주의는 계획경제라 정해놓으면 그게 가격이다. 이유도 모른다."

"남측 소비자들에게 귀띔이라도 해 주면 좋겠다."

"우리도 북에 말해 봤지만, 우리말은 듣지 않는다. 그리고 대규모 행사가 있을 때는 값이 더 오른다. 어차피 사는데, 조금 도와준다하고 생각하고 사면 좋지 않겠나. 기분도 안 나쁘고."

가격을 알고 있고 또 다른 곳에서 구할 방안이 있으면, 바가지 쓰고 물건을 살 필요가 없는 것이다. 그래서 나중에 다른 곳에서 사기로 하고 그냥 나왔다.

5시. 남측 CIQ를 통과했다. 규정상 술과 담배는 1병과 1보루였지만, 다들 그 이상 사왔다. 그래도 세관에서는 아무 말을 안 했다. 장사할 것도 아니고, 많이 사 주면 서로 좋은 것이고 해서 말릴 이유가 없는 것이다. 세관도 이러한 사실을 잘 알고 있었다. 그래도 규정은 규정인데, 봐 줄 거면 '1인당 술 1병, 담배 1보루' 이 안내간판이나 치워놓았으면 했다.

개성공단은 우리 민족의 혈맥이다. 알면 사랑하고 사랑하면 보일테니, 그때 보이는 건 예전과 같이 않을 것이다. 개성이나 금강산이나 대북사업의 현장을 보고나면, "도와주어야 한다. 잘 되도록 해야 한다"는 생각이 먼저 들게 된다. 그만큼 자랑스럽고 벅찬 일이기 때문일 것이다.

KORUS FTA와 개성공단

KORUS FTA는 한·미 자유무역협정(FTA)의 공식명칭이다. 이는 Korea와 U.S.를 합성한 말이다.

2007년 4월 2일 타결된 한미 FTA에서는 개성공단 제품에 대해 한국산으로 볼 수 있다는 조항이 포함되었다. 한반도 역외위원회를 만들어 한미 양국의 위원이 참여하기로 했고, 북핵 해결 등의 진행정도에 따라 개성공단 제품을 한국산으로 인정하여 미국 등 국제사회에 대한 수출도 가능하게 한 것이다. 또 다른 역외지역, 북한의 다른 특구 제품 역시 같은 대우를 받을 수 있도록 했다.

싱가포르와 EFTA(유럽자유무역연합) 등과의 FTA에서는 별 어려움 없이 개성공단 제품의 한국산 인정을 얻어냈지만, 이번 한미FTA에서는 다소 어정쩡한 모습이다. 한미 FTA에서 한국산 인정을 받는 것이 중요한 이유는, 개성공단 제품의 미국수출 때문이다. 미국이 풀리면, 사실상 전 세계가 한국산으로 인정하는 것과 같은 것이다.

지금 개성제품은 미국은 물론 유럽에도 나가지 못하고 있다. 북한은 적성국이고, 따라서 이에 대한 국제적 엠바고가 걸려 있다. 지금 수출을 하려면 미국의 눈치를 조금 덜 보는 중국 정도에 수출할 수 있겠으나 이 역시 가격 등이 맞지 않아 수출은 거의 불가능하다. 지금은 남한 내에서 내수용으로만 팔리고 있다.

사실 우리 기업들이 북한 특구 등에서 제품을 생산해서 미국에 수출할 정도가 되면, 사실상 남북경제공동체의 초입단계라고 봐야 할 것이다. 이는 당연히 북핵문제 해결이 전제가 되는 것이고, 북한도 일정한 개혁개방을 이루어 낸 남북 교류 협력이 매우 진전된 단계일 것이기 때문이다. 이런 관점에서 한미 FTA의 개성제품의 원산지 인정 문제와 관련하여 미국이 보여준 행동은, 봉쇄와 불가의 입장이라기보는 남북 경협과 개성공단에 대해 북핵과 연계하여 일정하게 통제하고 영향력을 가지려는 전술적 고려 정도로 보인다.

개성공단 사람들(개성공단 관리위, 입주업체 등)은 이번 합의에 대해 환영하고, 정부 역시 FTA의 가장 큰 성과 중의 하나로 꼽는 것은 타당한 측면이 있다.

미국은 개성공단에 대해 출발 당시부터 다소 부정적이었고 대단히 엄격했다. 핵개발을 하고 있는 북한 땅에 대해 생산설비를 대고 북한 노동자들을 고용하여 일을 시키는 것이 마뜩치 않은 것이다. 그래서 개성공단 건설 초기에 미국은 가능한 많은 수단을 써서 속도를 늦추고 때로는 저지하려 했다.

가장 대표적인 것이 국제적 수출통제체제인 바세나르 협정과 미국 상무부 수출통제규정(EAR)이다. 바세나르는 전략물자의 특정국 유입을 차단하기 위한 것이다. 이는 국제적 레짐이고 당연히 우리 정부 역시 이를 지켜야 한다.

실제 우리는 개성공단을 시작할 때까지만 해도 이 레짐에 대해 별다른 대비를 하지 않았다. 개성공단 등에 대해 미국이 문제를 제기하고 이라크·시리아 등을 견제하기 위한 유엔의 레짐 강화 조치가 발동되자, 우리 정부는 부랴부랴 대책을 세운다며 법석을 떨었다. 이게 2004, 2005년의 일이다. 그 이전까지는 북한에 얼마나 많은 전략물자가 넘어갔는지 솔직히 파악조차 되지 않고 있다.

미국이 개성공단 통제를 위해 내세운 것이 특히 EAR이다. 미국 기술이 10% 이상 포함된 물자의 경우 상무부의 수출허가를 받도록 하고 이를 위반하면 강력한 무역제제가 뒤따르는 것이다. 그래서 개성에 진출한 로만손 등 여러 회사의 기계 등이 개성공단으로 갈 때 많은 어려움을 겪었고, 지금도 팬티엄급 컴퓨터 등의 반출이 쉽지 않다.

당시 통일부는 "개성공단에 울타리를 치겠다. 한국기업이 관리하겠다. 모든 기계 등에 전자 테그(RFID) 등을 붙이겠다. 한반도 유사시 개성공단 사람과 기계 등의 탈출과 환수를 위한 비상대비계획을 확실히 세우겠다" 등의 조치를 가지고 겨우 미국을 설득했다. 이를 위해 당시 정동영 통일부 장관이 이례적으로 워싱턴으로 날아가 협상을 하기도 했다.

이런 고비를 넘기고 나서야 개성공단에서 냄비가 생산되고 (주)신원의 옷이 백화점에서 팔릴 수 있었고, 그때부터 순조롭게 진행되는 듯했다. 그러나 2006년 미국 의회의 일부 의원들은 '개성공단 노동자의 급여가 대북 현금성 지원이다, 이를 막아야 한다'며 문제를 제기했고, 특히 월급이 100달러도 안 되는 것을 오히려 문제 삼아 '노예노동이다, 착취다'라는 식의 황당한 주장을 펴기도 했다. 그리고 지금도 이런 주장을 하는 미국의회 의원들이 있다. 이런 판에 미국 정부가 '개성공단 제품에 대해 위원회를 설치하고 북한이 하는 것 봐서 한국산으로 인정해 줄 수도 있다'고 합의했으니, 미국 보수파 의원들이 반발하는 것은 어찌 보면 당연할 수도 있을 것이다. 물론 한국에서는 극소수를 제외한 대다수의 국회의원들은 이런 주장에 동의하지 않고 있고 또 그런 목소리를 내지 않고 있다.

개성공단 사업은 이제 누가 집권하든 지금보다 후퇴할 수는 없다. 공단은 이미 자체 동력으로 움직이고 있다. 특히 2007년 대선에서 개성공단에 관련된 유권자의 수는 대략 50만 표 이상이다. 개성공단 업체, 협력업체, 관심 있는 중소기업체 등을 고려하면 그 정도 된다. 이런 상황이기에 어느 대선 후보도 감히 개성공단을 없애거나 후퇴시키자는 식의 공약을 낼 수 없을 것이다. 개성공단은 미국을 포함한 그 어느 나라가 뭐라고 해도 우리 민족의 자산이기에, 이를 발전시켜 나가야 한다.

이번 FTA합의에서 미국의 양보는 당연한 것이고, 앞으로 전개될 미국 의회와 보수파의 개성공단 '속도조절론' 등에 대해서는 적절하고도 현명한 대처가 필요하다. 개성공단이든 금강산특구든 직접 가서 두 눈으로 보면 생각이 달라질 것이다.

3. 모래·어업협력

북한 모래 반입과 통일부의 '특혜' 승인

2005년 정치권의 논란이 되었던 오일게이트(철도공사가 러시아 유전 개발하려다 돈 떼인 사건)의 핵심인물로 알려진 허문석 씨가 북한 모래 퍼오는 사업을 추진해 왔다. 이에 통일부가 앞뒤 재보지도 않고, 그해 2월 1일부터 사업할 수 있도록 비리게이트의 핵심인물에게 사업 승인부터 내주었다는 지적이 나왔다. 2005년 4월 18일. 국회 통일외교통상위에서는 이런 문제가 논란이 되었다.

지금 우리는 건설자재인 모래 부족이 심각한 수준이다. 그동안 서해에서 바다모래를 퍼서 충당했으나 이마저도 환경문제, 물량부족으로 거의 중단된 상태이다. 오직 모래는 북한에서 퍼올 수밖에 없는 상황이 된 것이다. 그래서 2004년 말 정부 비상대책회의가 열렸고, 북한 모래를 많이 가지고 오자고 결정했다. 이에 인천으로 들어오는 해주산 모래의 반입 항로도 대폭 단축해 주었다.

2004년 4월 기준 총 8개 업체가 해주 앞바다와 북한 황해남도 판문

군 평화리의 개성 사천강 모래를 퍼 왔는데, 2004년 39만 톤, 2005년 1/4분기까지 약 50만 톤 정도 들어왔다.

통일부는 이 북한 모래 반입이 협력사업 승인 대상이 아니라 단순 교역으로 봐서 별다른 승인이 필요 없다고 한다. 그래서인지 지난 3년간 총 84개의 업체가 이 사업을 위해 뛰어들었다. 그러나 실제 모래를 반입하는 회사는 8군데밖에 안 된다. 지금으로서는 수송비가 너무 많아 채산성도 별로라고 한다. 모래 채취료는 1입방미터 당 3달러(사천강 모래)를, 해주 앞바다 모래는 1.6달러를 주고 있다. 북한은 모래를 팔아서 연간 몇 십만 불 정도를 벌어들이는 것이다.

그런데 이 허문석 씨가 북한 모래 반입 문제로 정동영 장관을 두 번이나 만났고, 통일부는 철도운송 허가를 승인신청 다음 날 바로 승인서를 내줬다. 통일부가 승인한 남북 간 수송 장비(철도차량)운행승인서를 보면, 일단 2005년 2월 1일부터 6개월 동안 총 300회의 화차를 운행하고, 추후에는 계속 연장하도록 하고 있다.

그러나 철도공사의 승인신청서에는 2005년 2월 1일부터 2025년 1월 31일까지 20년간 2개 열차가 매월 왕복 50회씩 운송하는 것으로 되어 있다. 무려 20년간 보장해 주려는 것이다. 철도를 이용해서 북한 모래를 퍼오고, 이것을 수요가 폭증할 행정수도 건설 현장에 바로 가져가면 상당한 돈이 된다고 한다. 통일부는 철도공사가 제출한 허문석 씨의 북한 모래 반입을 위한 철도운송 승인도 바로 해 주었다. 그런데 서류검토도 제대로 안 하고 아직 경의선 시운전도 안 한 상황에서 서둘러 허가부터 내주었다는 특혜의혹에 싸여 있다.

통일부는 물론 이런 의혹 주장에 대해 펄쩍 뛰고 있다. 유전게이트와는 상관이 없고, 모래 수송이 오히려 경의선 개통을 촉진할 것이라는 판단 하에서 '전향적으로' 추진했을 뿐이라는 해명이다. 하지만 의혹은 결국 밝혀지게 마련이다. 얼마 전 끝난 감사원 감사는 이 부분에 대해서 조사하지 않았지만, 앞으로 이런 의혹에 대한 충분히 조사가 이루어졌으면 한다.

한강하구 모래 이야기, 북한 연간 '1.5억 불' 챙겨

2006년 4월 평양에서 열린 제18차 남북 장관급회담에서 우리 측은 북한 단천 자원특구 건설과 한강하구 골재채취 사업을 제안했다.

단천 자원특구는 남북이 유무상통(有無相通)의 정신으로 서로 협력할 수 있는 바람직한 협력방안이다. 이는 북한의 지하자원을 우리의 기술과 자본으로 개발하고 여기서 얻는 이익을 함께 나눠 가지는 것이다. 그동안 중국의 대북한 '자원 수탈'과 '자본침투' 등 지배력 강화에 대한 우려가 많았던 시점에서 아주 적절한 제안으로 보인다.

그리고 한강하구 골재채취 사업 역시 남북 모두 이익이 되는 아주 훌륭한 경협 모델이다. 북한은 모래를 팔아 달러를 벌어서 좋고, 우리는 폭증하는 골재(모래, 자갈) 공급 늘려서 좋은 것이다. 거기다 임진강 홍수 방지에도 도움이 될 것이다. 한강하구가 개방되면 서울 마포나루에서 제주, 중국 등을 연결하는 수운이 열리게 된다. 서울이 국제여객터미널을 가진 항구도시가 될 수 있는 것이다. 특히 최전방 접경인 한강하구에 대한 공동사업인 만큼 긴장 완화도 도모되는 등 여러모로 이익이 될 것이다.

사실, 남북 간에는 이렇게 서로 이익이 될 수 있는 협력사업들이 매우 많다. 누구나 조금만 생각해 보면 쉽게 생각할 수 있고, 또 실제 가능한 일이 대부분이다. 우리의 자본과 기술, 경제력에 북한의 자원과 노동력을 결합하고, 여기서 나온 생산물은 한국이나 제3국으로 수출 또는 소비하면 된다. 이렇게 남북 직접 경협 모델도 있고, 제3국을 끼운 3각 모델 즉 남 · 북 · 중국, 남 · 북 · 러시아 등이 공동으로 함께 할 수 있는 사업도 많다. 이런 3각 모델의 아이디어를 담은 많은 제안서들이 나돌고 있다.

그러나 이런 경제협력은 북한 핵문제와 북측의 소극적 태도 등에 막혀 크게 활성화되지 못하고 있다. 물론 이런 사업이 전면적으로 진행될 수 있을 정도로 북한체제가 바뀌었다면, 이미 단순한 신뢰회복 단계를 지나 이른바 '낮은 단계의 연합' 수준으로, 남북경제공동체 건설 수준으로 올라섰다고 봐야 할 것이다.

한강하구 공동 이용 제안은 대단히 매력적이다. 전문가들은 한강하구와 임진강 모래를 10억 루베(m^3), 많게는 30억 루베까지 추정하고 있다. 수도권이 1년간 쓰는 골재 사용량이 5천만 루베니까, 20년~60년 또는 최장 100년 동안 쓸 수 있는 양인 것이다.

우리 수도권에는 더 이상 모래가 없다. 강 모래는 거의 없고, 인천 앞바다의 바다 모래가 조금 있으나 이 역시 환경문제로 채취가 거의 중단된 상태이다. 특히 2007년부터는 충남 공주 등에 행정수도 건설이 시작되니 엄청난 골재 수요가 생길 것이다. 일부에서는 골재 대란이 예고되고 있다고 말한다. 따라서 북한 모래나 한강하구에 대한 기대가 매우 높다.

가까운 한강하구 모래라면 운송비도 적게 들고, 바지선을 이용할 수도 있고 해서 아주 매력적일 것이다. 이 한강하구 모래가 개발된다면, 거의 전량이 남쪽으로 들어온다고 해도 틀린 전망이 아닐 것이다.

지금 북한의 개성 사천강 모래를 우리 기업이 퍼 오는데, 1루베 당 3달러를 주고 있다. 해주 앞바다 모래는 1.6불을 주는데, 강 모래가 품질이 좋아 더 비싼 것이다. 이렇게 보면, 한강하구 모래는 북한 입장에서는 노다지나 다름없다.

한강 하구 모래는 소금기를 함유한 바다모래지만, 서해바다에 비해 채취단가도 낮고 서울 등 수요처와 거리가 가까워 거의 강 모래와 같은 경쟁력을 가진다. 이런 계산이면 1년에 5천만 루베면 1억5천만 불, 10억 루베면 30억 불이다. 북한은 아마 1달러만 더 올려 받아도 연간 2억 불은 거뜬히 만들 수 있을 것이다.

한강하구 정중앙으로 군사분계선(MDL)이 지난다고 하고, 그 모래를 반반씩 소유하고 있다 해도, 북으로서는 최소 7500만 불이다. 그러나 이건 계산상의 것이고, 군사분계선을 여는 대가로 북이 요구할 '프리미엄'을 감안하면 연간 2억 불도 가능할 것이다. 북한으로서는 정말로 매력적인 돈인 것이다.

마약, 달러위조 등으로 미국으로부터 해외자산에 대한 동결조치가 계속 이어져 돈줄이 말라가는 시점에서 이런 남쪽과의 돈벌이를 마다할 리는 없을 것이다. 아직 이 모래사업에 대한 북한의 달러 획득 문제는 별로 알려지지도 않았고 공론화되지도 않았다.

특히 미국이 대북 경제 조이기 조치를 강화하는 시점에서 우리의 이런 조치는 '한미공조'의 반칙이고 미국 및 국제사회의 노력에 제동을 거는 것으로 비춰지게 될 수 있다. 또 국내 보수세력들은 이에 대해 심각하게 반대할 가능성이 엄청 많다.

2006년 4월 28일 정동영 전 통일부 장관은 개성공단에 가서 한강하구 모래 사업의 조기 추진 필요성에 대해 언급했다. 그는 장관 재임시절, 유전게이트의 주범 허문석 씨를 만났고 그의 북한 모래반입 승인 신청을, 문서처리 기한이 1주일이지만, 바로 그 다음날 승인해주고 그 기한을 무려 20년간이나 보장해 주는 승인을 해 주었다가 구설에 오르기도 했다.

한강 하구 모래는 남쪽에는 필수불가결한 자원이고 북한에는 정말 쉽게 달러를 벌 수 있는 원천이다. 아마 단천 자원특구보다 모래 사업이 훨씬 쉽고 들어가는 돈도 없어 빨리 추진될 것이다. 앞으로 모래를 통한 대북달러 지원 논란이 곧 나오게 될 것이다.

서해 꽃게에 얽힌 진실과 남북어업 협력

중국 배들이 서해의 특정금지구역에 불법으로 들어와 우리 서해의 꽃게를 잡아가고 있다. NLL 북쪽에서 다 잡아 버리니, 남으로 내려올 게가 없다. 그래서 연평도 등 서해 5도의 어민들은 출어도 못하고 있다. 분통이 터지는 일을 몇 년째 겪다보니 속은 탈 대로 타들어 간다. 많은 사람들이 중국이 남북 수역에 불법으로 넘어와, 남북한 당국의 허가도 없이 게를 도둑질해 간다고 생각한다. 즉 남북이 대치하는 NLL 수역이다보니 우리나 북한이나 서로 어쩌지 못하는 그 틈새 어장에 중국 어선들이 밀고 들어와 고기를 잡아간다는 것이다.

그러나 북한과 중국이 계약을 맺고 북한의 허가 아래 서해의 게를 싹쓸이 해 간다는 이야기가 있다. 물론 아직 확인된 정보는 아니다. 주무부처인 해양수산부에 확인해 봐도, 외교통상부, 통일부에 확인해 봐도 속 시원한 답이 없다. 낌새는 있지만 확실한 정보가 없다는 것이다.

하도 이런 자료를 요청하니까, 해양수산부 담당자가 직접 국회로 뛰어 왔다.

"확인할 길도 없고, 방법도 없고, 확인된 것도 없다. 그러나 계약에 의한 것일 수는 있다. 최대한 알아보겠다."

이 문제에 책임을 질 수 있는, 가장 많은 정보를 가진 정부 관리가 이렇게 말하니 답답하기 짝이 없다.

동해 원산 앞바다에는 북한 회사와 계약을 맺은 중국 어선들이 들어와 고기를 잡고 있다. 그 규모는 1000여 척 수준이다. 계약보다 훨씬 많은 어선이 들어가 치어까지 잡아들인다. 중국 당국의 어업행정은 아직도 미흡해서 누가 동해로 갔는지, 몇 척이 갔는지 통제도 안 되고 파악도 안 된다. 불법어로가 기승을 부리는 데는 이런 이유도 있다.

만약 서해 꽃게 어장도 이런 북·중 간의 계약에 따른 것이라면, 동해와 같이 계약 하에, 북한 당국의 허가 하에 중국 어선들이 고기를 잡는 것이라면 이때부터 사태는 달라진다.

많은 사람들이 이 지역에서의 남북한 공동어로 방식을 말한다. 과거에는 일부 진보적 단체와 여당의원들만이 이러한 주장을 폈는데 최근에는 한나라당 정책위도 이런 정책을 말하고 있다. 그 내용은 서로 충돌 없이 특정 지역을 정해 남북이 함께 고기를 잡자는 것이다.

이런 협력방식은 어업능력이 서로 비슷할 때나 가능하다. 그러나 남북의 어업격차는 하늘과 땅 차이이다. 또 영해문제와 NLL 문제가 겹쳐 있어 복잡하다. 공동수역을 정할 경우 필연적으로 북한 영해와 우리 NLL이 겹친다.특히 공동 어로 수역 확정은 NLL 재설정 문제로 이어지게 되고 이 경우 서해에서는 NLL이 무실화(無實化)되는 결과를 초래할 수 있다. 우리가 일본과의 어업협정에서 독도를 내주자 곧바로 영유권 문제로 비화된 것과 같은 상황이 남북 사이에서 그대로 벌어질 수 있다. 더구나 이를 둘러싼 우리 내부의 남남 갈등은 매우 심각해 질 수 있다.

북한이 중국과 동해에서처럼 꽃게와 관련한 상업적 어로계약을 맺고 있다면(중국어선이 잡은 꽃게의 25%를 북한에 준다고 하는 식의) 아예 공동어로는 말이 안 되는 것이 된다. 중국과의 계약이 끝난 다음에나 논의될 수 있는 것이다.

필자가 보기에는 현실적으로 서해상의 공동어로는 대안이 되지 못할 것 같다. 오히려 NLL 등 남북경계를 건드리지 않는 전제 하에서 중국의 불법어로를 막고 남북어업협력을 확대할 수 있는 '입어료 방식'이 적절하다. 북한에 일정한 대가를 주고 우리 어선들이 들어가 고기를 잡고 북한은 감독하고 하는 식의, 우리 원양어선단이 오오츠크해나 베링해에서 러시아에 돈을 주고 명태를 잡아오는 방식 말이다.

중국이 아닌 우리 어선들이 북한에 가서 고기를 잡는 것은 남북한이 상생(win-win)할 수 있는 하나의 방법이며, 정치적으로 남북관계 개선에도 큰 도움이 될 것이다. 그리고 어민과 어업이 남북 협력에 기여할 수 있는 방안이기도 하다.

남북 분단 상황에 끼어들어 중국은 떼돈을 벌어들이고 있다. 중국은 우리 바다에서 우리 고기를 잡아, 그것을 다시 우리에게 아주 비싼 값으로 팔아먹고 있다. 서해·동해 모두가 이런 꼴이다. 남북 어업협력이 시급한 이유가 여기에 있다. 남한이 어민들의 이해 조정 등의 이유로 남북공동 어로를 머뭇거리고 있는 상황에서, 한 푼이 급한 북한은 2004년부터 중국에 바다를 내주고 말았다. 그리고 그 피해는 고스란히 우리 모두에게 돌아오고 있다.

앞으로의 장관급 회담에서 남북어업협력도 적극적으로 논의되야 한다. 통일부와 해양수산부의 담당자와 이 문제를 적극 추진하자고 '3자 결의'를 했다. 정부도 국회도 어민들도 모두 나서야 할 것이다. 외세인 중국을 몰아내고 남북이 힘을 모아야 한다.

북한, 중국 대신에 민족공조하자! — 동해 공동어로

동해 원산 앞바다 은덕어장에 1천 척의 중국 어선들이 들어와 물고기를 싹쓸이하며 조업을 하고 있다는 사실은 이미 알려진 이야기이다. 이런 문제를 다루기 위해 2006년 3월 통일부가 제의한 남북 수산 실무회담 개최 제의를 북한이 거부했다.

'동해의 원산 앞바다에서 중국어선 대신에 우리 어선이 들어가 고기를 잡고 그 대가를 지불하겠다. 남북이 협력하자. 중국 대신 남쪽하고 한민족 공조하자.'

이런 문제를 논의해 보자는 우리의 제의를 북한이 거부한 것이다. 왜 우리에게는 바다를 내주지 않으면서 중국 어선에게는 자신들의 바다를 내주는 것인지 알 수 없다.

그동안 이 문제를 다루어온 사람들은 서해의 경우 NLL 문제 등 군사적 문제가 걸려있어 합의가 쉽지 않으니, 그런 문제가 없는 동해의 공동어로 문제에 대해 우리 정부가 적극 나서야 한다고 주문해 왔다. 즉 서해의 문제에 묶여 동해까지 제자리걸음을 할 것이 아니라 분리해서 통일부가 나서라고 했고, 그래서 통일부가 이번에 북한에 제의했지만 북은 거부했다.

북의 거부 이유에 대해 지금 생각해 볼 수 있는 것은, 첫째 한미 전

시중원 훈련과 독수리 훈련 등에 대한 북의 신경질적 반응일 수도 있고, 둘째 중국과의 계약 때문에 우리가 끼어들 여지가 없어서 이거나, 셋째 2000년 북한이 공동어로를 먼저 제의했을 때 남쪽이 거부한데 대한 보복 정도일 것이다.

첫째 경우라면 훈련이 끝나면 다시 논의할 수 있고, 셋째 경우면 대승적 차원에서 북한이 맺힌 것을 풀어야 한다. 그러나 다른 이유나 두 번째의 이유라면 문제는 심각하다. 중국과 북한이 맺은 계약이 5년 동안이기에 그 기간 동안 중국은 안정적으로 고기를 잡을 수 있다는 예측이 나오는 것이다.

중국이 동해의 북측 수역에서 잡은 오징어, 꽁치 명태 등이 반입될 경우 남쪽 어민의 피해는 말할 것도 없고, 중국어선만 떼돈을 벌게 된다. 중국어선들은 산동반도 등에서 출어하기 때문에 기름값이 매우 많이 든다. 그래서 더 많은 이익을 내기 위해 북한과 맺은 합의를 위반하고 있다. 정해진 구역을 벗어나 조업하고, 치어까지 마구잡이로 잡고 있다. 이래저래 동해 어장은 황폐해져 가는 것이다.

2006년 3월 21일. 속초에 다녀왔다. 봄철 동해바다는 여전했고 풍광은 한가롭기 그지없었지만, 동해 바다 속은 점점 비어만 가는 것이다. 북한 수역에서 중국어선이 고기를 쓸어가니 남쪽으로 내려올 물고기가 줄어드는 것도 큰 이유 중의 하나이다.

통일부와 해양수산부의 노력에 큰 기대를 걸었는데, 북한이 회담 자체를 거부했다고 하니 참으로 답답하기만 하다. 미국이 외세면 중국도 외세이다. 그런데 북한은 민족공조하자면서 왜 그러는지 알 수 없다.

중국과의 계약 파기가 어려우면, 우선은 청진 앞바다 등 다른 어장을 조성해서 남쪽과 협의를 하면 될 것이다. 아니면 중국과의 위약을 남쪽이 보상하고 남쪽의 입어를 허용하면 될 것이고 이도 아니면 남북이 같이 만나서 서로 머리를 맞대고 상생하기 위한 의논이라도 해야 할 것이다.

우리는 북한이 국제식량농업기구(FAO) 등에 요청하는 해조류 생산 자재 지원과 배양장 건설, 어류 가공시설, 어선 현대화, 내수면 어업 개발 등 기술지원 등 모두를 지원할 수 있는 능력과 여력이 있다. 정부도 남북 어업협력 등을 위해 수백억 원의 예산을 쓰는 방안을 검토하고 있다. 북한은 우리의 강동수산, (주)태창 등 대북 어업 사업을 하는 우리 기업에도 이런 지원을 거듭해서 요청하고 있다. 간헐적으로 이런 민간기업과의 협력이 이루어지긴 하지만, 전면적인 것은 남북 당국 간의 협력이 있어야 가능하다.

이 당국 간 협력에서는 동해 어장 문제가 논의되는 것과 더불어 이런 남북 어업협력 방안도 함께 이루어져야 할 것이다. 만약 북한의 중국어선을 그냥 둔 채, 동해 문제를 해결하지 않은 채, 남북 어업협력을 위한 대북지원이 추진된다면, 이에 대한 동해 어민들의 반발은 불을 보듯 뻔하고 예의 '대북 퍼주기' 논란을 자초하게 될 것이다.

우리 정부도 그렇고, 특히 북한은 이런 현실을 바로 알아야 한다.

"중국 어선이 동해에 있는 한 대북 어업 협력·지원은 없다."

이것이 동해 어민들의 주장이고 또 많은 사람들의 공통된 의견일 것이다.

4. 철도

청년이천선과 동해선 철도

2005년 6월 정동영 통일부 장관이 김정일 위원장을 만나 '철의 실크로드 연결을 위해 동해선 연결을 포기하고 이천청년선을 활용하는 방안'을 논의했다고 일부 언론이 보도했다. 그리고 15차 장관급 회담에서도 경의선, 동해선 동시연결 방침을 버리고 '경의선 우선 연결' 원칙을 확인했다고 한다.

6월 29일 국회 남북관계특위에서 이런 문제가 논의되었다. 미국에 간 정동영장관 대신 답변에 나선 통일부 이봉조 차관은 그런 일이 없다고 펄쩍 뛰었다. 여러 대안 중의 하나일 뿐 결코 확정된 것은 없다고 대답했다.

그러나 이런 보도가 사실이면 대단히 심각한 문제가 발생한다. 약 1천억 원의 돈이 들어간 동해선 철도(북한 고성—남한 제진, 27km)는 사실상 무용지물이 되고, 제진역—강릉 구간(1조8천억원) 건설 필요성이 낮아지는 것이다.

또 남한 철도 건설은 안 하고 몇 배 돈이 더 드는 청년이천선(이천 청년선) 철도를 개량(3조2천억 원)하겠다는 것은 상식에 어긋나는 일이다. 다행이 차관이 그런 일이 없다고 하니 다들 물러났지만, 정말 정부가 이런 일을 벌이는지 아닌지 두 눈 부릅뜨고 봐야 할 것이다.

북한은 시베리아 횡단철도 연결사업이 돈이 된다고 생각하고 있다. 우리도 경의선, 동해선을 이 철도 실크로드의 연장이라며 기대를 해왔다. 그러나 자세히 보면, 북한 철도는 거의 사실상 무용지물이다. 시설이 낡고 고치지 않아 말만 철도일 뿐 다 다시 깔아야할 지경이다.

북한 고성읍의 청년역과 온정역 사이의 동해선 철도는 다리 교각이 2004년 홍수에 쓸려 나가 열차가 다니지 못한 지가 오래되었다고 한다. 그래도 고칠 생각도 못하고 또 놓아두고 있다. 2005년 5월 현대아산의 영농장에 가다가 이를 보고 깜짝 놀란 적이 있다. 북한이 이렇게 동해선을 방치하는데, 휴전선 지역을 연결해 봐야 무슨 소용이 있나, 예산낭비만 하는 것 아닌가 하는 생각 때문이었다.

2005년 6월 29일 아침 통일부의 동해선 담당관과 30분을 통화했다. 서로 바쁜 아침이었지만, 사안이 워낙 중요하다 보니 통화가 길어졌다. 이런 말이 오갔다.

필자 : 정말 동해선을 포기하는 것이냐. 신문을 보니 그런 식으로 나와 있던데, 동해선을 소홀히 하지 마라.
담당관 : 절대 아니다. 신문은 오보다. 최대한 완공을 서두르고 있다.
필자 : 언제 완공되나?
담당관 : 올해는 어렵다. 돈도 900억보다 더 들 것 같다
필자 : 개통되면 활용계획을 잘 세워라. 그냥 놔두지 말고 '금강산 관

광열차'라도 운행해라.

담당관 : 철도공사와 협의할 것이다.

필자 : 제진—강릉 구간도 빨리 착공해라.

담당관 : 고려하고 있다.

동해선 연결사업[12], 앞으로 잘하겠다고 한다. 일단 믿어주고 지켜보도록 하자.

● 이천청년선은 경의선의 평산역과 경원선의 세포역을 잇는 252km의 철도이다. 북한동서횡단철도로 시베리아횡단철도(TSR)와 한반도종단철도(TKR)의 연결선 역할을 할 수 있어 주목을 받고 있다.

남북 철도 운행 무산—북 군부에 대한 선물 부족 때문?

북한 군부가 남북 철도 시험운행을 거부했다. 분단 반세기만에 남북 철길이 열리나 했는데, 다시 막히고 말았다. 2006년 5월 통일부와 이종석 장관은 마치 다 성사된 것처럼 철도 시범운행을 말했는데 결국 마지막 문턱을 넘지 못했다.

북한의 경제 · 대남 담당 부서와 군부가 나누어져 서로 역할을 나누어 대립하거나 협력하는 모습을 보여왔지만, 이렇게 손발이 맞지 않은 것은 드문 일이 아닐까 한다. 그러다 보니 통일부 등은 '어떻게든 되

12) 동해선 철도는 2006년 말께 공사가 완료되었고 2007년 5월 17일 첫 시험운행이 이루어졌다. 총 사업비는 960억원이 투입되었다.

겠지'하며 낙관했고, 당연히 일이 이루어지는 것으로 홍보를 했을 것이다.

선군정치를 하는 북한에서 군부의 영향력은 절대적이다. 그래서인지 대남, 경제 부분의 합의 내용을 보면, 결정적인 문제나 북한 군부와 관련된 사안은 군의 입장에 따른다는 단서조항을 달아 놓고 있다. 서해의 공동어로 문제, 이는 남북 군사 당국의 NLL 문제와 연계되어 있다. 군부의 동의가 없는 이상, NLL 문제가 합의되지 않는 이상, 서해상의 꽃게 등 공동어로 문제는 진척될 수 없는 것이다. 이처럼 북한 군부가 실질적인 키를 잡고 있고, 대부분의 남북 교류협력 사업을 내막적으로 통제하고 있는 것이다.

개성공단, 금강산 특구 등이 열릴 때의 북한은 대단히 어려운 시기였다. 수십만의 인민들이 굶어죽는 절체절명의 위기 상황에서 북한 군부도 개방을 반대할 명분이 없었다. 금강산의 관광 수입, 개성 공단 노동자의 임금 수입 등이 북한군과 최고 수뇌부를 움직였다. 이렇게 보면, 결국은 돈 문제인 것이다.

북한은 아직도 본격적인 개혁개방의 길로 들어서지 않고 있다. 개혁개방을 두려워하거나 반대하는 사람들을 움직일 수 있는 방법은 '내부적으로 대단히 어렵고 힘들든가, 외부적으로 엄청난 유인이 있든가' 하는 것이다.

북한은 다시 식량사정이 나빠지고 있지만, 견디어 갈 수는 있다. 그렇다면 결국은 외부의 유인, 개방의 대가가 어느 정도인가 하는 문제이다. 그러니 이번에 정부가 제의한 여러 지원방안이 북한 군부가 보기에는 미흡했다고 봐야 할 것이다.

대통령은 몽골에서 '제도적 지원'을 언급했고, 이종석 장관은 '남북협력기금을 다 줄 수 있다'고까지 했다. 우리 쪽은 대북 신경협 5개 사업에 대해 구체적인 지원금액과 방안을 놓고 북측과 여러 차례 협상을 해 왔다. 2005년 국회에 보고 된 경협지원금액은 5년간 5조 원 정도로, 여기에 북한 모래 반입, 북한 원자재 개발 지원 등으로 수억 불이 추가로 거론되고 있다. 이런 대북지원이 너무 적었는지, 군부는 막판에 철도 시험운행을 거부했다. 경제 대남 부문과 역할 분담을 해서 군부가 트는 모양새를 통해 대북지원 금액을 더 얻어 내려는 수법으로 보인다.

일부에서는 철도 연결의 의미와 중요성, 배경을 들어 정치군사적으로 엄청난 사안인 것처럼 말하고 있으나, 뭐 그 정도일까 싶다. 생각해 보라. 휴전선의 군대를 물리고 군사분계선을 열어 개성공단과 금강산 관광을 허용한 것이 더 클까, 이번처럼 열차 한 번 운행하는 문제가 북한 군부로서는 더 문제가 될까. 휴전선도 연 마당에, 빈 열차 한두 번 운행하는 것은 그리 어려운 일이 아닐 것이다.

북에 얼마나 더 줄 것인가. 곧 다시 남북 경추위가 열린다. 여기서 철도 연결 대가를 다시 산정할 것이다. 북한 군부의 주머니가 불룩해지면, 철도는 움직일 것이고, 잘 되면 DJ의 열차 방북도 실현될 수 있을 것이다.

경제적인 문제만 가지고 접근한다고 보는 사람도 있겠지만 아무리 봐도 경제적인 문제 이외에 중요한 것은 없다. 북한이 내세운 서해 NLL 재획정 사안도 그동안 서해통항질서 같은 말도 안 되는 것을 내세우다가 이번에 다시 수정제의했다. 내용을 보면, 현행 NLL과 별 차이도 없다. 이 영토주권 문제를 고리로 남쪽의 돈을 더 얻어 내려하는 것이다. 북으로서는 NLL 재설정이, 우리가 독도를 지켜야 하는 것과는 차원이 다른, 사활적인 것은 절대 아니다. 남쪽의 지원이 성에 차지 않고 북한 군부가 틀어지면, 서해 무력충돌이나 군사분계선의 도발이 또 생길 수 있는 것이다.

우리는 경의선 철도와 동해선 철도 연결을 위해 7000억 원을 썼다. 북한 쪽 철도 연결공사에는 남북협력기금이 차관형태로 지원되었다. 우리는 레일, 침목, 하다못해 포크레인, 경유와 윤활유, 나사못 등 철도 연결용 자재 장비를 지원했다. 거기에 폭약이 없다고 다이너마이트까지 보내주었다. 북한은 땅과 노동력만 제공했다. 엄청난 돈과 시간을 들여 연결해 놓고, 아직도 단 한 번의 운행도 이루어지지 않고 있는 것이다. 철도는 완공된 지 오래이다. 남북 철도의 물동량이 있느냐, 없느냐는 차후의 문제이다.

이런 철도 연결을 고리로 군부를 내세워 더 많은 지원을 얻어내겠다는 전략은 달러가 필요한 북한으로서는 어찌보면 당연한 것이다. 북의 이런 수법의 정당성은 논외로 하고, 우리가 얼마나 이런 긴장완화 비용을 부담할 수 있느냐, 우리 국민들이 얼마나 북한을 지원할 수 있느냐, 이것의 문제이다. 대북지원의 100%가 세금이다. 일부에서는 GDP의 1% 정도를 북한에 주자고 한다. 이에 '나 살기도 어려운데, 주변에 어려운 사람도 많은데, 북한 지원이 웬 말이냐'는 사람들도 많다. 철도 시범운행을 위해 과연 얼마를 더 주는 것이 적당하겠는가.

남북 철도 시범운행 평가와 과제

2007년 5월 11일 끝난 제5차 남북장성급회담에서는 남북철도 운행을 위한 합의가 이루어졌다. 북한 군부는 '시험운행'만을 허용하는 군사보장합의서 체결에 합의했고, 여타 문제는 다시 논의하는 것으로 하고 마무리되었다. 결국 지난 2.13 합의 이후, 남북 간에 필요한 1차적 접촉은 대충 한 순배 돌아간 셈이다. 장관급회담, 경추위, 장성급회담까지 한 결과, 우리는 북한에 대해 비료, 쌀, 경공업 지원 등을 보장했고 북은 남북대화 재개, 이산가족 상봉, 남북철도 시험운행 등을 '허락'한 셈이다.

얼핏 보아서는 우리가 대단히 많이 준 것 같기도 하고, 반대로 북한이 손해를 본 것 같기도 하다. 그러나 냉정히 보면, 그냥 '예정되었던 수순대로 현 단계에서 남북이 합의할 수 있는 만큼 이루어진 것'이다.

이번 장성급 회담 역시 실무자들은 고생했을지 모르나, 결과만 보면 너무나 예측한 대로이고, 조금의 더함도 덜함도 없다. 북은 이번에도 NLL 문제를 들고 나왔고, 우리 대표단의 지각 등을 문제 삼아 시간을 끌기도 했다.

철도 운행 등 남북의 분계선을 넘는 문제엔 반드시 북한군부의 동의가 필요하다. 북한은 이를 무기로 협상 레버리지로 삼아 남과의 협력에서 상당한 실리를 취한다. 이번에도 마치 협상을 파기할 것처럼 했지만, 이미 경추위 합의 등에서 우리가 준 것이 있기에 이를 완전히 무위로 만들 수는 없었다.

북은 항상 양면협상으로 나온다. 경추위 등 경제 분야와 장성급 회담 등 군부 등의 두 채널을 만들어 두고 최대한의 이익을 얻을 수 있도록 강온의 페이스를 조절한다. 경협은 최대한 합의하고 반대로 남의 양보가 필요한 부분은 장성급 회담으로 넘겨 '군부의 동의'를 핑계로 앞세운다. 이렇게 되면 우리가 지불해야 할 지원액은 매우 높아지고 북으로서는 최대한의 이익을 얻는 셈이다.

우리는 하나인데 북은 둘이다. 이 둘은 역할을 나눠 하나는 온건하게, 다른 하나는 강경하게 나와서 어르고 윽박지르고 한다. 장성급 회담은 북한의 윽박지르기 회담장인 셈이다. 이게 남북 정부간 접촉채널의 가장 일반적인 경우이다.

서해 NLL 문제는 항상 들고 나오는 단골메뉴이다. 서해상에서 이른바 어업협력이 이루어지고 남북의 군사적 신뢰가 조금이라도 높아진다면, 특히 북한 핵문제의 일정한 해결과 유엔의 대북제재 결의안 완화, 그리고 대량살상무기확산방지구상(PSI) 등의 대북봉쇄 방안의 완화 등이 뒤따른다면, 북한 민간선박의 해로 단축 문제도 전향적으로 검토할 수 있을 것이다. 즉 일본 등지에서 올라오는 북한 민간선박의 해주 입항로 단축 문제도 허용될 수 있을 것이다.

또 비록 남북해운합의서가 있기는 하지만, 북한 동해안에서 동남아 등 외해로 나가는 북한 선박들의 제주해협 통과도 고려해 볼 수 있는 문제이다. 우리 역시 이에 상응하는 북한 항구의 추가개방, 남북 항로대의 단축, 인천─남포 정기노선 확대, 한강하구 항로 이용권 등을 주문하고, 상호 이익이 되는 방향으로 협력을 요구해야 한다.

특히 인천과 남포의 여객선 운항을 요구해야 한다. 당장은 부정기편도 좋으나 곧 정기 여객선 운항이 이루어져야 한다. 남북관계 발전 등으로 인적 물적 교류는 늘고 있는데, 상호 간 교통편이 문제이다. 북한에 갈 때마다 중국을 거치거나 아니면 전세기를 띄워야 하니 비용이 너무 많이 든다. 남측 방북단 전세기 한 번 띄우는데, 정부가 거의 1억 원 정도씩 보조한다. 육로는 막혀 있으니 그럴 수밖에 없는 것이다.

북한 역시 남한 방문 때 그런 불편이 따른다. 따라서 배를 이용하자는 말이 나오는 것이다. 북한 남포와 인천을 잇는 여객선 항로를 연다면, 서울과 평양을 매우 쉽고 싸게 갈 수 있을 것이다. 또 이렇게 된다면 남북협력기금의 교류예산도 상당히 아낄 수 있다. 시간도 약 10시간이면 충분하다.

다음은 남북 철도 운행 문제이다. 이번에 1회용 시범운행이 이루어진다. 그러나 냉정하게 말해서, 정기편이 열린다 해도 경의선의 경우는 당장은 실어 나를 사람과 화물이 많지 않다. 물론 개성공단 방문객과 공단생산 제품 등이 있지만, 육로에 비해 비쌀 것이다.

무엇을 실어 나를 것인가, 매번 빈 화차로 달릴 수는 없는 노릇이다. 그래서 통일부나 남북관계자들이 주목한 것이 바로 북한 모래이다. 지금 연간 1천만 톤 정도씩 북한 모래를 수입하고 있다. 이를 현재 바지선과 트럭으로 실어오고 있는데, 철도를 이용하면 더 싸게 가져올 수 있다. 그리고 이렇게 하면 남한 곳곳으로 이 모래를 이동시키는 게 가능해진다. 물론 나중에 남북 교류 협력이 더 확대되면 다른 품목들이 수송될 수 있겠지만, 지금과 같은 초기 단계에서는 이 모래가 적격일 것이다.

동해선의 경우는 조금 다르다. 우리의 금강산 관광객들의 통일관광 열차로 활용할 수 있는 것이다. 지금은 버스타고 2시간 정도 들어가지만, 동해선 열차는 동해 바다를 따라 북으로 연결되어 있고, 경치와 풍광 또한 정말 환상적이다. 빨리 기차를 타고 금강산에 갔으면 한다.

서울에서 가려면 강릉과 제진 구간 160km가 연결되어야 한다. 일제 때 이 구간을 공사하다가 해방되면서 중단되었는데, 빨리 철도를 놓았으면 한다. 그리고 포항과 정동진 등 경북 구간 역시 빨리 연결되어야 한다. 그러면 부산에서 금강산, 원산, 청진, 나진, 선봉을 지나 블라디보스톡으로 시베리아 횡단철도와 연결된다. 물론 북한 구간의 낡은 철도도 보수해야 할 것이다.

철도 연결 등의 사안은 정치 군사적 의의와 함께 이런 경제적 필요성과 효과도 간과해서는 안 된다. 상징적 행사야 한 번으로 족하지만, 매일 빈 열차를 운행할 수는 없는 노릇이기 때문이다.

시작이 반이라는 말이 있다. 한 번 열차가 다니기 시작하면 조만간 정기 열차 운행이 가능할 것이다. 남북 연결·소통의 채널이 많아질수록 양측은 더 가까워지고 또 서로 이익이 될 수 있는 것이다.

5. 북·중협력

북한 석유 중국이 개발―평양 건물의 유리가 달라졌다

북한과 중국은 2005년 12월 24일 '중·조(中朝) 정부 간 석유 해상 공동개발에 관한 협정'을 체결했다. 그 협정 내용을 좀 더 세밀히 봐야 하긴 하겠으나, 말이 좋아 '공동개발'이지 사실상 석유채굴권을 넘긴 것이 아닌가 하는 시각도 있다. 이제 중국이 본격적으로 북한 석유개발에 뛰어드는 것이다. 중국의 대북한 경제협력 또는 북한 진출은 정말 너무나 빠르고 범위도 넓다.

"평양 건물들의 유리가 깨끗해졌다."

중국이 북한 대안에 친선유리공장을 지어준 이후, 북한의 유리 사정이 급속히 좋아지면서 이런 말이 나온다. 북한은 이 유리공장을 대대적으로 선전하고 있고 김정일 위원장도 2005년 12월 이곳 공장에서 현지지도를 했다.(대안 유리공장은 공업부문의 '대안체계' 등으로 유명한 그 대안으로, 남포와 평양 사이 청산리 마을 근처에 있다.)

수도 평양조차 유리가 넉넉하지 못했는데, 유리 사정이 좋아지면서 평양 남포 등 도시의 외관이 달라지고 있는 것이다. 이러니 '역시 중국이다'라는 소리가 나오는 것이다. 우리가 북한의 준비부족, 미국의 견제와 북핵 문제 등으로 머뭇거리고 있는 동안 달러가 급한 북한은 중국에 '돈이 되는 것은 무엇이든' 넘겨주고 있는 듯하다.

그동안 북한 석유를 노리고 많은 서방계 기업이 뛰어들었다. 그러나 이들은 대부분 자금력이 딸리는 영세 기업이었고, 특히 석유메이저를 장악한 미국의 압박 등으로 대부분 석유 냄새도 못 맡고 손을 털고 나왔다. 호주의 비치페트로늄, 일본, 노르웨이, 캐나다 소코사, 싱가폴 소버린벤쳐사, 영국의 아이넥스사 등 서방 기업들은 지난 90년대 초반부터 북한 원유에 관심을 보였다. 이들은 북한 서해 대동강 하구 즉 서한만과 동해 원산 앞 동한만 지역 그리고 안주 분지 등에서 탐사 활동을 해 왔다. 북한도 이 지역에 엄청난 원유와 가스가 매장되어 있다고 선전하고 외국자본을 끌어들이기 위해 애를 써 왔다.

우리도 현대그룹 정주영 회장 등이 관심을 보였고, 2004년에는 우리 석유공사가 북한 원유개발을 검토한 적이 있다. 국회의원들도 여러 차례 남북 공동의 원유개발을 촉구했다. 특히 2004년 철도공사의 러시아 유전개발 사건과 관련하여 여기에 개입된 기업이 북한 석유개발에 관심을 가지고 일을 추진하지 않았나 하는 의혹도 있었다.

이제는 중국이 나서고 있다. 중국은 미국이나 석유메이저의 눈치를 볼 필요가 없다. 또 지금 중국은 자국의 폭증하는 석유 수요에 대비하기 위해 유전 확보에 사활을 걸고 있다. 서한만은 중국 최대 원유산지인 발해만과 인접해 있고 서해의 중국 측 대륙붕은 한반도 쪽으로 상당히 치우쳐 있다. 따라서 발해만의 배사구조가 북한 서한만으로 이어져 있을 가능성은 충분하다.

중국과 한국 일본 등의 석유 수요량은 엄청나다. 중국의 북한 석유 개발이 성공만 한다면, 북한의 명운이 달라지고 한반도와 동북아의 판도가 바뀔 수도 있는 대사건이 될 것이다. 중국의 북한 석유 개발이 북한을 구출할 '로또'가 될 수 있을지는 두고 볼 일이다.

그러나 남쪽이 아닌 중국의 북한 진출은 여러모로 우려스럽다. 북한의 동해 어장은 중국배가 무려 1000여 척이나 들어와 물고기를 쓸어가고 있다. 북한의 세계적 철광산 무산철광은, 포항제철이 샘플 채취하여 평가하고 있는 이 순간에도, 무산철광의 원광석은 그냥 트럭에 실려 중국으로 헐값에 팔려나간다. 구한말 경원선 부설권 등 각종 이권이 서구열강에 넘어갔듯, 달러가 급한 북한은 중국에 많은 것을 넘겨주고 있다. 하지만 어떤 조건으로 무엇을 넘겼는지 그 내용은 거의 알려지지 않고 있다. 이러한 이권의 중국 할양은 북한의 중국 경제 편입을 가속화시키고 추후 남북통일 등의 과정에서 상당한 걸림돌이 될 수도 있을 것이다. 이것이 남북의 경제 협력이 시급한 이유 중의 하나이다.

김정일 위원장의 중국방문, '한국 대신 중국?'

난데없는 김정일 위원장의 중국방문으로 2006년 정초부터 혼이 난 사람들이 한둘이 아니다. '난다 긴다'하는 중국통·북한통 인사들조차 그 낌새를 눈치채지 못했다. 하물며 북경주재 한·중·일·미 언론들 역시 물먹고 헛다리짚기는 마찬가지였다. 게다가 북경의 함구와 북한의 역공작에 말려 엉뚱한 곳을 취재하는가 하면, 일부 언론은 김정일 위원장이 탄 열차가 중원 대륙을 달리고 있을 때도 '그는 평양에 있다', '러시아가 최종목표다'라는 식의 오보를 날리기도 했다.

우리 정부 역시 마찬가지였다. 중국 방문을 아는지 모르는지, 어디에 있는지, 어디를 들렀는지 누구와 만나 무슨 이야기를 했는지에 대해 정부가 제대로 파악조차 못하고 있다는 지적이 엄청났다. 시인도 부인도 하지 않는 NCND로 일관하고 있지만, 알고서 말을 하지 않는 것인지, 몰라서 말을 못하는 것인지 답답하기 그지없다. 이런 지적이 사실이라면 심각한 상황이다. 대북 및 대중 라인의 이상 징후가 나타난 것이고, 우리 정보 수집체계에 문제가 있음이 드러난 것이다. 나중에 꼭 집고 넘어가야 할 대목이다.

2002년 김정일 위원장의 러시아 순방은 시베리아 횡단열차가 단선이어서 행적 파악이 비교적 쉬웠다. 그러나 이번 중국 방문은 비교적 복잡한 중국 철도망으로 인해 더 어려웠을지도 모른다. 해외순방을 열차로만 하는 독특함, 평양 당국의 철저한 보안 등등으로 김위원장의 '행차'는 항상 주목을 끌게 된다. 그는 이번에 중국 남부 광주·심천 등 개혁개방 지역을 둘러보았다.

1992년 등소평이 우창·선전·상해 등 중국 남부를 방문해 개혁·개방을 역설했던 남순강화(南巡講話)가 생각난다. 그 후 15년, 중국은 눈부시게 성장하고 있다. 중국의 뒤를 따라 많은 나라들이 개혁개방의 길로 들어섰고 나름의 성과를 거두고 있다. 하지만 단 한 곳 북한만은 아직도 예외이다.

김정일 위원장은 지난 2000년 중국방문에서도 상해 등을 둘러보았고 그 후 두 번 더 중국을 방문했지만, 개방을 결심하지는 못했다. 그러다가 정말 어려운 '제2의 고난의 행군' 시기를 거쳤고, 이제 조금 형편이 나아진 상황이다. 이번 김위원장의 '남순견문(南巡見聞)'이 과거

등소평 주석이 주창하여 중국을 구했던 개혁개방의 북한판 모멘텀이 되길 정말 기대한다. 단순히 북·중 우호의 강화 등의 정치적 수사에 머물지 말고 북이 국제사회의 일원으로 나아갈 수 있도록 근본적인 방향을 돌리는 기회가 되길 말이다.

이번 중국방문으로, 북·중 경제 협력의 심화, 북한의 중국 경사·유사시 북한에 대한 중국의 영향력 강화 등을 걱정하는 소리도 나온다. 즉 북한이 이제 한국보다는 중국을 택했고 나중에 북한 정권 붕괴 시 친중 정권 수립으로 이어질 가능성이 심화된다는 소리이다. 이런 우려는 새삼스러운 것은 아니지만, 시사하는 바는 매우 크다.

2000년 이후 그는 무려 네 차례나 중국을 방문했지만, 남쪽에는 한 번도 오지 않았다. 북한이 경제협력 파트너로 남한이 아니라 중국을 택한 것일지도 모른다. 아직은 단정하기 이르나 이렇게 되면, 남북관계나 동북아의 역관계는 판도가 바뀔 수도 있다.

2005년부터 북한에서 중국의 흔적이 늘어가고 있다. 단순한 지원이 아니라 합작·개발·투자로 바뀌어 가고 있다. 이번 방문으로 또 어떤 이권이 중국에 넘어갔을지, 북·중간에 어떤 합의가 있었을지 궁금하기도 하고 또 걱정스럽기도 하다. 북·중 협력을 위한 평안북도 철산군 '장군항 특구' 이야기도 나온다.

또 한 가지 고려할 대목은 김 위원장의 남한 방문 가능성이다. 2000년 6.15 정상회담 10일 정도를 남기고 그는 중국을 방문, 중국지도자들과 면담했다. 아마 남북정상회담 관련한 이야기도 했을 것이다. 이런 이유로 이번 중국방문 이후 남북정상회담 또는 답방 가능성이 가시권에 들어왔다는 분석도 있다. 이런 짐작이 맞을 지 두고 볼 일이다.

동해로 진출한 중국—녹색통도와 나진항 부두

제2차 세계대전 종전 직전, 러시아는 퇴각하는 일본군을 따라 북한까지 진주했고, 이 과정에서 연해주는 러시아의 영토가 되었다. 중국은 러시아와 1968년 우수리강에서 전쟁을 벌였지만 패했고, 지금의 국경이 확정되었다. 이로써 중국의 동해 진출은 막혔고 러시아는 부동항을 확보하게 되었다.

그 후 40년, 중국은 지극히 어려움에 빠진 북한을 활용해서 동해로 나오고 있다.

"항구를 빌려 바다로 나간다, 나진항을 빌려 동해로 나간다."

이게 중국의 전략이다. 중국은 서북부 개발의 탄력이 본 궤도에 오르자, 이제 동북진흥 프로젝트를 힘차게 추진하고 있다. 경제적으로 극히 취약해진 북한을 감싸 안으면서 동북 3성의 개발을 가속화하겠다는 전략이다.

중국 동해 진출의 두 가지 진출로가 바로 녹색통도(綠色通道)와 나진항 3, 4번 부두이다. 녹색통도는 중국 지린성 훈춘시 취안하(강)에서 북한 나진항으로 이어지는 고속도로로 중국이 50년 운영권을 가진 동해 진출로이다. 또 중국은 북한 나진항 3호 부두와 4호 부두(건설예정)의 40년 경영권을 확보했고 나진항 부근에 5~10㎢ 공단·관세보호구역을 건설하기로 했다. 이렇게 되면, 중국은 일본과 바로 교역할 수 있고, 일본 선박이 나진항에 들어와 중국 수출품을 선적하게 될 것이다. 더구나 중요한 것은, 상해 홍콩의 중국 선박들이 제주도 남쪽을 지나 대한해협을 거쳐 포항 앞바다로 해서 북한으로 올라가 이 항구에 접안하게 될 것이라는 사실이다. 그렇지 않아도 대한 해협은 중국 어선들이 떼로 몰려다니는 항로인데, 앞으로는 중국 상선들까지 드나들게 될 것이다.

중국 동북 3성의 외연은 한반도를 넘어 동해까지 확장되고 서해는 물론 우리 동해, 남해까지 중국의 내해처럼 기능하게 될 것이다. 지금 속초에서는 러시아 자루비노항으로 정기 여객선이 다니고 있다. 이 자루비노항에서 바로 중국 훈춘으로 들어간다. 이 항로는 점점 붐비고 있다. 중국 조선족들과 러시아인들이 드나드는 통로였지만, 점점 사람과 화물이 늘어간다. 조용하던 동해안 북쪽이 점점 부산스러워진다. 중국이 동해로 나오고, 상해 등과 직접 연결되면 더욱 그럴 것이다. 북한 전체가 중국의 동북 4성이 되어간다는 우려와 함께 중국의 이런 외연확대는 필연적으로 미국·일본 등의 반발과 마찰을 불러올 것이다. 북한 나진항을 통해 중국이 동해로 나온다면, 동해의 해상 판도는 상당히 달라질 것이다. 좋게 보아 동북아 경제협력의 확대를 이룰 수도 있고 일본, 한국, 북한, 중국, 러시아, 미국이 참여하는 본격적인 동해경제블럭이 형성될 수도 있는 것이다. 반대로 동북아 힘의 역관계, 해양세력의 균형판에 상당한 균열을 초래할 불안요소로 작용할 수도 있다.

하여간 지난 몇 년여 간이 이른바 서해안 시대였다면, 이런 모습은 동해안 시대 개막의 서곡이 아닐까 한다.

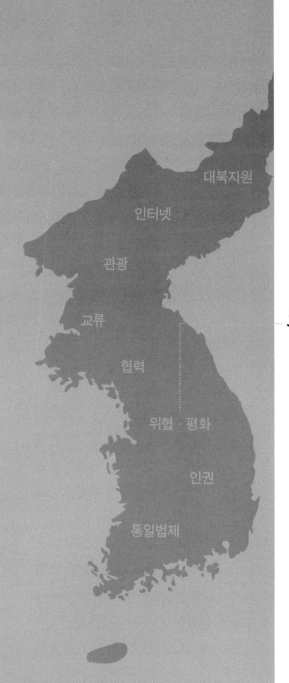

대북지원

인터넷

관광

교류

협력

위협·평화

인권

통일법제

6장

위협·평화

핵, 미사일, NLL과
관련된 북한의
여러 위협들과
평화 정착 노력

1. 미사일 · 핵

북한의 미사일 발사 게임

북한이 2005년 5월 1일 미사일을 발사했다. 동해로 날린 120Km짜리라고 했다. 메이데이 기념인지, 4월 군사훈련 종료 기념인지, 아니면 미국에게 보내는 주먹질인지 모르겠다.

지대지 프로그 개량형 미사일이다. 이것은 아주 위협적인 미사일이다. 지난 2002년 6월 서해 교전 당시 우리 구축함이 북한 경비정을 쫓아 북으로 올라가자 북은 장산반도 근처에 배치된 이 미사일로 우리를 조준했다. 이 때문에 우리 구축함들은 회피기동을 할 수밖에 없었고 결국 더 이상 북한 경비정을 추격하지 못했다.

크루즈 미사일 같다는 분석도 5월 3일 나왔다. 이것은 더 위험하다. 북한이 탄도미사일뿐만 아니라 크루즈 미사일도 가지고 있고 또 그 사거리가 수백 킬로미터에 이른다면, 우리 군이나 주한미군의 방어체계는 전면적으로 다시 짜야 할 상황인 것이다.

탄도미사일의 경우는 탄도궤적이 추적되고 또 패트리어트 등 방어용 미사일로 일부는 막을 수 있다. 우리 군도 이를 사오겠다고 하고, 주한미군은 이미 배치해서 운용하고 있다. 그러나 크루즈라면 상황이 다르다. 아직 우리 군도 이를 공식적으로 개발하지 못한 상황이다.

우리 합참이나 국방부, 주한미군의 고민은 날로 심해진다. 여기에 북한이 핵실험을 할 것이고, 그로 인한 6월 위기설이 파다해진 상황에서는 더욱 그러하다. 하여간, 이처럼 실전뿐만 아니라 평시에도 북한은 미사일 발사를 대단히 정치적으로 효과적으로 이용하고 있다. 미사일은 국내외를 상대로 정치적 메시지를 담는 효과적인 메신저인 셈이다. 국제적으로 궁지에 몰릴 때 한 방, 국내적으로 단결과 단합이 필요할 때 또 한 방인 것이다.

전 세계가 가장 놀랐던 것은 1998년 북한 무수단리에서 쏘아올린 인공위성 광명성1호 로켓이다. 사거리 2500km급으로 대포동 1호 급이다. 1차 추진체는 동해에, 2차 추진체는 일본 열도를 넘어 태평양에 떨어졌기 때문에 일본은 충격을 받았고, 미국은 긴장했다. 동해에 있던 일본 이지스함이 이 위성체의 탄도를 추적했고, 덕분에 일본 해군의 주가가 치솟기도 했다.

지금도 기억이 생생하다. 북한은 광명성 1호 인공위성을 쏘았고 이 위성이 지구 궤도를 돌면서 전파를 보내오고 있다고 주장했다. 그러나 아무리 추적해 봐도 북한이 발표한 주파수대에서 보내오는 전파는 없었고 결국 인공위성은 실패했다고 결론이 났다. 하지만 최근의 북한 과학자가 지금도 이 광명성이 돌고 있다고 주장했다. 미국이나 일본은 인공위성 발사가 아니라 로켓이라고 했으나 확실한 것은 지금도 분명하지 않다는 것이다.

2005년에는 북한이 작은 미사일을 쐈다. 북한이 단거리부터 1만 킬로미터까지 날아가는 ICBM급까지 가지고 있다는 분석도 있다. 이것으로 미국을 위협할 수도 있다. 북한에게 있어서 미사일이 본연의 임무 이외에 다른 정치적 카드의 역할이 있다면, 어떤 미사일을 쏘는가는 결국 북한의 마음인 것이다. 어떤 것을 뽑아 쏘는가에 따라 국제사회의 대응이 달라진다. 북한은 이번에 가장 작은 것을 쐈고, 국제사회는 '별게 아니니 그냥 봐주자'며 넘어가려는 분위기이다. 북한 역시 '더 세게 나갔다가는 죽도 밥도 안 될 수 있다'는 사정을 고려했을 것이다

미사일 놀이는 위험하다. 하지만 핵개발은 더 위험하다. 우리 머리 위에서 '핵무기가 있네 없네' 논란을 벌이며 미사일이 날아다녀도 우리는 조용하다. 그 미사일이 우리 동족은 겨누지 않을 것이란 기대 때문일 수도 있고, 아니면 달리 어떻게 해볼 수 없다는 무력감에 나오는 자포자기일 수도 있다. 아니면 우리 일이 아니고 미국과 북한 사이의 문제라는 제3자 의식 때문일 수도 있다. 북한의 미사일 발사에 대해 우리가 이처럼 조용한 것은 단순히 실전이 아니고 남의 땅에서 벌어지는 '전자오락'쯤으로 여기고 있기 때문이 아닐까?

대포동 미사일 이야기

북한이 다시 대포동 미사일을 쏘기 위한 준비를 하고 있다고 일본 언론들이 일제히 보도했다. 지난 1998년 8월, 전격적으로 쏘아 올린 북한의 미사일 때문에 우리는 물론 미국 등 국제사회는 엄청난 충격을 받았다. 특히 일본은 거의 노이로제가 걸릴 정도로 온 사회가 발칵 뒤집혔다. 북한은 군사용 미사일이 아니라 과학기술 위성인 '광명성' 위

성을 쏘았다고 했지만 서방은 이에 동의하지 않았다. 북한이 쏜 미사일은 자국 영토를 넘어 태평양으로 떨어졌고, 이는 동경 등 자국 어디나 언제든지 미사일 공격을 받을 수 있다는 이야기이기 때문이었다.

이후 미국과 일본은 미사일 방어체계 MD 구축을 본격화했고, 미·일은 여기에 엄청난 돈을 들였다. 한국도 '이 미사일방어체계에 참여해야 한다, 아니다 그래서는 안 된다'와 같은 논란이 수 년 동안 벌어졌다. 보수 쪽 사람들은 당연히 참여해서 한미일 안보동맹을 공고히 하고 미사일 기술을 배워야 한다는 입장이다. 반대쪽은 '미국의 북한 봉쇄 논리에 우리가 참여할 수는 없으며, 엄청난 비용을 대야 하는데, 무슨 소리냐'하는 논리이다. 결국 2006년 초 한국은 '공식적으로 MD 체제에 참석은 안 하고 그래서 돈은 안 내지만, 옵서버로서 참관은 한다'는 어정쩡한 결정을 내렸다.

북한 미사일은 정치·군사·경제적으로 몰리는 상황이 되면 쓰겠다고 위협하는 강력한 위협수단이다. 지난 1998년 이후 몇 차례 단거리 미사일을 동해 쪽으로 쏘곤 했지만 모두 100km 이내의 단거리용이었다. 그래서 서방은 이는 단순한 성능시험용으로 의미를 평가절하하고 별 신경을 쓰지 않았다.

이번 대포동 2호는 사정이 다르다. 북한 핵에는 미치지 못하지만, 거의 전략적 지위를 가지고 있다. 아직 발사 징후가 강력하지는 않지만, 뭔가 움직임이 포착된 모양이다. 실제 발사가 되려면 약 2주 정도의 기간이 필요하고 그 사이에 미일의 정찰 위성은 이 지역을 실시간으로 계속 감시하게 된다. 미국 첩보위성이 찍은 대포동 미사일의 엔진시험 현장 사진을 본 적이 있다. 수백 평의 땅이 검게 그을린 흔적이 그대로 드러나 있었다.

사거리가 거의 미국 본토와 하와이를 노릴 수 있다는 이 미사일이 실제로 발사될 가능성은 별로 없을 것이다. 북한 역시 정치적, 외교적 제스쳐의 수단으로 이 카드를 이용하는 것으로 보인다. 그렇지만 발사 징후가 뚜렷해지고 카운트 다운이 시작된다면, 일본과 미국의 모든 감시 장비와 요격장비가 동원된다. 실제 미사일이 발사되기 전에 사전에 공격하는 방안부터, 날아가는 북한 미사일을 요격하는 작전까지 다양한 대응이 이루어질 것이다.

이런 보도가 나올 때마다 우리 미사일의 수준을 돌아보게 된다. 우리는 국제미사일 통제체제 MTCR 때문에 사거리 300~500km 수준의 것만 가질 수 있다. 앞으로는 사거리가 더 길어져야 하고, 탄도 미사일뿐만 아니라 크루즈 미사일도 보유해야 하고 또 개발해야 할 것이다.

우리의 항공우주과학과 관성유도, 로켓 등의 기술은 상당한 수준이다. 2010년까지 우리 로켓을 위성궤도에 올리려는 계획과 자체 발사장을 만드는 사업이 착착 추진되고 있다. 민간기술을 조금만 돌리면 군용기술이 된다. 그러니 이런 겸용기술에 대한 투자를 늘려야 할 것이다.

미 · 북 치킨게임

2006년 6월 20일. 주식시장에서 남북 경협주는 하락하고, 방위산업주는 상승했다는 보도가 있었다. 북한의 미사일 발사 움직임이 우리 주식시장에 영향을 미치고 있다는 분석이었다. 북핵 위기에 더해진 미사일 위기 국면이었다. 실제로 미사일에 대한 연료주입 등 발사를 위한 징후가 탐지되고 있었다. 아마 여러 사전 징후 체크 리스트를 통해 점검한 결과, 상당히 위험한 단계에 접어든 것은 분명한 것 같았다.

이날 정부와 언론은 일제히 "미사일이 아니라 로켓일 가능성이 높다"는 입장과 보도를 쏟아냈다. 그동안 미사일과 로켓을 구분하지 않고 미사일로 통칭하는 것과는 대조를 보인 것이었다. 이런 전환은 정말로 미사일이 발사되었을 때를 대비한 전술적 여지를 남겨놓기 위한 고육책으로 보인다. 실제 발사된 것이 과학 실험용 로켓이라고 한다면 북한은 명분을 가지게 되고, 우리 역시 정치적, 외교적, 그리고 비군사적 여러 옵션을 확보할 수 있기 때문이다.

물론 미·일 등은 미사일이든 로켓이든 그 심각성은 비슷하다는 입장을 견지하면서, "쏘지 마라, 쏘면 제재뿐이다"라는 신호를 계속해서 보내고 있다.

이런 상황은 대단히 고식적이고, 예측이 가능하며, 1차 북한 미사일 발사 때와 비슷한 양태라는 점에서 비교적 다행이라고 여겨진다. 북한의 핵 보유선언, 6자회담의 불참, 단거리 미사일 발사 등, 그간 여러 강공에 대해 우리나 국제사회의 대응은 거의 비슷했다. 이번 미사일 위기 역시 이런 범주를 넘어서지는 않을 것이다.

그러나 1차 미사일 발사와는 달리 발사체가 가까운 공해상이 아닌 미국 본토나 하와이를 겨냥해 날아가든가, 아니면 일본 열도를 넘어갈 경우 이는 거의 전쟁수준의 대단히 엄중한 상황이 전개될 수도 있다. 물론 이는 극단적 가정일 뿐이며, 가능성은 거의 없다.

반대로 미국의 예방공격, 선제타격 가능성도 이야기되고 있으나, 이는 우리와의 협의 없이 함부로 어쩌지는 못하는 사항이다. 통상적으로는 미 태평양사령부의 전력 일부가 이런 '특수임무'를 위해 따로 대기하고 있다는 보도도 나오기도 하지만 말이다.

북한의 미사일 시위는 어쩌면 상당히 오래갈 수 있다. 순수한 과학 기술용이 아닌 정치 외교적 카드로 이를 이용한다면 말이다. 북은 아예 발사대를 드러내 놓고 있고, 여러 발사작업을 하고 있었다. 미·일의 첩보위성이 떠 있는데도 말이다. 그래서 '보여주기 위한, 시위하기 위한 것이고 실제 발사는 이루어지지 않을 것이다'라는 낙관적 관측도 있었다. 미사일 발사 위협이 이어질 때 외교적 카드로서 유효한 것인데, 실제 쏘고 나면 판은 깨지고 카드는 사라진다는 점에서였다. 미국과 북한의 치킨게임(Chicken Game)의 서막이 시작되었다는 소리도 그래서 나왔다.

남북관계, 북미관계는 항상 냉탕과 온탕을 거듭한다. 6자회담 순항으로 분위기가 좋을 때도 있지만, 지금처럼 긴장이 격화되기도 한다. 마치 치주염이 있는 어금니가 있어 치통이 악화되다가 또 괜찮다가 하듯이 말이다. 이를 빼 버릴 수는 없고, 그렇다고 치주염이 완전히 치료되지도 않았는데, 이제 다시 치통이 시작되는 단계로 접어들고 있다.

한·미·일·북·중·러 등 주변 6개국의 움직임도 대단히 빨라졌다. 미사일 발사를 막고 평화적으로, 대화로 문제를 풀기 위한 노력이다. 이런 노력에 기대를 건다.

무더기 미사일 발사의 의미와 대응

드디어 7월 5일, 미국 독립기념일에 맞춰 북한은 가지고 있던 여러 종류의 미사일을 쐈다. 미국 시간으로는 7월 4일이었다. 미국은 우주왕복선을 날리며 독립기념일을 축하했지만, 거의 동시에 북한은 미사일을 연방으로 날렸다. 북한 미사일은 한 발에 몇 만 불에서 몇 백만 불짜리인데, 수백만 불 어치를 하루에 쏜 것이다. 이는 미국에 대한 시위이고, 명백하고도 노골적인 메시지이다.

"지금 미국을 상대할 나라는 북한뿐이다."

이를 전 세계에 시위하고 또 '장군님의 위대한 영도 하에 총폭탄의 자세로 미제와 맞서자'라는 내부결속도 다지고, 그동안 쌓인 군부의 불만도 풀어주는 등 여러 목적을 가지고 이러한 일을 벌였다. 사실 2006년 초부터 낌새가 이상하긴 했다. 난데없이 서해 NLL 문제를 다시 들고 나오고, 김대중 전 대통령의 열차방북을 막고 하면서 북한내 강경파 군부의 목소리가 강해졌던 것이다.

정확한 탄도 분석 등이 나와야 하겠지만, 아마 북은 가지고 있는 미사일을 종류 별로 한두 방씩 쏘았을 것이다. 이렇게 자국 미사일 상품 홍보와 품평회도 한 것이다. 또 여러 발 쏘는 와중에 개발 중인 미사일 실험을 했을 가능성도 있으니 북의 미사일 발사의도에 대해서는 참으로 다양한 해석이 나온다.

북한이 과연 쏠 것인가, 북한 미사일 위기가 보도되고 그 징후가 감지된 이후에도 항상 그렇듯이 낙관론과 비관론이 있었다. 일부에서는 국제사회, 특히 중국의 중재노력 등에 기대를 걸고 북이 쏘는 시늉만 하면서 미국과의 직접대화를 도모할 것이라는 낙관론이 있었다. 필자 또한 이런 낙관론에 한 표를 던졌다.

그런데 그 사이 미북 간의 물밑대화는 없었고, 중국 역시 적극적으로 나선 것 같지는 않았다. 미국이 원론적인 발언만 하는데 대해 북으로서는 답답했을 것이다. 이에 북한 내부의 강경파들은 자신들이 아무리 시위를 해도 미국은 쳐다도 안 볼 것이라며, 미사일을 쏴야 우리에게 관심을 가질 것이고, 이 기회에 강성대국의 면모도 높이자며 적극적으로 나섰을 것이다.

필자는 '미국이나 6자회담 관련국들이 6자회담이 당장은 어렵다면, 미사일 문제를 위한 아주 낮은 단계의 실무급 접촉이라도 해야 한다'는 입장이었다. 관련하여 중국은 비공식 6자회담(아마 공식 6자회담과는 격이 낮은 실무급 접촉 같은)을 추진했지만, 결국은 무위로 돌아갔다. 북한은 더 이상 기다리기도 어려웠고, 미국 등 국제사회에 매달리는 것도 꼴사납고 해서 오늘의 미사일 연발 발사 이벤트가 나오지 않았나 생각한다.

북은 2006년 7월 6일 오후에 한 발을 더 쐈다. 여러 분석이 나오지만, 이는 앞으로는 언제든 더 쏠 수 있다는 강력한 메시지라고 보는 것이 가장 타당할 것이다. 시도 때도 없이 언제나 쏘겠다면, 관련 주변국들로서는 정말 신경 쓰이는 일이다. 전 세계의 이목을 북한으로 돌리고, 한반도의 긴장을 유지해 현 국면을 타개하겠다는 강공이다.

이제 우리와 일본은 북한 미사일의 인질임이 분명해졌다. 지난 1998년 이른바 광명성 로켓 발사 이후, 누구나 알게 된 일이지만, 여차하면 북의 미사일은 서울, 부산, 동경 등을 노릴 수 있다. 충격을 받은 일본은 미국과의 MD체계 구축에 더욱 열을 올리고 군비증강 우경화에 대한 박차를 가하고 있다. 평화헌법 하에서 일본은 여러 제약을 받았다. 하지만 이제 중국이 잠재적 미래의 적국이라면, 북한은 명백한 실체적 적국이 된 셈이다. 적이 눈앞에서 미사일을 날려대는 판에 일본이 그냥 보고만 있다면 그것이 이상한 일일 것이다. 일본으로서는 이번 미사일 발사가 보통국가화 군국주의화의 훌륭한 명분이 될 것이다. 가장 '신나고' 급박한 것이 일본일 것이다. 일본은 가장 먼저 미사일 발사를 발표하고 내각회의도 했으며 북한에 대한 제재조치도 가장 빨랐다.

가장 기분 나쁘고 열 받은 미국은 북의 미사일 발사를 '도발'로 간주하고 구체적인 대응 조치를 검토하고 있다. 아마 경제 외교적 제재는 물론이고 군사적 조치까지도 검토할 것이다. 또한 유엔은 긴급회의를 열고 있다. 하지만 그래봐야 실은 별로 나올 것도 없다. 의장 성명이나 잘해야 안보리 결의안 수준인데, 북으로서는 이미 이런 정도는 감당할 만 하다, 더 잃을 것도 없다는 식의 계산을 했을 것이다.

지난 1998년 위기 당시를 반추하고 그 수준에서 이번 미사일 위기가 봉합되기를 기대한다. 또 더 이상의 상황을 악화시키는 추가적 위협이 없기를 바란다. 지금 수준이면 그래도 수습할 수 있지만, 더 나가면 정말 어렵다. 극단적으로 미국이 더욱 강경한 비군사적 조치를 위한다거나 아니면 극단적으로 군사적 대응 조치를 취하고, 여기에 북한이 미사일 몇 발을 더 날리는 등의 상황악화가 있을 경우 사태는 걷잡을 수 없는 파국으로 달려가게 된다.

북한과 미국의 치킨게임은 이미 시작되었다. 북한이 먼저 선공을 했고, 공은 미국에게 있다. 미국 역시 그냥 있지는 않을 것이다. 극단적으로 유엔 안보리 결의안이 나오고 이를 근거로 북에 대한 군사적 대응조치를 취한다면, 그렇지 않아도 이라크 수렁 때문에 지지율이 떨어진 부시 행정부가 이번 사태를 기회로 또다시 강공을 취한다면, 정말 쉽지 않을 것이다.

2006년 7월 6일 아침. 북한 미사일들이 일본 열도를 넘지 않고 모두 동해에 떨어졌다는 보도를 보았다. 그래서 저것은 별 것 아닌, 그저 숫자만 많을 뿐 오히려 1998년 당시 충격보다 크지 않다고 생각했다.

북한 미사일은 수백기가 실전 배치되어 있고, 남한을 향하고 있다.

비록 정확성은 떨어진다고 해도 수백 킬로그램의 고폭탄을 장착하고 있다. 이에 비해 우리의 대비 태세는 별로 신통하지도 않다. 남한 전역과 일본이 북한 미사일의 볼모로 남아 있는 셈이다.

100킬로미터 급 프로그 개량형 단거리부터 ICBM급의 대포동 2호까지, 종류도 다양하다. 북은 노동 등의 미사일을 시리아 등에 팔아서 연간 수억 달러씩 벌어들인다.

북은 미사일 발사 후 침묵을 지키고 있다. 하지만 곧 공식입장이 나올 것이다. 과거와 같은 광명성 로켓을 쏘았다는 식의 변명을 하지는 않을 것 같다.

'미사일 보유는 자위수단이고 공해 상에 실험을 위해 쏘았다.'

이렇게 나올 것이다.

곤혹스러운 것은 우리 정부이다. 일본은 새벽에 각의를 열어 대책을 논의했는데, 정작 당사자인 우리 정부는 한참이나 지난 후에 대책회의를 했다. '이 정부의 정신상태가 문제가 있다'는 지적이 벌써부터 나온다. '이미 쏜 것을 어떡하냐. 그리고 그 미사일이 우리를 향한 것도 아니고 정보도 별로 없는데 새벽부터 회의해 봐야 나올 것도 없다'는 식의 자세라면, 국가안보를 책임진 정부의 태도로서 문제가 많다.

통일부의 대북 추가지원 사업인 신경협 5대사업은 고사하고 쌀, 비료 등의 인도적 지원조차도 중단될 위기이다. 개성공단과 금강산, 그리고 NGO 사업 정도가 유지될 것이다. 이런 판국에 정부가 무엇을 더할 수 있겠는가. 극단적으로 '현 정부의 대북정책, 평화번영정책과 햇볕정책의 종말이자 파국이다'라는 지적도 나온다. '지난 10년간의 짝사랑이 고작 미사일 발사냐'는 식의 보수 쪽의 목소리도 커질 것이다.

앞으로가 문제이다. 수습의 가닥을 잡아야 한다. 이번 미사일 발사로 크게 달라진 것은 없다. 북한이 미사일 추가 발사 중단 약속을 파기한 것 이외에는 누가 다친 것도 아니고, 일본 영공을 넘어간 것도 아니다. 크게 피해 본 것도 없다.

대포동 2호를 정말 하와이나 캘리포니아까지 쏘는건 아닌가 하고 걱정했지만, 실패든 의도든 40초 만에 동해안에 떨어지고 말았다. 북한도 나름대로 자제를 한 것으로 이해해야 한다. 북을 용서하고 봐 주자는 것이 아니라, 수습국면이 중요하다는 것이다.

유엔과 미국 일본 등은 강경론을, 우리는 중립, 중국은 북한 편을 들것이다. 이는 하나의 정해진 과정이고 공식이다. 분명한 것은 북한은 더 이상 미사일의 추가발사나 상황을 악화시키는 조치를 취해서는 안된다는 것이다. 지금도 문제인데, 여기서 더 한다면, 도대체가 감당이되지 않기 때문이다.

미북 간의 힘겨루기 상황과 미사일 위기 진척 향방에 따라 코리안 리스크가 점증될 가능성도 있다. 그때가 되면 우리 경제에도 부정적 영향이 미칠 것이다.

마지막 한 가지, 북한 주장에 대한 미국과 국제사회의 무관심과 무시가 이번 사태를 불렀다는 식의, 사태의 원인은 미국에 있다는 식의 주장은 잘못이다. 이는 미국의 이익을 옹호하고 미국편에 서자는 것이 아니라, 북한의 행태가 잘못이라는 지적을 하는 것이다. 미국에 대한 부정적 인식때문에 북한의 잘못을 눈감고 때로 그들 편에 서는 시각을 경계해야 한다.

북한이 쏜 미사일은 방향만 바꾸면 청와대와 용산 국방부 건물과 국회의사당, 대전 제2청사, 대구 광주비행장, 진해 해군기지 등 전국 어디나 날아올 수 있다. 아직은 그럴 수 있다. 한민족이니까 서울은 쏘지 않을 것이라는 혹 한국에 쏘더라도 주한미군기지만 겨냥 할 것이라는 의견도 있다. 그러나 우리의 운명과 목숨을 막연한 기대와 희망에 맡길 수는 없는 것이다. 그런 낭만과 치기보다 현실은 아직 엄중하다.

주장을 자유롭게 할 수는 있지만, 안보 위기 상황에서는 한목소리를 내는 것이 아주 중요하다.

'북한 당신들이 틀렸다, 그리고 더 쏘면 안 된다'

이렇게 말이다.

북한 핵실험 그 파국적 상황

북한이 핵실험을 하겠다고 선언했다. 지난번 미사일 발사에 이은 또 하나의 충격이다. 전 세계가 긴장하고 있고, 상황은 매우 긴박하다.

2006년 초 북한이 핵 보유 선언을 했을 때, 우리나 국제사회는 엄청 놀라고 당황했지만, 한편으론 '설마 가졌을까. 엄포용이겠지. 그러나 정말 1-2개 가졌어도 핵실험이 없으면 핵무기를 가졌다고 볼 수 없지'라고 하며 내심 위안하기도 했다.

이제 핵실험 선언이다. 이에 핵실험 후보지부터 시점까지 다양한 관측들이 나오고 있다. 왜 핵실험을 할까. 워낙 뻔한 일이기에 누구나 대답할 수 있을 것이다 '국제적 제제에 맞서 미국과 직접 담판을 보겠다. 우리를 억압하지마라. 우리도 힘이 있다'는 것을 보여 주려는 것이다. 지금 북한에 대한 금융제제는 대단히 강력하고, 북은 매우 궁지에 몰리고 있는 상황이다.

그동안 북한 관련 사안에 대해 낙관론과 비관론이 있었다. 그러나 지난 7월 4일 미사일 발사 이후에 낙관론은 줄어들었고 이런 발표에 대해 엄포용, 협상용으로 관측하는 시각은 거의 사라졌다. 미사일 발사 때 협상용이라고 했다가 체면을 구겼기 때문이다.

2006년 10월 4일 국회에 출석한 통일부, 외교부 국방부 장관은 모두 함께 실제 미사일 발사 가능성에 무게를 두는 발언을 했다. 항상 북한에 대해 낙관적인 입장이었던 참여정부의 장관들이 이런 분석을 공공연하게 할 정도이다.

언제 핵을 터뜨릴까에 대해서는 짧게는 며칠 새에서 길게는 내년까지로 추측도 다양하다. 김정일위원장의 결심 대로라면 언제든 할 준비가 되어 있다고도 한다. 일부 지역에서는 케이블 등의 핵실험장비가 관측되었다.

핵무기, 이는 미사일류와는 차원이 전혀 다른 전략무기이다. 핵보유국은 그래서 국제적으로 다른 대접을 받는다. 단 한 발의 핵을 보유하더라고 그렇게 되는 것이다. 북한이 핵실험을 성공하면, 명실상부 핵보유국이 된다. 국제적으로도 엄청난 사변이 되는 것이다.

북한 핵은 단순한 NPT, 핵 확산의 문제가 아니라 동북아의 안보지형을 일거에 바꾸는 것이다. 일본의 핵무장 등 핵도미노가 이어지고 세계 다른 나라에서도 핵 보유를 추진하게 될 것이다.

우리는 북한의 핵을 머리에 이고 살아가야 한다. 일부는 북한 핵이 미국을 상대로 한 자위수단이고, 남쪽을 향해 쓰지는 않을 것이라는 식의 분석을 한다. 실제 이번 핵실험 발표문에도 한국 이야기는 단 한 줄도 없었고 오직 미국 상대용이고 선제공격을 하지 않고 자위수단이라는 점을 강조하고 있다.

그러나 군사적으로 북한 핵무기를 막을 수 있는 방법은 없다. 상대의 무기에 대해 방어할 수 있는 수단이 있다면, 그 위협정도는 낮아진다. 북의 탄도미사일에 대해 우리가 패트리어트 미사일을 구매해서 배치해 두면 그나마 일부는 막을 수 있다. 그렇지만 핵무기는 도저히 무슨 수단이 없다. 그래서 비대칭전력이고 그 위력은 가공할 만한 것이기에 남북한의 전력지수는 계산이 불가능한 상황이 될 것이다. '대한민국의 국력=북한 핵무기 1발'일 수도 있다. 핵무기는 단순한 군사무기가 아니라 정치, 경제, 사회 모든 면에서 우리를 죄고 압박하려는 수단일 것이다. 앞으로의 대북협상과정, 이후 통일과정에서 대단히 어렵고 힘든 장애가 될 것이다. 특히 북한 급변사태 등에서 미국ㆍ중국 등 외세의 개입을 부르는 '판도라의 상자'일 수도 있다.

우리에게 핵무기는 익숙하지 않다. 군사적 대비 개념도 없고 그에 대한 훈련도 별로 하지 않았다. 2006년 10월 4일에 조사를 해 보니, 우리나라에는 북한이 핵을 보유한다면 정치, 사회 등 여러 면에서 어떤 영향이 있을지에 대한 연구도 단 두세 편의 논문밖에 없었다. 그만큼 우리에겐 남의 일이었던 것이다. 서울 시청에 한 발 터지면 최대 수백만 명이 죽는다는 미국 랜드연구소나 국방연구원 분석 자료를 보면 정말 섬뜩하다.

북한이 핵을 투발할 수단이 없다는 말도 있다. 물론 아직 미국까지는 날리지 못한다. 그러나 핵탄두의 경량화와 미사일의 추진력 증대 등 기술은 나날이 진보한다. 핵과 미사일이 만나면 핵미사일이고 그렇게 되면 세계를 상대할 수 있을 것이다.

그리고 서울은 지척이다. 레이더에 안 잡히는 AN_2기에 싣고 오는 것이 가능하다는 지적도 나왔다.

'서울엔 쓰지 않을 것이다. 선제공격은 안 한다.'

우리는 '이런 장군님의 말씀을 고맙게 여기며 살아가야 하는 신세'

가 되어야 할까?

핵에 대한 공포 등으로 이미 일각에서는 우리의 비핵화선언을 재검토하자, 미국의 핵우산 공약을 확인 받아야 한다는 식의 주장까지 나오고 있다. 상황은 점점 파국으로 가고 있다. 핵실험을 한다면, 그땐 정말로 막다른 형국이 될 것이다.

북한은 공식적으로는 자존심이 강한 나라이다.그러나 한편으로는 정반대의 모습도 보인다.

지금 북한이 핵을 중단하고 대화 테이블에 앉기만 하면, 수십, 수백억 불의 지원이 준비되어 있다. 북핵 위기 몇 년 만에 판돈은 엄청 늘었고, 북은 이것을 받기만 하면 되는 상황이다. 리비아도 남아프리카공화국도 그런 해법을 수용했다. 북한이 이런 국제사회의 밥상을 받아도 누구도 외세에 굴복했다고 하지 않을 것이다. 오히려 핵을 버리고 국제사회의 이런 지원을 받아들여 미국과의 관계를 풀고, 2000년처럼 남북정상회담을 해서 한반도를 핵 위기에서 극적으로 구해 낸다면, 그 영광은 북한 위원장의 몫일 수도 있을 것이다. 북한 내의 극단주의자들을 멀리하고 합리적으로 판단해야 할 것이다.

우리 정부는 더 난감하다. 북이 핵실험을 강행한다면, '우리 역시 북한을 도울 수 없고 국제사회의 제재에 동참할 수밖에 없다'는 점을 분명히 하고 북에도 전해야 한다. 그리고 무슨 수를 쓰든, 뭘 주든, 어떻게 해서라도 핵실험을 막아내야 한다. 그것이 지금 정부가 국민으로부터 받은 명령이다. 그동안 대북지원과 채널과 화해협력의 성과가 무용한 것이 아니라면, 이 정부가 그래도 뭐 하나 제대로 하는 것이 없다는 식의 비판에 대해 '그렇지 않다'라고 말하길 바란다면, 반드시 막아내야 하는 것이다.

지금까지는 그래도 참고 견디었지만, 핵무기만은 용납이 안 된다. 나중에는 몰라도 지금의 그것은 한민족을 말살할 수도 있는 만악의 근원이기 때문이다.

크루즈미사일과 정밀 타격 능력

2006년 11월 언론에는 우리가 사거리 1000km, 1500km급의 장거리 크루즈 마사일을 개발했다는 보도가 나왔다. 다들 놀랐고, 이게 사실이면 정말 대단하다고 생각했다. 언론은 정부 고위관계자가 직접 확인했다고 써서 기사의 신뢰를 높여주었다.

우리는 이라크전 등에서 함상에서 발사되어 산을 타고 저고도로 날아가 정확히 목표를 타격하는 장거리 크루즈 미사일 '토마호크'의 위력을 본 적이 있다. 이런 장거리 미사일을 우리가 개발했다는 것이다. 얼마 전에는 '천룡'이라는 500km급 크루즈 미사일을 개발했다는 보도가 있었는데 며칠 새 다시 나온 1500km급 소식이었다. 1500km급 미사일은 북경·동경을 사거리 안에 둘 수 있어 준전략 무기 역할까지 할 수 있다.

지금은 150km급 정도의 '현무'급 미사일이 운용 중에 있다. 그런데 1000km를 이미 실전배치 중이고, 1500km급은 곧 개발완료한다는 보도가 나오니 놀랄 수밖에 없다.

국정감사 중 이런 언론보도가 나오자, 국회 국방위원들이 따졌다.

'보도가 정말이냐? 그동안 보고도 없다가 무슨 발표냐. 예산 승인도 없었는데, 무슨 소리냐.'

이에 대한 책임이 있는 정부 부처는 누구도 확인해 주지 않았다. 국방부, 방위사업청, 국방과학연구소 등등 시인도 부인도 하지 않은 것이다.

이런 비밀무기 개발 사실은 극비리에 관리되는 것으로 정부의 2, 3급 기밀 분류에도 나오지 않는다. 이번 국정감사에서도 이에 대한 공식적인 보고는 없었다. 이에 대해 일부 의원들은 강력히 문제제기를 하기도 했지만, 저간의 사정을 이해하고 양해했다. 이러한 행동은 당연하다. 극비 무기 개발을 떠벌리는 것은 국익에 엄청난 손해를 끼치는 것이기 때문이다.

그러나 한 가지 잘못된 행태는, 언론에 슬쩍 흘리고 부인도 시인도 하지 않는 정부의 고위급 관리의 모습이다. 아마 '북한이 대포동 2호 등 장거리 미사일과 핵을 개발하는데, 우리 군은 뭘 하고 있느냐, 참여정부는 뭘 했느냐 하는 비판과 '이 와중에 전시작전통제권 단독행사의 추진은 뭐냐'는 비난이 점증하고, '우리의 독자적 대북억지력이 있느냐'는 물음이 지속적으로 터져 나오는 상황에서 '우리는 이런 것도 만들고 있으니 걱정마라, 우리도 할 만큼 한다'는 시위 항변, 뭐 그런 의도일 것이다.

그러나 방법이 좋지 못하다. 언론에 흘리고 이를 부인하고 하는 방식이 가끔 이용되기는 하지만, 그때마다 비판과 비난이 쏟아지게 된다. 이번도 마찬가지이다. 알리긴 알려야겠고, 그렇다고 누군가 얼굴 내놓고 책임 있게 발표하기도 어렵고 해서 이런 방법을 쓴 것이겠지만 올바르지 않은 모습이다.

렘제트 엔진 등 크루즈미사일 개발을 위한 연구개발은 상당히 진척된 것으로 보인다. 그러나 체계개발을 마치고 시험평가를 다 마친 것인지, 그리고 이것이 실전 배치될 만큼 진척이 있었는지는 아직 명확

하지 않다.

우리 역시 장거리 타격능력을 가져야 한다. 우리는 MTCR(미사일통제체제)에 묶여 탄두중량과 사거리의 제한을 받고 있다. 과거 180km에서 300km급을 개발할 수 있도록 허용된 지 얼마 되지 않았다.

크루즈 미사일은 특정 목표(pinpoint)를 타격할 수 있을 만큼 대단히 정확하다. 북한 핵시설을 직접 노릴 수도 있다.

이런 크루즈나 탄도 미사일을 지상에서 뿐만 아니라 우리 함상에서, 그리고 잠수함에서 발사할 수 있는 날이 빨리 왔으면 한다. 우리 주변국은 모두 다 가지고 있는 것들이기에 하는 말이다.

2. 경수로와 6자회담

제2의 흥남 철수 작전

2006년 1월 8일 오후 2시 20분 속초항으로 '한겨레 호'가 들어왔다. 이 배에는 북한 신포지구 경수로 건설현장에 마지막까지 남아 있던 보존인력 57명과 이들은 인솔하기 위해 들어갔던 장선섭 경수로기획단장이 타고 있었다.

이들이 신포를 떠난 직후 북한 군인들이 이 신포 현장을 접수했다. 이로써 신포 경수로 사업은 완전한 종말을 맞았다. 경수로 중단은 지난 1994년 이루어져 10여 년을 유지했던 '제네바 합의'의 완전한 종식을 뜻한다. 이를 대체할 새로운 북핵 관리 틀을 만들기 위해 '6자회담'이 진행되고 있지만 여전히 쉽지 않다.

신포 경수로의 중단 이후 지금까지 현상적으로 거론된 대북 보상은 우리의 200만kwh 전력공급, '새로운 경수로' 지원 등이다. 이는 아직 논의 중이고 그 전모는 6자회담 등의 합의에 따라 결정될 것이다.

신포 경수로에 대한 총 투입 사업비 15억6,200만 불 중 분담비율은 한국 11억3,700만 불, 일본 4억700만 불, EU 1,800만 불이다. 우리는 이 비용을 전부 채권을 발행해서 조달했다. 2006년 이 경수로 비용의 이자와 원금을 갚기 위해 무려 9천억 원 이상 빚을 또 낸다. 빚내서 빚을 갚고 있는 것이다.

지난 정기국회와 예산안 심의에서는 이런 내용을 공개하고 '현 정부가 무슨 대책을 좀 내놓아라. 정동영 장관, 장관직 그만 두기 전에 이 재원 마련 대책 세우고 나가라'라고 강력히 요구했다. 그러나 별다른 대책은 나오지 않았다.

이번 철수과정을 보면, 통일부가 누누이 강조하고 있는 북한 체류 인력의 '안전한 귀환'을 위해 거의 비상작전을 쓴 것으로 보인다. 〈중앙일보〉는 "북한이 이들 인력을 '추방'했고 우리 정부는 이들의 무사 귀환을 위해 비상한 노력을 했다"고 쓰고 있다. 이런 보도가 사실이라면 비상대비계획이 발동될 정도의 매우 급박한 상황이었음을 의미했다.

실제 인력철수계획이 언론에 포착된 것은 한참 전이었고 통일부는 부랴부랴 1월 5일 언론에 엠바고(보도자제) 요청을 했다. 그 이유는 북한 철수 인력이 우리 영해에 들어올 때까지의 무사귀환을 위해서였다. 온누리 호 등 배를 수배하여 북으로 보내고 인력을 탑승시키고 북한 양화 항을 빠져나올 때까지 얼마나 마음을 졸였을지….

그동안 북은 경수로 중단 움직임에 대해 강력한 반발을 해 왔다. 특히 경수로 건설 지연에 대한 일체의 기회비용을 KEDO가 보상해 줄 것을 요구했다. 여기에는 전력 200만kwh 제공은 별도로 하고, 새로운 경수로 2기 지원뿐만 아니라 그동안 경수로가 예정대로 지어지지 않아 북이 얻지 못한 전력 보상, 경수로 부지 등을 활용하지 못한 데 따른 비용, 그리고 기타 등등의 일체의 손실 및 기회비용을 보상하라고 요구해 왔다. 그래서 북은 사실상 공사가 중단된 직후 우리 건설장비의 철수를 허용하지 않고 억류했다. 그 억류장비 규모는 무려 450억 원 대에 이른다. 그래서 이번에는 이들 장비 모두 그냥 두고 철수했다.

하여간 북이 이러한 보상 방안을 요구하며 혹여 우리 인력을 '인질'로 삼을 수 있다는 극단적 가정 때문에 이들의 신변을 걱정해 온 것이 사실이다. 다행이 이들은 무사히 돌아왔다. 그러나 북이 순순히 응했는지, 아니면 이 보상 문제와 관련한 어떤 다른 합의가 있었는지 등에 대해서는 더 확인할 필요가 있다.

또 다른 문제는 바로 경수로 시설과 장비이다. 콘크리트 타설 중이던 주 원자로는 그냥 방치 될 것이다. 사실 건설공사를 하다가 중단하면, 아무리 보존 조치를 한다고 해도 당분간은 무용지물일 뿐이다. 그러니 앞으로 6자회담 등에서 잘 합의가 되어 다른 경수로 지원이 아닌 이 신포 경수로의 재건설 가능성을 염두에 둬야 할 것이다.

장비 역시 문제이다. 무려 450원 대에 이르는 장비(중장비 93대, 일반차량 190대)가 북의 손에 넘어갔다. 여기에 국제적 수출통제체제가 북으로 반출을 금지하고 있는 전략물자는 없는지, 이 장비 등이 북한 군부의 손에 넘어갔을 때의 위험은 없는지 면밀히 따져봐야 할 것이다. 이제 신포는 우리의 시야에서 사라졌다. 북이 접수했고 북의 관할로 넘어갔다.

1950년 12월 한국전쟁 당시 흥남부두에서는 10만의 유엔군과 피난민이 도망치다시피 해서 빠져나왔다. 이번 신년 벽두에 전격적으로 이루어진 신포 경수로 보존인력 철수 작전이, 무려 55년이나 지난 지금, '제 2의 흥남 철수 작전'으로 비쳐지는 것은 무슨 이유에서일까?

한국전쟁의 흥남 철수나 이번 신포 철수나 둘 다 가장 바람직하지 못한, 너무나 불리하고 급박한 상황으로 전개되었기 때문일 것이다.

대북경수로 완전중단—허공에 날린 11억3700만 달러

KEDO가 2006년 6월 1일, 대북 경수로 사업의 완전중단과 청산을 결정했다. 북한의 핵 폐기 대가로 경수로를 건설해 준다는 제네바 핵 합의(1994년)에 따라 한·미·일·유럽연합(EU)이 주도한 북한 신포 지구 경수로 사업은 합의 10년여 만에 완전히 막을 내린 셈이다. 남은 것은 북한 신포에 남은 콘크리트 덩어리와 450억 원 어치의 장비, 지금 우리 기업들이 열심히 만들고 있는 원자로 부품·기자재, 그리고 남북협력기금 경수로 계정의 부채 11억3700만 달러 등이다.

정부가 밝힌 청산방안에는 북한 신포에 있는 콘크리트 원자로 구조물과 장비는 한국전력이 그 권리를 가진다고 했지만, 이는 말만 그런 것이다. 어디 따로 쓸 데가 없기 때문이다. 북한 땅에 있는 원자로 구조물, 이것 역시 당분간 쓸데도 없는 흉물로 남을 것이다.

더 중요한 것은 자재 장비 450억 원 어치이다. 스카이 위성장비, TV·컴퓨터부터 콘크리트 믹서기, 불도저·트럭 등 경수로 건설 자재와 장비이다. 그동안 우리는 이 장비의 철수 허용을 요청했지만, 북한은 이를 거부하고 억류해 왔다. 우리 자산임에도 북은 '경수로 중단의 책임이 남쪽에 있다'는 등의 이유로 장비 철수를 막았던 것이다.

두 번째, 열심히 지금 만들고 있는 8억3천만 달러의 경수로 부품들은 원청자인 한국전력이 맡고, 대신 청산비용을 정부가 부담하는 방식으로 정리되었다. 이 부분품을 어떻게 할 것이냐에 대해서는 북한 다른 곳에 경수로를 지어주자거나 제3국에 수출하는 등 별별 의견이 다 나왔다. 하지만 결국 이는 한전이 알아서 할 일이다.

마지막 남은 11억3700만 불의 남북협력기금 부채는 국민의 몫으로 고스란히 남았다. 매년 빚을 내서 빚을 갚아야 한다. 언제 다 갚을 수 있을지 아무도 알 수 없다. 그동안 전기요금에 경수로비용을 부담시키자는 등의 방안이 나오긴 했지만, 손쉽게 채권발행해서 우선 충당하는 식으로 시간만 보내왔다. 이제 경수로 사업이 완전히 청산된 이상, 이 부채의 상환 방안에 대해서도 논의가 있어야 할 것이다.

정부는 직접 주판알을 튕기면서 경수로 청산작업을 하기 보다는 한전에 채권과 채무를 전부 넘겨주는 손쉬운 방법을 택했다. 지금으로서는 채권이 많아 보여 한전이 손해날 일은 없다고 한다. 하지만 이 경우에는 반대로 국민의 입장에서는 한전이 이익을 보는 만큼 손실이다. 경수로 계정의 채권을 한전에 넘겨주는 꼴이기 때문이다. 이런 청산 방식에 대해 국회는 짚고 넘어가야 한다. 국민에게 손해를 끼칠 가능성에 대해 따져야 하고, 남은 부채 재원조달 방안에 대해서도 정부의 대책을 확인하고 또 그 해결방안을 함께 모색해야 할 것이다.

지난 10년간 신포 경수로는 북한의 핵개발을 막는 안전판으로서의 역할을 해 왔다. 11억3700만 불, 연간 1억2천만 불, 약 1200억 원의 비용으로 북의 핵개발을 100% 완전히 막아냈다면, 그리 비싼 것이 아닐 수도 있다.

그러나 현시점에서 북의 핵 개발은 여전히 계속되고 있고, 11억3700만 불이 북한 경제발전이나 인민들의 생활향상에 쓰인 게 아니고 콘크리트 덩어리로 남아 아무런 쓸 데가 없다는 것이 문제이다.

또 북한이 핵 개발을 포기하고 개혁개방으로 나온 것이 아니고 오히려 핵 보유 선언까지 하는 판국이다. 또 남북한이나 국제사회나 10년이 지난 지금, 결국 허공에다 헛돈질을 한 결과밖에 안 되는 것이다.

KEDO의 실패가 북한 때문이냐 미국 때문이냐 하는 논쟁도 있지만, 국제사회의 작은 시대를 규정했던 '제네바 합의'라는 체제[regime, formula]는 결국 제 몫을 다하지 못했다. 그리고 그 부담은 고스란히 한반도에 남았다. 함께했던 미국·일본·EU 누구도 지출이 크지 않다. 특히 미국은 돈은 별로 내지 않았으면서 말은 많았고, 우리는 거의 70%를 부담하고도 발언권이 약했다. 그 이유가 '북 핵 문제가 남북한 사이의 문제를 넘어 국제적 사안이라는 근본적 한계 때문이다'라는 식의 말로 '편하게 늘 해 온, 하기 쉬운 말로 넘어가기에는 너무나 무거운 문제이다.

잃어버린 10년, 날려버린 11억 달러가 KEDO체제의 결과물이고 성적표이다. KEDO 다음은 무엇일까? 지금 논의되는 것들은 대북 200만kwh 전력지원이나 또다른 경수로 제공 같은 것들이다. 하지만 과연 이런 것이 북한 핵프로그램을 근원적으로 없앨 처방전이 될 수 있을지는 미지수이다.

북한 6자회담 거부—레드라인 정하자

TV 긴급 자막으로 '북한 6자회담 거부, 핵 보유 선언'이 나올 때 '북한이 왜 또 저러나. 여러 사람 힘들겠군. 남북관계 잘 나간다고 자랑하던 정동영 장관은 또 뭐가 되나'는 등의 생각이 순간적으로 들었다.

핵심은 두 가지이다. 하나는 북한이 다시 강공으로 나왔고 6자회담까지 거부했다는 것이다. 배경과 전망 등에 대해서는 여러 전망과 의견이 있다. 이젠 우리도 보다 온건하지만, 강한 모습을 보여줄 필요가 있다고 생각한다.

그간의 북핵 양상은 중국과 남한이 미국의 강경한 입장을 말리는 형국으로 진행되어 왔지만, 북한이 6자회담을 거부한 이상 우리나 중국도 한계에 도달한 느낌이다. 이렇게 되면 강경 목소리가 힘을 얻을 수밖에 없다. 시간을 주었더니 북은 핵무기 건설을 착착 진행해 왔다.

'이번 선언이 협상용이다. 일시적인 것이다. 몸값 올리기다'라는 등의 별의별 낙관적인 분석이 있다. 항상 그래 왔고 그것이 우리 정부의 입장이었다.

그러나 이젠 국제사회도 레드라인(red line)을 정할 때이다. 우리 정부도 마찬가지이다. 인내할 수 있는 한계를 정하고 당근과 채찍을 함께 구사하는 적극적인 접근이 필요한 때인 것 같다.

또 한 가지는 북이 핵무기 보유를 공식선언한 것이다. 그동안 북의 핵무기 보유에 대해 이런 저런 언급과 분석은 있었지만, 북한 외무성이 공식적으로 선언을 했다. 이젠 추측이나 주장, 첩보가 아닌 '하나의 사실, 정보'가 된 셈이다. 그래서 의미가 다르다. 투발 수단의 존재, 핵탄두의 소형화, 미사일 탑재 가능성 여부 등은 부차적인 문제이다. 중요한 것은 북이 이제 '사실상의 핵을 가졌다'는 것이고 '전략무기화했다'는 것이다. 비핵화 선언을 한 우리는 뭐가 되며 그동안 북핵 불허용을 주창했던 국제사회는 또 뭐가 되는 것인가.

'북의 핵무기가 우리 민족의 자산이 될 것이다'라는 식의 젖비린내 나는 소아병적 접근을 논외로 한다면, 우리 국민들은 상당기간 핵 위협 아래에서 살아가야 한다. 북의 장사정포나 미사일 등의 것과는 차원을 달리 한다. 북한 핵이 아무리 조악한 것이라고 해도 말이다.

북핵은 우리 국민들의 스트레스이고 정책담당자들에게는 정말 고통거리이다. 평화 협정, 군비 축소 등 여러 가지 대북 협상에서 우리의 발언권을 제약하는 족쇄가 될 수도 있기 때문이다.

북핵 문제에 대해 우리 정부가 할 수 있는 일이 없거나 제한되어 있기 때문에 '속편하게 구경이나 하자'는 식의 견해도 있다. 그러나 이는 우리 민족의 명운에 대해 너무나 비주체적인 자세이다. 쌀 등 생필품 사재기를 하는 것도 문제이지만, 무관심한 것은 더 위험하다. 북한 핵위협과 핵문제에 대해 정확히 알고 또 국민적 중지를 모아야 한다.

결국 북한은 민족의 여망과는 반대의 길을 걷고 있다. 우리 정부 입장도 곤혹스러울 것이고 교류와 협력 분야에도 부정적인 영향이 올 것은 뻔하다.

러시아 북극곰들의 꼼수와 6자회담

마침내 2007년 2월 10일 북경에서 6자회담이 열렸다. 북핵 문제는 결국은 10여 년 전 제네바 합의와 마찬가지로 '동결 대 보상' 원칙으로 풀려가고 있다. 북한이 핵무기와 핵 프로그램을 동결 또는 폐기하는 대신 우리와 6자회담 당사국 또는 국제사회는 그에 상응하는 지원과 보상을 하는 방식이다. 결국은 이런 KEDO 포뮬러 방식으로 해결의 길을 모색하는 것이다. 북한 핵을 폭격하여 완전히 제거 할 수 없는 없는 이상, 이런 방식밖에는 없는 것이다.

얼마 전 6자회담 취재를 위해 북경에 가는 어느 신문 조 아무개 기자에게 이런 말을 했다.

'북핵 문제는 마치 시계추 같아. 지금 6자회담이 10여 년 전 제네바 합의 당시와 뭐가 다르냐. 북핵은 여전하고 아니 더 심각해졌고 그 때문에 지불해야 할 비용만 몇 배 늘었다. 그리고 연극의 배우들만 바뀐 것이 아니냐. 북핵 참가국 대표들, 각 나라 정부의 이 문제 담당자 그리고 이를 취재하는 너희 기자들도 북한 핵을 계속해서 말하며 몇 년 먹고살고.'

10여 년 전이나 지금이나 달라진 것은 북핵의 심각성이 높아졌을 뿐이다. 해결 방식과 해결 수단은 똑같다. 바로 돈인 것이다. 쌀과 비료는 우리 몫이다. 중유는 미국, 일본, 한국이 부담해야 한다.(6자회담 타결 소식이 나오면 정유회사 주식을 사두라는 말이 나온다. 북한에 수천억 원의 중유를 제공해야 하는데, 결국은 우리 정유회사에서 사서 줘야하기 때문이다) 여기에 추가로 가능한 것이 신발 등의 경공업제품, 전력 지원, 경수로 추가건설 등이다.

6자회담에서 북한 핵 해결의 기본 원칙이 정해지면 북한을 제외한 5자 각국은 최대한 비용부담은 줄이고 생색은 생색대로 내기 위해 엄청난 수 싸움을 할 것이다. 결국은 우리가 제네바 합의처럼 전체 대북 보상의 70% 정도를 부담하게 될 것이다. 이 70%이상일지 아니면 그 이하일지 지켜볼 필요가 있다. 여기에 6자회담과 별도의 대북지원(쌀, 비료, 경공업제품, 기타 차관 등등)을 포함하면, 모르긴 헤도 수십억 불에 이르지 않을까 한다.

돈 문제와 관련한 '북극곰' 러시아의 셈법이 재미있다. 러시아의 대북한 채무는 80억 불 정도이다. 얼마 전 러시아는 이 채무를 탕감하기로 했다고 발표했다. 이에 대해 러시아가 북한 채무 80억불을 탕감하고, 그에 대한 보상으로 우리의 대러시아 채권 전액을 탕감하고 부족분은 대러차관을 지원하여 남북정상회담을 이룬다는 시나리오까지 있었다. 러시아는 대북한 채무를 탕감하기로 했고 이를 6자회담 타결에 따른 자국 보상액으로 대체하겠다는 속내를 가지고 있다고 한다. 전형적인 음흉한 러시아 곰의 수작이다.

우리는 노태우 정부 때 한·러 수교를 하면서 14억7천만 불의 차관을 주었고, 지금까지 원금을 단 한 푼도 받지 못하고 있다. 다만 이자 등으로 러시아제 방산물자, 헬기 등을 현물로 그 일부를 보상받았다.

국회는 2003년 8월 러시아 채무탕감을 위해 공공자금관리기금법 및 국가채권관리법 등의 법률을 고쳤다. 이에따라 우리정부는 2003년 9월 채무조정을 통해 총 6.6억 달러의 빚을 깎아주고 이자율을 낮춰주는 한편 상환일자도 늦춰 주었다. 그 조정 결과 우리가 받게 될 원리금은 2003년 7월 1일 기준 15억8천만 불이고, 4년 후부터 갚는 조건이다.

이 러시아 차관은 당시 산업은행 등과 시중은행들이 해외에서 빚을 내서 조달했고 우리 정부가 90%지급 보증을 해 주었다. 결국 러시아는 제때 상환하지 못했고 이를 지급 보증한 우리 정부(재경부)가 국민의 세금으로 이자를 대신 내 온 셈이다.

만성 채무국 대한민국이 채권국이 되어 채권 탕감을 위해 법률까지 개정했다. 빚을 탕감해 주는 데 대해 반대도 많았지만, 채권국의 빚 탕감은 국제적 흐름이고 또 어차피 못 받을 상환액만 높여봐야 실익도 없기에 비교적 쉽게 동의가 이루어졌다.

2007년 6월 1일부터 리스케줄링된 러시아의 차관원리금 상환이 시작된다. 러시아는 몇 년 새 기름값 폭등 덕에 기름을 팔아 부자가 되었다. 러시아는 작년 8월 18개 채권국 모임인 '파리클럽'에 지고 있던 장기 국가 부채 237억 달러(약 22조5150억 원)를 모두 갚기도 했다. 재조

272

정된 원리금 상환 방식에 따라 돈을 갚아 줄지 기대해 본다. 나중에 러시아가 북한에 대한 자기들의 채권을 깎아준 것을 대가로 또는 북핵 동결 부담금 낸 것을 이유로 우리는 한국에 대한 채무이행을 못하겠다는 식의 소리는 하지 않을지 궁금하다. 러시아 곰들의 흉계를 잘 봐야 할 것이다.

2.13 북핵 합의 이후의 과제

지난 북한 핵 실험 이후 남북 사이에는 최고의 긴장 상태가 지속되어 왔다. 이번 '2.13 합의'로 한반도의 긴장상태는 상당히 해소되었고, 국제적 또는 남북관계에도 청신호가 켜졌다.

2.13합의를 보면서, 신중론과 낙관론이 교차하고 있다. 위기 상태를 벗어났고 해결의 물꼬를 텄다는 점을 주목하는 낙관론과, 이제 시작이고 아직도 첩첩산중이라는 신중론이다.

그러나 간과해서는 안 될 몇 가지 점만 지적한다.

● 북한핵무기, 어쩔 건가.

정말 큰 문제는 북한이 가진 핵무기에 대한 언급이 전혀 없었다는 점이다. 6자회담 참가국은 이를 애써 언급하지 않음으로써 북한 핵 실험을 용인하는 듯했고, 지난 유엔의 제제결의안을 휴지조각으로 만들어 버렸다는 점이다.

미국 등은 북한의 핵무기 자체를 인정하지 않는다는 전략이고 따라서 비핵화 또는 핵프로그램 안에 궁극적으로 핵무기도 포함되는 것으로 이해하는 것 같다. 그러나 북한은 공공연히 '핵무기는 논의대상이 아니다'라는 주장을 펴 왔고 이번 회담은 이를 수용한 셈이다. 미국은 조악한 북한 핵무기보다는 핵물질의 이동, 핵 확산을 더 무서운 것으로 보아 이를 막는데 더 신경을 쓴 것이다. 한반도에서 핵무기가 있든 없든 장기적으로 미국의 이익과는 크게 상관이 없으니 파키스탄이나 아프가니스탄 등으로 핵 물질이 빠져나가는 것만 막으면 된다는 계산이었을 수도 있다.

그러나 우리는 북한 핵 시설이나 플루토늄이 무서운 것이 아니라 핵무기가 무서운 것이다. 북의 핵프로그램의 최종 목표는 전력생산이 아닌 핵무기 생산이고 실전배치이다. 그럼에도 핵무기에 대한 언급이나 논의는 나중으로 미뤘다. 북은 체제가 붕괴되지 않는 한 핵무기는 끝까지 지켜내려 할 것이다. 이제 우리는 핵을 가진 북한과 상대하게 되었다. 하여간 북 핵 해결의 첫 단추인 이번에 핵무기 문제를 뒤로 미룬 것은 이번 2.13 합의의 가장 큰 실패이고 허점이라고 볼 수 있다. 그러하기에 이것은 앞으로도 두고두고 우리를 괴롭힐 것이다.

1994년 제네바 합의가 체결되었을 때는 다들 완벽하다고, 이제 북한 핵 문제는 해결되었다고 낙관했지만, 결과는 지금의 이 모양이다.

다시 10년 후인 2017년, 북한은 최소 10여 발의 핵무기를 가진 나라가 되고 우리는 단 한 발의 핵도 없는 나라라는 그런 꼴을 상상하면 정말 끔찍하다.

● '통일세' 새로 걷어야 하나. 정부는 대답해야

두 번째는 돈 문제이다. 북한은 1단계 초기 이행 조치에 대한 중유 100만 톤을 받고 그 이후 추가보상 문제는 실무그룹에서 논의하기로 했다. 아마 1단계 이후부터는 대북 보상 문제는 거의 전적으로 한국의 몫이 될 공산이 크다. 중유제공 → 대북송전 → 원자로 제공 등의 순서로 나갈 것이고, 대북 송전부터는 우리 몫이 되는 것이다. 경수로 지원은 미국, 일본 등이 KEDO 방식대로 30%를 거들어 줄지 지금으로서는 알 수가 없다.

특히 200만kwh 대북송전은 정동영 전 통일부 장관이 2005년 5월 북한을 움직여 보려고 일방적으로 제안한 것이다. 대략 10조 원 정도이니 10년을 잡으면 연간 1조 원이 들어간다. 기본적으로 북핵문제는 이런 6자회담의 틀 속에서 나와야 하는데, 자기 재임 시절에 돌파구를 마련하겠다고 이른바 '깜짝 놀랄 만한 구상' 운운하며 대북 송전을 일방적으로 발표한 것이었다.

북한은 좋아라 하면서 이를 2005년 9.19 성명에 넣어 공식화했다. 물론 이런 우리의 대북지원책 덕분에 9.19 성명이 나올 수 있었고 그것이 밑거름이 되었다고 말할 수도 있을 것이다. 그러나 이는 지나친 견강부회가 아닐까 한다. 그런 논리라면 지금이라도 북한에 수력발전소, 화력발전소 10개를 추가로 지어 준다고 발표한다면, 누군들 그런 긍정적 결과를 얻어내지 못하겠는가. 문제는 돈이다. 중유, 전력지원, 경수로 해서 12조 원, 연간 1조5천억 원 정도가 든다. 남북협력기금은 이미 지난해(FY2006)부터 남북협력계정까지 적자가 나서 채권을 발행해서 메우고 있는 실정이다. 여기에 쌀, 비료, 개성공단, 이산가족 지원 등등을 더하고 나면, 도대체가 답이 안 나오는 상황이다. 지금보다 남북협력기금을 매년 최소 2배 내지 3배를 증액해야 하고, 그러면 다른 분야 예산은 줄어들 수밖에 없다. 필자는 이런 과도한 대북지원으로 인한 예산의 왜곡현상을 '대북지원의 구축효과(驅逐效果, Crowding Out)'라는 이름을 붙여 설명하고 있다.

당시 정동영 장관은 대북송전에 대한 재원 마련 이야기가 나오자, 남북협력기금 연간 출연액을 예산 일반회계의 1% 수준으로 확대해야 한다는 안을 주창하기도 했지만, 이는 공허한 메아리에 불과했다. 그러고나서 그는 얼마 안 가 정부를 떠나 당으로 돌아가 버렸다.

더 이상 빚을 내서 감당할 단계는 지난 것이다. 정부는 솔직하게 현실을 국민들에게 알리고 국민적 합의를 이끌어 내야 한다. 정말 전기요금에 대북지원비 명목으로 1kwh 당 몇 백 원을 붙일지, 아니면 별도의 목적세인 통일세(대북지원세금)를 걷든지, 아니면 국제기구로부터 차관을 얻든가 해외채권을 발행하든지 뭔가 수를 내야 한다. 정부는 이제 정말 대답을 해야 한다.

● 임기 말 남북관계, 제발 '오버'하지 마라

남북관계의 과속을 경계한다. 2.13 합의는 시작이고 합의에 불과하다. 그동안 남북한이나 북한과 국제사회는 수백 건의 합의서를 체결했다. 그러나 이행된 것은 비군사 · 경제협력 · 남북교류 분야의 것들이고 정치군사적 사안, 민감한 현안 등등은 이행이 안 된 경우도 태반이다. 이런 판에 이 정부는 '남북관계 진전의 최대 걸림돌이 사라졌다. 가자 북으로. 오라 남으로'라고 하며 엄청나게 서둘지나 않을지 우려되는 상황이다.

이재정 장관의 행태를 보나 임기 1년 남은 현실적 절박성을 보나 뭔가 조급하게 아주아주 서둘러 일을 추진하려 할 수도 있다. 게다가 연말 대선을 염두에 두고 북한과 함께 또는 남북 변수를 이용하여 뭔가를 도모하려는 시도 역시 충분히 짐작 가는 일이다. 특히 남북정상회담 추진, 엄청난 분야별 대북지원 계획 발표 등 그리고 6.15, 8.15 등을

뛰어 넘은 남북교류 추진 등 다양한 구상들이 시도될 수 있을 것이다

그러나 남북관계에서는 항상 서두르고 조급하면 당하고 뒤탈이 생겼다. 이제 쌀과 비료, 그리고 묘목 등과 전폭적인 민간의 대북지원 등이 뒤따를 것이다. 줄 때 주고 할 때 하더라도 남북관계 추진과 대북지원의 원칙과 기준을 정하고, 국민들의 의견을 충분히 듣고, 비정치적으로 비당파적으로 추진하며, 다음 정부나 우리 자식들에게 빚폭탄 남기지 말고 합리적인 수준으로 북한에 대해 얻을 것은 얻어내고, 우리 지원이 군사용이나 김정일 정권 체제 수호용으로 쓰이지 않도록 장치를 만들고 하는 검증 방안을 요구하고 관철시켜서 정말 제대로 잘 추진하고 진행했으면 한다.

3. 작전계획

북한 급변사태 대비 충무계획

북한이 2004년 10월 국회에서 공개된 '충무계획'에 대해 아주 '세게' 나오고 있다. 이 계획은 북한의 급변 사태에 대비하기 위해 우리 정부가 마련해둔 비상대비 계획이다. 북한 체제가 완전히 붕괴될 경우 정부는 북한에 비상기구를 설치하고 행정수행을 위한 여러 조치를 취한다고 한다. 또 북한이 내전상황에 빠지거나 대량 탈북사태 등 비상상황이 발생하면 북한 내에 있는 우리 인력부터 철수시키고 탈북자들을 분산, 배치하겠다는 내용도 있다.

이런 사실이 알려지자 연일 북한 관영 매체들은 우리 정부에 대해 비난성명을 내고 점점 그 강도를 높이고 있다. 중앙통신, 조평통, 민주조선, 한민전 등 각급 기관 등이 총동원되고 있다. 그동안 국가보안법 폐지 선동에 목숨을 걸더니 이젠 충무계획으로 방향을 틀고 있다. 북에 대해 이런 말을 하고 싶다.

'그런 급변사태에 대한 계획을 안 세우는 정부가 더 이상한 것 아니냐 이것은 우리가 북한을 어떻게 해 보자는 그런 적극적인 작전이 아니라 단순히 북한 스스로 어떻게 되었을 때를 대비한 소극적인 훈련일 뿐이다. 그리고 당신들이야 말로 무력으로 남침하겠다는 계획을 지금도 가지고 있는 것 아니냐. 우리는 알고도 가만히 있다. 그런 점에서 이렇게 흥분하는 것은 너무나 적반하장이다.'

북한의 태도는 그렇다고 치고, 문제는 통일부 내에서 이런 비상대비 업무를 없애려는 움직임이 있다는 것이다. '남북 교류협력 주무부처인 통일부가 위기대응계획을 수립하고 발전시키는 것은 적절하지 않다. 국방부나 비상기획위원회 등으로 이관하자'는 의견이 있다는 것이다. 그래서 통일부는 2004년 초 북한 급변사태 대비 업무를 맡았던 비상계획담당관을 폐지하고 사무관 한 명이 이 일을 맡도록 조치했다.

유사시 북한 지역 행정은 통일부가 주관한다. 이를 위해 매년 수십 명씩 공무원을 선발하여 따로 교육하고 있다. 이런 교육 훈련이 내실 있게 제대로 잘 안 된다고 해서 국회에서 지적받을 때도 있다. 이런 상황에서 급변사태 대비업무를 타 부처로 넘기려는 것은 뭔가 큰 착각인 듯하다. 평상시에 쳐다도 안 보다가 상황이 급해져서 일을 하게 되면 잘될 리가 없다. 마찬가지로 북한 비상대비업무도 그런 것이 아닌가 한다. 비상대비 업무 역시 평화번영정책의 일부일 것이다.

북한의 반발과 비난은 그 특성상 쉽게 끝나지는 않을 것 같다. 그러나 남북관계 발전과 통일의 도상에서 이런 일도 '안고 가야' 한다. 굳이 내놓고 떠벌릴 것도 없지만, 그렇다고 알려진 이상 당당하게 나갈 필요도 있다. 통일의 도정은 좋은 일도 나쁜 일도 함께 싸 안고 나가는 것이다. 좋은 면만 내세워 좋은게 좋은 것이다라는 식으로 가려 해서는 언젠가는 더 큰 실패와 파장을 초래하게 될 것이다. 이런 일을 돌발 악재에 대한 면역력을 높이고 남북이 '적이자 동반자'인 현실을 깨닫고 나아가 서로 교류협력의 밀도가 높아지도록 선용하는 성숙한 지혜가 필요할 때이다.

작계 5029-05, 한국군이 주도해야

국가안전보장회의(NSC)가 한미 간 작전계획 5029-05의 수립 중단을 우리 국방부에 지시했다고 한다. 이를 NSC가 언론에 공개했다. 보통 이런 일은 조용히 논의되고 또 처리하는 것이 정상적이다. 기밀사항이기 때문이다. 그런데 정부는 내놓고 그 존재 사실을 공개하고 또 한·미 간 논의 진척사항도 밝혔다. 현 정부의 할 말을 하는 이른바 '자주외교', 예의 '동북아 균형자 역할' 등과 맥이 닿아 있다. 또 우리는 이렇게 자주적으로 미국에 대해서도 당당히 맞선다는 등 국내외에 시위도 하고자 하는 의도도 있는 것 같다.

미군은 작전계획 5026, 5027, 5028, 5029 5030 등 한반도를 대상으로 하는 여러 작전계획을 가지고 있다고 한다. 전면전을 가상한 계획부터 특정목표를 위한 제한적 작전까지 아주 다양하다. 그동안 한·미는 이런 계획을 함께 발전시키고 연구하고 논의해 왔다. 한미상호방위조약에 의한 군사동맹 관계이고 또 한미연합사령부 체제가 작동하고 있으며, 전시작전통제권이 미국에 있었기 때문이다.

대북억제와 전쟁 수행에서 미국이 중심이고 한국군이 보조역할을 하다가 점차 한국군의 역할을 늘려오고 있다. 평시 작전통제권을 우리가 되찾아 우리 힘이 강해지고 미군도 자국의 군사비 절감 등을 위해 군사혁신을 진행하면서 상황이 변화되고 있다. 이제 미군과 우리의 역할과 임무가 대등해지고 점차 우리가 한반도의 안보를 책임져야 하는 방향으로 바뀌고 있다. 지금 미군이 담당했던 많은 대북억지 임무를 우리 군으로 전환하는 작업이 진행 중이다. 이 때문에 우리 국방비는 계속 늘어날 수밖에 없다.

작전계획도 마찬가지이다. 우리의 힘이 커지고 또 자주국방의 목소리가 커지면서 우리 군의 역할과 임무가 더 커지고 있다. 한반도 전면전의 경우 북한 지역을 수복한 후의 행정 등 민사 작전의 책임은 그동안 미군이 맡는 것으로 되어 있었으나, 지금은 우리에게로 넘어왔다.

이번 작계5029는 북한 내부의 소요사태, 정권붕괴 대량탈북 등 북한 급변사태에 대한 한미 연합군의 군사작전 계획인 것으로 알려지고 있다. 우리 정부도 북한의 이런 비상사태에 대비하여 민사작전 계획을 만들어 발전시키고 있다고 한다. 그런데 이 작계5029 수립 과정에서 미군이 군작전권을 행사하도록 되어 있었고 이에 우리 정부가 반대한 것으로 보도되고 있다. 한반도 전면전도 아닌 상황에서, 미군이 작전권을 가지고 한 · 미 연합군을 움직이는 것은 문제가 있다고 본 것이다.

미국은 북한 위기 상황 시 핵무기 · 핵시설과 화학무기 등을 미군이 들어가 장악해야 한다는 논리를 펴고 있다. 우리는 이를 자주권의 문제로 인식하고 있는 것 같다. 북한 급변 사태 시 군을 누가 어떻게 움직일 것인가, 이를 놓고 한 · 미 간에 갈등과 대립이 있는 것이다.

한반도 통일은 우리의 한민족공동체 통일방안과 같이 계획대로 평화적으로 온건한 방식대로 이루어질 수도 있다. 그러나 독일의 통일에서 볼 수 있듯이 통일은 비계획적으로 예측할 수 없는 방식으로 비평화적인, 비외교적인 방법으로 이루어진 경우가 훨씬 많다. 평화통일을 위해 노력하지만, 비평화적인 통일과정과 급변사태에 대해서도 철저히 대비해야 한다. 이번 작계5029 사태는 이런 비평화적인 상황에 대비하는 것이고, 이 과정에서 미국의 일방적 주도는 안 된다는 것이 우리 정부의 대응이다.

이러한 것은 앞으로 한·미 간의 충분한 이해와 존중을 통해 잘 타결되어야 한다. 특정상황시 있을 수 있는 미국의 우려를 우리가 충분히 해소할 수 있음을 미국에 보여주고 또 납득시켜야 할 것이다. 전면전도 아닌 상황에서, 미군이 북한에 들어가면 중국과 러시아도 긴장하고 또 움직일 것이다. 그래서 우리의 적극적인 역할이 중요하다.

그러나 한반도 통일과 위기관리를 우리가 자주적으로 미국의 도움 없이 해낼 수 있는 힘이 있는가, 미국의 개입 의도와 우려를 해소하고 불식시킬 수 있을 만큼 우리가 주도할 수 있는가를 되묻는 냉정한 시각도 있다는 것이 사실이다. 각자의 판단은 여기서 갈린다. 먼저, '충분하다. 조금 어렵더라도 우리가 나서야 할 때이다. 자주노선으로 가자'라는 의견이다. 그리고 이것이 정부의 선택지와 가깝다. 둘째로는 '아직은 빠르다. 미국과 미군을 더 활용하자. 우리 힘을 먼저 키우자. 조금만 기다리자'라는 의견이 있고 반대자들이 이를 말한다. 그러나 자주국방, 자주통일, 자주국가의 방향은 양쪽 모두 같을 것이다.

4. 항로 · NLL

남북 해운합의서 체결동의안이 2004년 12월 7일 국회 통외통위를 통과했고, 9일 본회의에서 체결동의를 마쳤다. 참으로 의미 있는 일이다.

지난 2001년 북한은 무려 10여 척의 상선을 동원해서 남한 영해내로 마구 밀고 들어왔다. 이른바 '수송선 도발'이 벌어진 것이다. '김정일 장군님'이 개척한 항로라면서 인천 앞바다에서 해주항으로 들어가 버렸고, 우리 영해인 제주해협을 그대로 통과했다.

일부에서는 함포와 총을 쏴 잡아야 한다고 했고, 포 한 발 못 쏘는 군이 무슨 군이냐며 흥분하기도 했다. 특히 무력대응 불가 명령을 내린 군 지휘부와 군 통수권자에 대한 젊은 영관급 장교들의 분노와 울분은 지금도 눈에 선하다.

하여간 이후 4년여 만에 서로 7개씩 14개 항구를 열고, 남북한 상선의 항로대를 정하는 합의를 이뤄냈다. 남북이 정한 바닷길인 것이다.

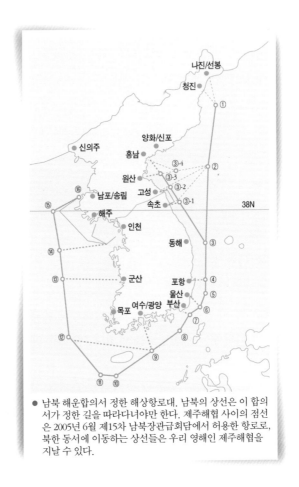

● 남북 해운합의서 정한 해상항로대. 남북의 상선은 이 합의
서가 정한 길을 따라다녀야만 한다. 제주해협 사이의 점선
은 2005년 6월 제15차 남북장관급회담에서 허용한 항로로,
북한 동서에 이동하는 상선들은 우리 영해인 제주해협을
지날 수 있다.

남포에서 울산으로 가는 북한 배는 어디로 가야 하는지, 군산에서 청
진으로 들어가는 배는 어떻게 가야 하는지 그 바닷길이 정해진 것이
다. 이미 열려 있는 남포─인천, 인천─해주, 속초─고성의 3개 항로
는 그대로 유지한다.

한 가지 주목할 점은 NLL 문제이다. 이번 합의에서는 철저히 NLL이
지켜졌다는 점이다. 북한도 사실상 NLL을 인정하고 있고 남쪽도 이를

실효적 지배하고 있다. 북한 배는 해주항에서 바로 남으로 내려오지 못한다. NLL 때문이다. 저 멀리 백령도를 돌아 공해상으로 내려와야 하고 우리 배가 북으로 진입하는 기준점도 바로 NLL 선상 즉 북위 38도 3분 10초, 동경 127도 57분에 있다.

북은 바로 NLL를 넘을 때 북한 장산곶으로부터 50마일 이상 떨어져 NLL을 통과하도록 요구했다. 이때도 NLL은 남과 북의 사실상의 해상경계선으로서의 기능을 하고 있었다. 물론 남북해운합의서가 남북의 해상경계 구분을 목적으로 한 것은 아니지만, 북이 이런 합의를 했다는 것은 실효적으로 또 현실적으로 NLL을 인정하는 것이다. 더이상 NLL의 유효성과 적법성 등에 대해 논란이 일어나지 않기를 바라는 마음이다.

이 비준절차가 끝나면 발효되는 것이다. 물론 이 합의서는 어선이나 군함에게는 해당되지 않지만, 북한도 이 합의를 존중하여 꽃게를 잡는다고 NLL을 넘어오고 또 경비정을 내려보내는 식의 무모한 일은 더 이상 하지 않았으면 하는 바람이다.

우리 서해 2함대는 지금도 온힘을 다해 목숨을 걸고 한반도의 화약고 서해 NLL을 지키고 있다. 지금 이 순간 그들을 기억한다.

제주해협 무해통항 문제, '장군님이 개척한 통로'

제 15차 남북 장관급회담 합의결과를 보면, 참 화려하다. 북한 핵에 대해서는 원론적인 언급만 되어 있지만, 경제 협력 등 다른 분야에서의 합의는 다양하고 가지 수도 매우 많다. 한마디로 백화점식, 종합선물세트라 할 만하다. 그중에 그동안 별로 논의의 대상도 아니었는데 우리가 양보한 것이 있다. 바로 제주해협의 북한 선박 통항권이다. 제주해협은 우리 영해이다. 전 세계 바다는 국제법상 무해통항 원칙이 있어 해를 끼치지 않으면 누구나 다닐 수 있다. 그러나 북한 선박이 제주해협을 통항하는 문제는 좀 다르다.

남북 간에는 해운합의서가 있고 여기에는 남북한의 배가 오르내리는 항로가 자세히 명기되어 있다. 예를 들어 남포에서 군산으로 오는 항로, 북한 청진에서 울산으로 오는 항로대 등이 좌표로 정해져 있고 남북의 배는 이 길을 따라 다녀야 한다. 그런데 제주해협의 항로는 제주도 아래쪽 우리 영해 외곽을 돌아가도록 되어 있다. 즉 남포에서 출항한 배가 울산에 가려면, 제주해협을 통과하지 않고 섬 아래쪽으로 돌아가야 하는 것이다. 2005년 5월 22일 남포에서 출항한 북한 선박이 울산에 비료를 실어가러 왔을 때도 이 제주도 아래쪽 항로를 따라 왔다 갔다. 제주해협을 통과하면 거리가 단축되어 시간과 돈이 많이 절약된다.

이번에 정동영 장관이 북한에 이를 '선물'로 주었다.

기억에도 생생한 북한의 수송선 도발 사건이 난 것은 2001년 6월이다. 북은 10여 척의 수송선(일반적으로 상선이라 했지만, 거기에 뭐가 실려 있는지 모르기에 필자는 수송선이라 불렀다)을 동원해서 우리 영해를 마구 헤집고 다녔다. 연평도 근처 서해 NLL을 북상 통과해 버리고, 제주해협을 마구 지나 다녔다. 우리 해군은 총 한 방 못 쏘고 이들 북한 배 꽁무니만 쫓아다녔다.

2001년 6월 2일 백마강 호(2740톤), 청진 2호(13000톤) 등이 제주해협을 통과했고, 6735톤 급 령군봉 호는 유유히 제주해협을 가로질러 서해를 거쳐 인천앞바다를 지나 북으로 가버렸다.

일본에서 오는 856톤 급 대홍단 호가 서해로 나가기 위해 제주해협에 들어서자 우리 해군은 보유한 배 중에서 가장 큰 1만 톤 급 군수지원함과 해양경찰 함대 등 10여 척을 동원해 대홍단 호를 가로 막았고 겨우겨우 영해 밖으로 밀어냈다. 그러나 북한 화물선들은 죽기 살기로 달려들었고, 우리 해군은 많은 어려움을 겪었다.

우리 해군 : 우리 영해니까 나가달라.

북한 상선 : 우린 장군님이 개척한 통로를 따라 가는 것이다. 나갈 수 없다.

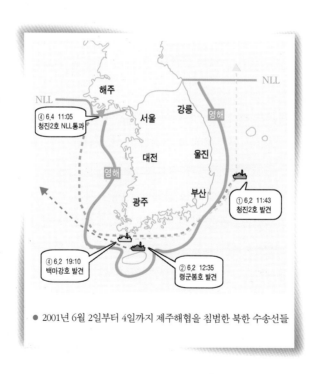

● 2001년 6월 2일부터 4일까지 제주해협을 침범한 북한 수송선들

더구나 이런 우리 해군과 북한 상선 간의 교신록이 공개되면서, 우리 군의 '멍청한' 대응을 질타하는 소리가 하늘을 찔렀다. 나가달라고 '사정하는' 우리 해군을 보면서 국민들은 뭘 생각했을지, 영해를 유린한 수송선에 대해 위협사격 한 번 못한 당시 정권을 보면서 많은 사람들이 분노했다.

이런 한을 담은 제주해협이다. 2001년 해군이 목숨을 걸고 지키려 했던 곳이고 아직 잉크도 안 마른 남북해운합의서가 있는데, 이번에 제주해협 통과를 허용했다. 일부 보수단체가 반발하는 것도 일리가 있다.

그러나 북한이 말 그대로 무해통항을 보증한다면, 이들 배가 무장한 북한 해군 함정도 아니고, 상선이고 수송선이라면, 남북관계 발전을 위해 전향적으로 검토할 수 있다. 그러나 이상 징후와 돌발 상황시 대응 태세, 의심선박의 검색절차 마련 등의 적극적 조치가 선행될 필요가 있다.

또 우리 해군의 전력이 강화되어야 한다. 우리 남해를 지키는 3함대는 사실 별 게 없다. 동·서해에 주력함이 있기 때문이다. 북한 상선들을 감시하기 위한 해군전력의 증강이 필수적이다. 제주도와 남해 섬에 레이더를 더 많이 설치하고 남해에 해상초계기도 더 배치해야 한다. 또 한 가지 제주 화순항의 해군기지 건설도 필요할 것이다.

남북화해 무드로 제주해협을 열었다. 일본·중국 등과의 교역을 위해 외해(外海)를 오가는 북한 배들과 경제적·시간적으로 많은 이익을 얻게 되었다. 이런 성의를 보아서도 북한이 잘해야 한다. 수 틀리다고 남북대화 중단하고 해서는 안 된다. '믿을 걸 믿어라 북한을 어떻게 믿나' 하는 이들의 주장도 옳다. 그래도 현재로서는 믿을 수밖에 없다.

이번 장관급 회담에서 정부가 북한에 대해 지난 4년 전에 제주해협을 포함하여 우리 영해에서 저지른 이 도발행위에 대해 사과를 요구했는지, 북한이 사과를 했는지 궁금하다. 기대할 일도 아니지만, 현 정부는 이런 사과조차 요구하지 않았을 것이다.

이제 목포나 부산 등 육지에서 제주로 가는 여객선을 타고 가다가 제주해협 중간쯤에서 북한 인공기를 달고 지나가는 북한 상선을 만나게 될 것이다. 이 북한 배를 보고 손을 흔들든 욕을 퍼붓든 그건 모두의 자유이다. 제주해협의 북한 상선 통과허용, 이는 엄청난 변화이다. 남북관계의 발전으로, 화해협력의 증진으로 이해해야 할 것이다.

북한 선박의 제주해협 영해 통과 1년간 114척

우리 군 합동참모본부로부터 지난 1년간(2005.8.15~2006.8.15) 제주해협을 통과한 북한 선박 현황자료를 받았다. 이 자료는 원래 통일부와 해양수산부에서 만드는데, 군을 통해 받은 것이다.

북한 선박의 제주해협 통과는 제15차 장관급 회담(05.6.21~6.24)에서 북이 요구했다. 이에 당시 정동영 장관은 국방부 장관에게 이를 허용해 줄 것을 요청했고, 국방부 장관은 바로 수용했다. 물론 해군 등 일부에서는 여러 사정을 들어 반대했지만, 장관급 회담 성공이 급했던 정부의 입장 때문에 반대 주장은 묻혀 버렸다.

이 허용조치는 북한 내부, 즉 서해의 남포항에서 동해의 청진항에 들어가는 배처럼 동·서해를 오가는 상선만 해당된다. 북한에서 제3국으로 가는 배, 즉 청진에서 중국 상해로 간다든가, 남포에서 일본으로 가는 북한 배는 제주도 바깥의 공해로 돌아다녀야 한다.

북한 선박이 제주해협을 통과하려면, 통일부에 팩스 등으로 2~3일 전에 선명, 일자, 화물회사, 톤수, 화물내용 등 간략한 몇 가지 사실을 기재하여 신청을 해야 한다. 그러면 통일부는 검토를 거쳐 승인을 내주고 군과 해양수산부 등 관계기관에 통보를 한다.

통일부의 승인절차는 말이 승인이지 거부된 적이 한 번도 없는 요식적인 것이다. 실제로는 북한이 통과한다고 신청만 하고 통과하지 않은 적도 여러 번 있다. 그래도 아무런 제재나 불이익은 없다.

2005년 8월 16일. 북한 화물선 대동강 호(9000톤급)가 석탄과 소금을 싣고 사상 처음으로 적법하게 제주해협을 통과한 이후 1년 동안 총 114회 북한 선박이 지나갔다. 그런데 그 114회 중 28회는 빈 배로 지나갔다.

해상을 통한 북한 동서해 간 물동량은 38만 4688톤으로, 주요 품목은 유류, 석탄, 쌀 등 원자재가 대부분이었다. 제주 바깥으로 돌아가는 것보다 제주해협을 지나게 되면, 총 53마일, 5시간 정도가 단축된다. 배 한 척 당 연료비는 대략 39만 원 정도 줄어든다. 114회를 곱하면 북

북한 선박의 제주해협 통과 현황
* 1년(2005.8.15 ~2006.8.15) 총 114척 통과
* 이 114회 중 28회는 공선(4척 중 1척은 빈 배 운항)
* 북한 동서해간 연간 실질 물동량 : 38만4688톤
* 주요 품목 : 유류, 석탄, 쌀 등 원자재
* 북한 선박의 혜택 : 5시간 단축(53마일). 척당 연료비 39만 원 절감
* 총 570시간, 4446만 원 절감

한은 총 570시간, 4446만 원을 절감한 셈이다.

북한 상선이 제주해협에 들어오려면 우리 영해 진입 이전에 우리 해경에 무선으로 신고를 해야 한다. 그러면 우리 해경 경비정 또는 해군 함정이 북한 배 옆에 붙어 따라가거나 해안 레이더로 전탐호송을 한다. 북한 배가 지나는 항로대의 폭은 2마일이며, 이 항로대를 벗어나거나 중간에 정지해서도 안 된다. 중간에 멈추면 혹여 군사적 행위 등으로 오해를 살 수 있기 때문이다.

북한 핵실험 이후 '대량살상무기 확산방지구상(PSI)'이 현실화되면서 이 항로가 다시 주목을 받고 있다. PSI는 해상봉쇄까지 포함하고 있는데, 유사시에는 제주해협 봉쇄도 가능하기 때문이다.

특히 핵실험 장비나 시설이 선박 편으로 이 제주해협을 통과했을 가능성이 제기되고 있다. 2006년 11월 국가정보원은 약 20척의 '의심선박'이 지난 1년간 이곳을 지났다고 했고, 야당의 한 의원은 북한 핵실험 지역과 가까운 김책항을 드나든 선박이 24척이라고 주장하기도 했다. 우리 정부는 제주해협을 지나는 선박에 대해 필요할 경우 승선 검색 등을 할 수 있으나, 지금까지 단 한 번도 하지 않았다.

핵실험이 있고 난 후라 모든 것이 북한 핵으로 연결된다. 그동안은 별일 아닌 것처럼 보였던 것도 의심하게 된다. 제주해협으로 북한 핵물질이 지나다녔다면, 그럴 가능성을 완전히 부정할 수 없기에 더욱 의혹이 커진다.

제주해협에는 지금 긴장감이 감돌고 있다. 상황이 악화되어 유엔의 대북제재나 PSI가 본격화되면, 북한 동해의 배들은 제주해협과 쓰시마 해협에서 검색을 당하거나 또는 발이 묶일 수도 있다. 북한 서해의 배들은 제주 서쪽 공해 상에서 그렇게 될 수도 있다. 그렇게 되면 한반도 남쪽의 긴장이 매우 높아지고 서해 NLL · 휴전선 등지의 북의 도발도 예상된다.

'평화를 원한다면, 전쟁을 대비하라.'

누구나 흔하게 하는 말이다. 전략학에 나오는 기본 경구이고 지극히 당연한 말임에도, 일부에서는 이런 말을 한 사람들에게 전쟁불사니 호전세력이니 하는 식의 낙인을 찍어대고 있다. 전쟁을 바라는 사람이 어디 있겠는가? 평화와 군사대비 태세를 강조한 말로 이해해야 할 것이다.

북핵 실험으로 가장 위험한 나날이 계속되고 있다. 원칙을 지키되 실질을 찾는 방법으로 북한 핵문제가 잘 풀렸으면 한다. 그리하여 제주해협이 평화항로, 평화해협으로 되돌아오길 바라는 마음 간절하다.

또 나온 북한 군부의 NLL 협박

1999년 6월 15일 연평해전
2002년 6월 29일 서해교전

한국 전쟁 이후, 남북 정규 해군이 맞붙은 전투일지이다. 6.25가 들어있는 6월은 서해 해군에게는 가장 긴장된 순간이다. 2007년 6월 21일 북한 해군은 다시 함정이 자기들 영해를 침범하고 있다고 주장하면서 제3의 서해교전 가능성을 말했다. 매년 6월이 되면 상투적으로 해온 것이라 새로울 것은 없지만, 2007년은 과거와 달리 조금은 강경한 톤이다.

남북 화해 협력이 진전되면서, 이에 소외된 북한 군부의 일부가 남북 정상회담을 방해하고 전쟁을 획책하게 된다. 영화 '쉬리'의 설정이지만 전혀 가능성이 없는 것도 아니다. 실제 북한 군부, 평화와 통일의 과정에서 가장 조심스럽게 다뤄야 할 집단 중의 하나이다.

지금 남북의 화해가 진전되면서 북한 군부의 역할은 줄어들고 있는 듯하다. 개성공단과 금강산 특구를 위해 자신들의 부대가 뒤로 밀려나고 철도가 연결되면서 종래의 작전개념은 쓸모가 없어져 버렸다.

대신 남북 화해 협력으로 얻은 이득의 상당부문을 챙기면서 그런대로 지내는 형국이다. 그러다 보니, 남으로부터 경제적 이익을 얻어내고 또 그것을 향유하면서, 남북 관계 진전을 조절·통제하는 '악역을' 맡게 되었다.

군부의 '군사보장'은 툭하면 내세우는 고리이고 이를 풀어주면서 그 대가를 챙기는 것이다. 적절한 역할 분담이고, 투트랙(Two Track) 전술이다.

NLL 문제는 군부의 몸값을 높이는 중요한 소재이다. 그런 만큼 이번 6월에도 다시 이를 들고 나왔다. 서해의 긴장을 높여 자신들의 존재감을 높이겠다는 의도임이 분명했다.

NLL 문제, 남쪽의 좌파 일부 교수와 창백한 지식인들이 북의 주장에 다소 동조하기는 했지만, 북의 1999년 '서해 해상군사분계선'과 2000년 '서해5도 통항질서' 등에 동조하는 사람은 많지 않다.

'6월이란 특정시점의 군부' 정도를 제외하고는 북한 정권이나 북한 민간 모두 현행 NLL을 인정하고 또 지킨다. 우리가 대북지원용 쌀을 실어다 줄 때나 우리나 북한 선박의 왕래 때에도 이 NLL은 서해 바다를 가른 현실적인 선이 되고 있다.

중국 상해에서 해주에 들어가는 북한 배들은 인천 앞바다를 가로질러 들어가지 않고 지금도 백령도를 돌아서 들어간다. 이것이 현실이고 또 그렇게 지켜져야 한다.

우리의 해군 함대는 막강해졌다. 1999년 또는 2002년 당시보다 해군전력은 크게 증강되었다. 대형 구축함, 잠수함 등이 상당히 전력화되었기 때문이다.

2001년 상선 도발, 2002년 서해교전 당시, 정상회담 이후 햇볕정책 유지를 위해 우리 군은 '제대로 된' 대응을 하지 못했다.

그러나 이젠 달라야 한다. 군통수권자인 대통령의 확고한 안보관이 필요하고 그에 맞는 명령이 내려져야 한다. 해군은 작전예규와 교전수칙대로 하면 된다. 많은 사람들은 아무 성과도 없이 장병들을 사지에 내몰았던 2002년의 참담한 사태가 되풀이 되서는 안 된다고 지적한다.

북한은 오판하지 말아야 한다. 동해로 서해로 단거리 미사일을 쏘는 것은 통상적인 훈련과 실험으로 이해할 수 있으나, 어떤 명목으로든 남한군인을 상대로 총을 쏘는 것은 있을 수 없는 일이다.

서해 NLL이 조용했으면 한다. 2007년에 들어 북의 경비정이 NLL을 남하하는 횟수도 많이 줄어들었고 별다른 특이상황도 없다. 위기사태는 이런 평온함 속에서 터진다. 그러니 각별한 경각심을 가져야 할 것이다.

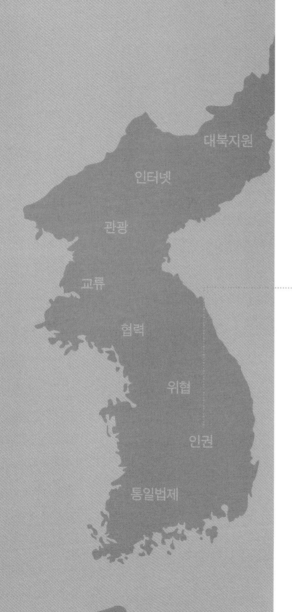

대북지원

인터넷

관광

교류

협력

위협

인권

통일법제

7장

인권

탈북자 · 납북자

국군포로 · 이산가족

─ 인도주의와 인권

'술취한' 황만 호를 보면서 납북자를 생각하다

북한이 2005년 4월 13일 월북했던 황모 씨(57)와 그의 어선 황만 호(3.96톤)를 돌려보내기로 했다. 황씨는 술에 취해 북으로 배를 몰았다고 한다. 동네 사람들 말로는 과거에도 술에 취해서 배를 남으로 몰아 어장을 이탈한 적도 있는 '상습범'이라고 한다. 가족들 모두 속초에 살고 있는 등, 북으로 넘어갈 이유가 없는 사람이다. 이 사람은 술에 취해 한잠 자고 일어났을 뿐인데, 남긴 후유증과 뒷일은 심각했다.

이 지역 관할 해안경계를 담당한 사단, 동해를 지키는 해군 1함대, 그리고 해경까지, 지휘와 책임 계선이 있는 지휘관들 줄줄이 징계를 먹게 생겼다. 게다가 정동영 통일부 장관도 입장이 참으로 난처해졌다. 자신의 해당부대 방문 때문에 사단장부터 전 지휘관이 자신을 수행할 수밖에 없었고, 결과적으로 하필 그때 발생한 어선월북 사태에 제대로 대처하지 못하게 만들었기 때문이다.

사실 NSC 상임위원장이고 이른바 외교안보팀장인 통일부 장관이 '뜨니' 국방부부터 예하 사단장까지 오죽했겠는가? 졸병부터 쓸고 닦고 며칠을 준비했을 텐데, 그 보람도 없이 오히려 징계를 먹게 생겼으니, 기가 막힐 것이다.

다행히 북이 황만 호를 바로 돌려보내기로 했으니 다행이지, 시간을 끌거나 혹여 상당기간 억류했으면 일이 매우 복잡할 뻔했다. 과거에 잘 쓰던 수법처럼 '간첩'을 보냈다느니, 의거월북 했다고 발표하고 북한 방송에 내보내 남한을 비난하게 하는 식 말이다.

이렇게 가끔 우발적으로 또는 불가항력인 천재지변으로 동해 NLL을 넘어오고 넘어가는 사건이 아주 드물지만 있다. 통일부는 북쪽에서 죽어서 떠내려 오는 사체를 처리하는 규정까지 만들어 두고 있다. 남북은 이런 우발적인 상황을 가정하여 서로 협력하는 더욱 다양한 채널과 운영절차를 만들어야 한다.

또 이렇게 북한이 쉽게 보내주는 걸 보면서, 세상이 많이 좋아졌다고 느낀다. 별 이용가치가 없었기 때문일지도 모른다. 북으로서도 술을 먹고 넘어온 사태에 기가 막혔을 것이다. '남쪽 군대는 대체 뭐하는 것인가'하는 생각도 했을 것이다. 아니면 지난번 DMZ에 산불 진화를 위한 우리 소방헬기의 진입을 허용해 준 것이나, 우리 비료 지원 방침과 조류독감 지원 계획에 대한 답례일 수도 있다. 그것도 아니면 북한을 돕고 '민족공조' 하느라 어려운 와중에도 고생하는 남쪽 정부 입장을 생각해줬을 수도 있다.

황만 호 사건을 보니, 납북 어부나 피랍자 생각이 난다. 휴전 이후 북한에 억류되어 있는 피랍자는 486명이다. 주로 어부, 선원, 항공기 승무원 등이다. 북한은 납북을 인정하지 않고 의거월북이나 자유의사에 의한 북한 잔류라고 주장한다. 남쪽의 가족들은 우리 정부에 생사확인만이라도 도와달라고 간청을 한다. 그러나 정부는 '북한의 입장도 생각하고 남북관계도 고려하는' 등의 이유로, 가족들이나 비판적인 사람들이 보기에는, 아주 소극적이다. 물론 정부는 최선을 다한다고 말하지만 말이다.

북한은 일본인 납치자에 대해서는 사실을 인정하고 일부는 일본으로 돌려보내 주었다. 우리는 과거 이인모 노인과 미전향 장기수를 아무 조건 없이 북으로 보내주었다. 북한은 피납자와 국군포로 전원을 돌려보내 주어야 한다. 우선 생사확인이나 가족 상봉부터 허용하고 이들의 자유의사에 따라 남북을 선택할 수 있도록 해야 할 것이다.

돌아오는 황만 호가, 이런 염원에 대한 좋은 소식을 가지고 남으로 돌아왔으면 한다. 황만 호를 보면서 납북자를 생각한다.

국가인권위의 북한인권보고서

국가인권위원회의 북한인권실태보고서의 일부가 2005년 8월 8일 공개되었다. 현 정부 들어 설치된 대통령 직속의 국가인권위원회는 그동안 여러 건의 주목되는 조치로 세간의 관심을 받아왔다. 별도입법에 의해 만들어진 이 기구는 국회는 물론 행정부와도 아주 독립적으로 운영되고 있다. 거의 감사원 이상의 독립성을 보장받고 있다.

그러나 인권위는 '그동안 인권 운운하면서, 고등학생 두발문제, 학교체벌 문제 등은 신경 쓰면서 북한의 인권은 왜 입 다물고 있나. 그러고도 대한민국의 인권위원회냐'라는 엄청난 비난과 비판을 받아왔다. '북한을 자극하지 말고 그냥 모른척 하자'는 것이 현 정부의 대북인권 정책의 기조였지만, 더 이상 이런 국내외의 압력과 요구에 눈감을 수 없고, 그래서 2005년 초부터 관심을 가지고 나름대로 노력을 하기로 한 것이다. 그래서 실태파악부터 하기로 했고, 탈북자들 상대로 면담조사를 해 보니 기가 막힌 결과가 나온 것이다.

즉 북한에서 즉결처형, 공개처형, 기아, 아사, 강제 낙태 등 반인륜적인 행위들이 공공연히 저질러졌다는 사실이 확인된 것이다. 국가공식 인권기구에서 조사한 것이니 거짓이라 할 수도 없다. 앞으로 공식보고서로 나오면 파장은 대단할 것이다. 북한으로서는 감추고 싶은 치부가 드러난 것이고, 그것도 남쪽 정부기관이 조사해서 공개했다면, 최악의 경우 남북관계의 경색이 우려될 수도 있다.

그러나 2006년 12월 11일, 국가인권위원회는 '북한 내부의 인권침해 행위는 위원회의 조사대상이 되지 않는다'는 최종적인 공식 견해를 발표했다. 북한 영토 내에서 직접적인 조사활동을 진행할 수 없다는 것이 그 이유였다.

혹시나 했지만 역시나이다. 유엔 본 회의에서 북한인권 결의안이 채택되고 우리 내부에서 대북인권에 대한 정부의 적극적인 대응을 주문하고 있지만, 결국은 전혀 진척이 없다. 현 정부 하에서, 이른바 평화번영정책 하에서의 북한 인권은 언급조차 할 수 없는 신성불가침의 영역인 셈이다.

중국의 탈북자 북송, '한국의 좌절과 우리 외교의 수모'

중국 연대시의 한국국제학교에 진입한 탈북자들이 2005년 10월 강제북송 당하는 사상 초유의 충격적인 사태가 발생했다. 이는 헌법상 우리 국민을 지켜내지 못한 대한민국의 좌절이며, 우리 외교부의 씻을 수 없는 수모이고 수치이다.

중국 당국은 그간 8차례의 미국 등 주요국의 국제학교진입 탈북자 처리 경우와는 달리, 이번 한국국제학교 경우에는 강제 북송을 단행함으로써 탈북자 정책의 후퇴를 예고했다.

우리 외교부는 1개월여 동안 탈북자의 한국행을 위해 노력했으나 헛일로 끝났고, 더구나 주한중국대사관이 통보해 줄 때까지 사건 발생 1주일여 동안 북송사실조차 확인하지 못했다.

이는 한중관계에 심각한 문제가 있음을 드러낸 것이며, 외교관례에 어긋나는 문제이고, 국가주권과 나라 체면과 관련이 있는 것이다.

그동안 중국은 탈북자들을 온정적으로 대우해 주었고 한국의 입장을 존중해 왔다. 이 때문이 탈북자들이 북경의 외국 공관에 진입하는 사례가 급증했고, 탈북자들의 국내진입을 도와주는 이른바 '기획입국'이 성행했다. 기획입국을 도와주는 전문 지원조직이 생겨나기까지 했다.

이제 중국의 탈북자 정책이 전면적으로 바뀌고 있다. 바로 북·중 간 민사·사법공조조약이 발효된 것이 그 계기이다. 지난 2003년 11월 19일, 북·중 양국간에 서명되고 2005년 8월 28일 제 10기 전국인민대표대회 상무위원회에서에서 비준된 '북·중 민사형사 사법공조조약'이 이번 사태와 관련이 있다. 중국이 탈북자들의 강제송환 이유를 '난민'이나 '특수지위의 탈북자'가 아닌 '불법 월경자로서 중국 국내법을 위반한 범죄자로 보아 강제송환 했다'고 설명한 이상 더욱 그러하다.

지난 1986년 8월 12일, 중국과 북한은 '접경지역의 국가안전과 사회질서 유지업무를 위한 상호협력의정서'를 체결한 바 있다. 여기서는 월경자를 반혁명분자로 규정하고 상대방에 인계해야 함을 명시했다. 그러나 세월이 흐르고 여건이 바뀌면서 이 의정서에 대해 탈북자 인권 침해 등으로 국제적 비난이 강화되자 이 의정서의 효력이 만료되는 2006년을 앞두고 양국은 이번에는 보편적인 민형사 사법공조조약을 체결하여 이를 대체한 것이다.

외교부는 이 조약이 '통상적인 사법공조조약에 불과하다'고 주장하고 있으나, 이는 '중국과 북한 법을 어긴 범죄자, 즉 탈북자 처리의 상호 공조'를 담은 내용으로 결국은 탈북자를 옥죄는 족쇄가 될 것이 분명하다. 이 조약의 발효로 앞으로 탈북자들의 북한 강제송환 가능성은 더욱 높아졌고 탈북자의 안전은 더욱 위태로워질 것이다. 이제 치외법권이 인정되는 외교 공관 이외의 모든 탈북 루트는 막힐 것이고, 그간 인도적 견지에서 한국행을 허용했던 중국의 호의도 약화될 수밖에 없다. 한국과의 관계보다는 북·중 사법공조조약이 우선되기 때문이다.

지난 10월 11일 칭따오 국제학교가 탈북자 8명이 진입한 사실을 중국 공안이 아니라 한국 공관에 먼저 알렸다는 이유로 중국 당국으로부터 엄청난 압력을 받았던 사실이 확인되었다. 중국이 기존 탈북자에 대한 작은 호의마저 거두고 있다는 증거였다.

이제는 탈북자들의 국내 입국 경로는 더욱 제한될 것이고, 신변의 불안정성은 더욱 높아졌다. 이런 상황변화에 대응하는 우리 정부의 대책은 예나 지금이나 별로 달라진 것이 없다.

북한 주민 1인의 생존을 위해서는, 북에 남아 있으면 1년에 100불, 탈북하면 1000불, 국내에 들어오면 10000불의 비용이 든다. 그래서 가장 바람직한 방안은 '탈북자가 발생하지 않도록 하는 것'이고 이를 위해 대북지원이 필요하다는 논리도 있다. '대북지원을 위한 변명' 중의 한 이유가 바로 탈북자들이다.

오직 경제적 비용만 따진다면, 탈북자들이 그냥 북에 남아 있는 것이 가장 바람직하다. 그러나 이들의 탈북 동기는 경제적인 것만이 아닌 더 나은 삶, 인간다운 삶을 위해 억압와 압제에서 벗어나 자유를 찾으려는 노력 때문이다. 이는 누구도 막을 수 없다. 이것은 천부인권적 권리이고 헌법상의 조국인 대한민국과 관련국들은 이들을 도와주어야 한다.

이들의 탈북을 조장하자는 이야기가 아니다. 그럴 이유도 없고 또 우리의 수용능력도 제한되어 있다. 자유를 찾으려는 이들에게 구호와 지원이 더욱 필요하고, 동시대를 살고 있는 우리는 이에 최선을 다해야 한다는 말이다.

북한인권결의안 논란과 유엔인권위 표결 분석

유엔 총회에 상정된 북한인권결의안에 대해 결국 우리 정부가 기권했다. 그동안은 유엔인권위원회(UNCHR, Commission on Human Right) 결의안이었지만, 2005년부터는 유엔총회에서 다루게 된다.

지난 3년간 우리 정부는 북한과의 관계를 고려하여 불참, 기권의 입장을 표시해 왔다. 여기에 찬성을 하게 되면, 현재의 남북관계가 경색될 우려가 있다는 것이 가장 큰 이유였다. 2003년 우리 정부가 결의안 표결에 불참하자, "비굴하게 그러지 말라. 당당하게 우리의 입장을 밝혀라"라는 요구가 비등했다. 그래서 2004년과 2005년에는 회의에 참석은 하되, 표결에서 기권했다.[13]

우리 정부는 매년 제네바에 대표단을 꼭 보내서 예산만 몇 천만 원 쓰고 왔다. '기권할 것, 돈 써가면서 뭐 하러 가냐'는 비판에, 외교부는 '대한민국이 왜 기권하는지, 한국이 처한 특수한 사정을 설명하러 간다'고 답변했다.

사실 인권위원회 총회에 참석해서 '한국은 보편적 인권을 중시한다. 그러나 북한 인권은 남북관계를 감안해서 기권하는 것이니 이해하고 알아서 해달라'며 연설도 했다. 그러나 이런 정부의 입장에 대해

13) 2006년 12월 20일 UN총회에 상정된 북한인권결의안에 대해 우리 정부는 사상처음으로 찬성 표를 던졌다. (찬성99표, 반대21표, 불참56표)

엄청난 비판이 쏟아진다. 정부도 난감해 하지만 입장을 바꾸지는 않았다.

마침내 2005년 10월 31일, 한나라당 126명 의원 전원은 '대한민국 정부의 UN총회 북한 인권결의안 참여촉구 등에 관한 결의안'을 국회에 제출했다. 그 내용은 '우리 정부가 더 이상 기권하거나 불참하지 말고 적극적으로 참여하여 우리의 관심과 개선의지를 국제적으로 확인할 것'을 촉구하는 것이었다.

2005년 11월 14일. 국회 통외통위에서는 이 결의안 상정문제를 놓고 여야가 대립했고 결국 회의는 파행으로 끝났다. 여당의원들은 '남북관계를 고려해서 상정하지 말자'고 했고, 한나라당은 '상정하고 나서 토론하자, 그리고 통과시켜야 한다'고 버티다가 결국 합의에 이르지 못했다.

더 이상 북한 인권에 대해 침묵하고, 용인할 상황은 지났다. 우리 정부의 북한 인권에 대한 이율배반은 많은 지탄을 받고 있다. '북한에 대해 아픈 소리도 해야 한다. 북이 듣기 싫은 소리도 하고 그래야 한다. 어떻게 이 정부는 북한 비위만 맞추려드냐'는 지적이 따갑다.

국제사회도 마찬가지이다. 매년 비슷한 내용의 결의안이 EU의 주도로 상정되었다. 최근 국정감사에서 지난 3년간의 북한인권결의안의 찬성 반대 국가를 분석해 보았다. 특히 우리정부가 ODA(공적개발원조)를 '미끼'로 아프리카 후진국이나 가난한 나라들에 대해 한국정부의 입장을 따르라고 요구하지 않았는지를 집중적으로 조사했다. 이에 대한 구체적인 확증을 잡을 수는 없었지만, 한 가지 눈에 띄는 특징이 있었다.

북한을 지지하는 국가의 수는 거의 정해져 있었고 그 수는 4~5개국이다. 또 한국 눈치를 보면서 한국의 표결을 따르는 국가는 7~8개국이다. 뒤집어 말하면, 북한이나 우리나 움직일 수 있는 국가는 제한되어 있다는 것이고, 이것이 우리의 국제사회에서의 영향력이라는 것이다.

특히 경제대국 12위, 연간 약 8억 불의 무상원조를 지원하는 우리가 움직일 수 있는 나라가 고작 10여 개 국도 안 된다는 것은 결국 국제사회도 북한인권에 대해서만큼은 한국의 입장을 따르지 못하겠다는 것을 뜻한다. 아무리 무상원조나 ODA를 해 줘도 다른 사안은 협조하지만, 대북 인권 등에 대해서는 침묵할 수 없다는 것이다.

아무래도 현 정부 하에서는 북한이 껄끄러워하는 인권, 탈북자, 납북자, 국군포로 등에 대한 적극적인 대처는 기대하기 어려울 것 같다. 대북 비료, 쌀 등의 지원은 잘해도 말이다.

북한 인권, 북한의 핵 문제만큼이나 간단하지 않은, 우리가 안고 가야 할 숙제이다.

● 제59차 유엔인권위 표결현황 (2003년)

찬성	반대	기권
아르헨티나, 아르메니아, 오스트리아, 벨기에, 브라질, 캐나다, 칠레, 코스타리카, 크로아티아, 호주, 프랑스, 가봉, 독일, 과테말라, 아일랜드, 일본, 케냐, 멕시코, 파라과이, 페루, 폴란드, 사우디아라비아, 스웨덴, 우크라이나, 영국, 미국, 우루과이, 베네즈웰라 (28)	알제리, 중국, 쿠바, 리비아, 말레이시아, 러시아, 수단, 시리아, 베트남, 짐바브웨 (10)	바레인, 부르키나파소, 카메룬, 콩고, 인도, 파키스탄, 세네갈, 시에라리온, 남아프리카, 스리랑카, 스위스, 태국, 토고, 우간다 (14) * 한국 : 불참

● 제60차 유엔인권위 표결 현황 (2004년)

찬성	반대	기권
아르헨티나, 아르메니아, 호주, 오스트리아, 부탄, 브라질, 칠레, 코스타리카, 크로아티아, 도미니카, 프랑스, 가봉, 독일, 과테말라, 온두라스, 헝가리, 아일랜드, 이탈리아, 일본, 멕시코, 네델란드, 파라과이, 페루, 우크라이나, 영국, 미국 (29)	중국, 쿠바, 이집트, 인도네시아, 나이지리아, 러시아, 수단, 짐바브웨 (8)	부탄, 부르키나파소, 콩고, 에리트리아, 이디오피아, 인도, 모리타니아, 네팔, 파키스탄, 카타르, 한국, 시에라리온, 남아프리카 공화국, 토고, 우간다 (16)

● 제61차 유엔인권위 표결 현황 (2005년)

찬성	반대	기권
아르헨티나, 아르메니아, 호주, 부탄, 브라질, 캐나다, 코스타리카, 도미니카(공), 에콰도르, 에리트리아, 핀란드, 프랑스, 독일, 과테말라, 온두라스, 헝가리, 아일랜드, 이탈리아, 일본, 케냐, 멕시코, 네덜란드, 파라과이, 페루, 루마니아, 사우디아라비아, 스리랑카, 우크라이나, 영국, 미국 (30)	중국, 쿠바, 이집트, 기네, 인도네시아, 말레이시아, 러시아, 수단, 짐바브웨 (9)	부르키나파소, 콩고, 에티오피아, 가봉, 인도, 모리타니아, 네팔, 나이지리아, 파키스탄, 카타르, 남아프리카공화국, 한국, 스와질랜드, 토고 (14)

북한이 보내온 청구서, 북송 비전향 장기수 몸값 10억 불

2006년 신년 벽두에 북한이 북송된 비전향 장기수들이 군사정권 시절에 받은 탄압에 대한 피해보상을 요구하는 고소장을 남한에 보내왔다. 이 고소장은 우리 국가인권위원회와 '진실과 화해를 위한 과거사 정리위원회' 두 군데가 받았다.

결론부터 말하면, 이는 정치공세일 뿐이다. 특히 정부가 중심을 잘 잡고 무시해야 한다. 북의 주장에 조금이라도 동조하는 날, 남한은 걷잡을 수없는 남남갈등에 빠져들게 될 것이다.

북한은 2006년 공동사설(신년사)에서 '반보수대연합' 구축을 주장했다. 이 반보수대연합의 시작을 비전향장기수 인권침해와 보상 문제로 시작하려는 것 같다.

또한 북의 이런 요구는 국제사회의 북한 인권문제 제기에 대한 맞불, 물귀신 작전일 수도 있다. 북한인권법, 유엔의 북한인권결의안 등등 북은 핵문제만큼이나 인권을 통한 압박에 곤란해 한다. 한국정부도 정말 내키진 않지만, 국내외적 압력에 굴복해 북한 인권문제에 대한 관심과 입장을 표명하려 하고 있다. 그런데 이번 고소장은 정부의 발목을 잡기위한 견제구로 보인다. 또 우리의 국군포로, 남북자 송환 요구에 대한 대응의 의미도 있는 것 같다.

비전향 장기수 북송은 김영삼 정부 취임 이후 첫 결단이었다. 1992년 이인모 노인이 북송된 이후 2000년 63명이 북으로 갔다. 이들은 지금 북한 사회에서 대우받으며 잘 살고 있다.

"력사적인 평양 상봉 후 온 세상에 일대 파문을 일으킨 63명의 비전향장기수들의 조국으로의 송환은 혁명 전사들에 대한 장군님의 숭고한 믿음과 사랑이 가져온 고귀한 결실이었고 인덕정치의 위대한 승리였다."

2000년 장기수 북송이 이루어지자 나온 북한의 공식반응이다. 그러나 북한은 지금까지도 우리 국군포로 납북자들의 존재조차 부정하고 있다. '의거월북이다, 자발적인 공화국 잔류다'라는 주장을 계속하고 있다. 일부 국군포로들이 탈북에 성공해서 그 참담한 실상을 증언해도 무시한다. 우리 정부 역시 애써 이들 문제에 침묵해 왔다. 북한을 자극하면 안 된다고 하면서 말이다. 하지만 역시 언제까지 이를 무시할 수는 없다.

북은 이번에 비전향장기수 인권침해 보상금으로, 무려 10억 불을 요구했다. 엄청난 돈이다. 자신들의 몸값이 이 정도는 된다고 생각하는 것 같다. 이제 정말 고령이 된 비전향 장기수를 이용하여 한몫 잡으려는 것인지도 모른다. 남쪽 보수세력의 그 엄청난 반대를 무릅쓰고 이들을 보내준 것을 잘 알면서, 십 년도 넘은 지금 왜 이제 와서 이런 일을 벌이는가.

그리고 그 배상 주체가 현 정부가 아니라 과거 독재정권으로 되어 있다. 유신독재를 운운하는 것으로 보아 누구를 노리는 것인지 분명하다. 한나라당이 보상책임이 있는 '정부'인지, 배상 책임을 져야 하는지, 박정희 정부는 이 나라 정부가 아니었는지 모를 일이다.

또 한 가지, 북의 '인민'이 남쪽 국가기관에 이런 요청서를 보내왔다. 헌법상 북한인민도 우리 국민이다. 어떤 형태로든 응답을 해야 하는데, 정부 입장도 참으로 난처하게 되었다.

북이 반보수대연합을 노리고 던진 것이라면 일회용일 것 같지는 않다. 이를 고리로 다른 사안, 즉 북핵문제나 이산가족 상봉 문제, 남북경협 등의 현안과 연계할 가능성도 있는 것이다. 내재적 접근법을 주장해온 이종석 통일부장관과 통일외교안보팀의 첫 숙제인 것 같다.

작년 북은 신년사를 발표하면서 올해와 같은 농업주공전선을 강조했다. 그래서 땅도 녹지 않은 1월에 비료 50만 톤을 보내달라고 요청했다. 우리는 북의 '핵보유 선언'에도 불구하고, 북이 대화에 나온다는 보장도 없이 결국 다 주고 말았다.

2006년에는 비료 50만 톤 대신 비전향 장기수 몸값 10억 불을 요구하는 것으로 시작했다. 대북지원 예산도 이제부터는 본격적으로 빚을 내서 조달해야 한다. 국회는 2005년에 4500억 원(경수로 예산 제외)을 빚을 내서 줄 수 있도록 허용해 주었다.

북한이 보내오는 지원 요구 목록에 비전향장기수 보상금 10억 불이 얹혀졌다. 앞으로 얼마나 많은 청구서들이 날아올지 두고 볼 일이다.

민족통일 '자전거공장'

일본 정부는 2006년 4월, 요코다 메구미 씨의 남편이 지난 1978년 전북선 유도에서 납치된 한국인 김영남 씨라는 사실을 밝혀내고 우리 정부에 협조를 요청해 왔다. 그러나 이에 대해 북한은 공식적으로 이를 부인하고 있다. 이런 상황에서 통일부는 4월 국회 업무보고를 통해 '국가의 기본책무와 피해자 가족들의 의사를 감안해서 관련 대책을 강구하겠다'고 답변했다. 그리고 통일부는 1000여 명의 납북자와 국군포로 송환문제와 대북 경제지원을 연계할 방침이라는 보도가 있었고, 이에 대해 장관도 '보다 큰 틀에서 구상'할 것이며, '납북자 문제를 풀어 가는 과정에서 비용이 들 수도 있다'는 언급을 한 바 있다. 이런 연계방안은 동서독의 정치범 석방거래나 미군의 유해송환 방안 등을 원용하겠다는 것으로, '인도주의적 접근'에서 '대가성 교환거래' 방식으로의 정책전환을 뜻한다.

대북 지원 및 협력이 더욱 확대되어야 하는 상황에서, 생이별을 당한 납북자의 한을 달래고 조기송환을 위한 이런 연계 방안은 적극 검토될 필요가 있다. 또한 이산가족의 상봉문제, 탈북자의 국제적 처리 문제 등도 인도주의적 접근뿐만 아니라 이러한 대가성 거래 방안을 결합한다면, 훨씬 효과적일 수 있다. 그러나 납북자 송환을 위한 대북 경제지원 방식과 관련하여, SOC 투자·현물 제공 등 여러 방안이 거론되고 있지만, 여기에는 몇 가지 원칙이 있어야 한다.

첫째, 현금 또는 현금성 현물의 지원은 신중해야 한다.

둘째, 일회성, 소모성 현물의 지원 역시 바람직하지 않다. ODA(공적개발지원) 방식의 개발원조 방향으로 나가야 한다.

셋째, 중장기적으로 북한의 개혁 개방과 남북 경제공동체 건설에 기여해야 한다.

넷째, 대북지원의 혜택이 북한 주민 모두에게 골고루 그리고 직접적으로 돌아갈 수 있어야 한다.

이런 원칙에서 한 가지 생각해 볼 수 있는 것은 바로 중국의 '대안 친선유리공장 모델'이다. 중국이 2400만 달러를 들여 평양 인근 대안에 지어준 이 유리공장은 2005년 8월 가동하여 연간 640만 톤의 판유리를 생산하고 있다. 이 유리 공장의 가동으로 북한 인민들의 살림집 유리가 달라졌고, 이 공장은 북·중 우호협력의 상징으로 평가받고 있다.

필자가 북한에 있었던 2005년 12월 8일, 조선중앙방송은 김정일 위원장이 이 공장을 현지 지도했다는 소식을 거듭거듭 내보내고 있었다. 중국의 유리공장처럼, 우리의 '남북우호신발공장', '민족통일자전거공장' 등 북한 주민들에게 절대적으로 긴요한 최종소비재 공장을 건설한다면, 앞에서 언급한 4가지 원칙을 충족시킬 수 있고 남북의 경제협력의 상징으로 부각될 수 있을 것이다.

북한의 공장은 노후화되어 생산효율이 낮다. 또 소비재 산업은 거의 붕괴되었다. 신발 공장이든 자전거 공장이든 남쪽의 지원으로 공장이 돌아가고 그 제품들이 북한 인민들에게 돌아간다면 한민족의 동질성과 협력 밀도는 더욱 높아질 것이다. 또 이런 방식의 지원을 통해 납북자들이 돌아올 수 있다면, '일방적 퍼주기'라는 식의 비판도 잠재울 수 있어 현 단계에서 여러모로 유익한 남북협력모델이 될 것이다.

미국의 탈북자 망명 허용과 대북 인권 정책

매우 황당한 일이 벌어졌다. 대한민국 국민이 미국에 '망명'을 했고, 이것이 받아들여진 것이다. 미국 로스앤젤레스 이민법원 제프리 로믹 판사는 2006년 4월 27일 탈북자 서재석(40) 씨의 망명을 승인했다. 한국 국적 탈북자의 정치적 망명 신청이 2004년 10월 북한인권법 발효 이후 미국 이민법원에서 처음으로 받아들여진 것이다.

탈북자들이 미국에 들어가는 경로는 2가지이다. 하나는 북한을 탈북해서 중국 등지로 떠돌다가 미국에 밀입국한 경우, 다른 하나는 한 국으로 들어와 대한민국 국민이 되어 미국에 들어간 경우이다. 우리 국적을 가지지 못한 전자의 경우는 그렇다 치더라도, 한국 국적을 가 진 우리 국민을 망명 형식으로 받아주었다는 것은 참으로 고민되는 문 제이다. 단적으로 말하면, '대한민국은 탈북자를 탄압하는 인권후진 국이다. 남한이나 북한이나 똑같다'라는 의미이다. 그렇기에 통일부 는 미국의 처사에 흥분했다. 이종석 장관은 '한국 정부가 탈북자를 탄 압해서 미국으로 망명했다고 말한다면, 이는 정부와 국민에 대한 모 독'이라고까지 했다.

미국이 6자회담 개최를 위한 대북한 압박용으로 이런 카드를 빼들 었거나 아니면 이것이 정말로 북한 인권개선을 위한 단계적 방안이었 다고 해도 '한국을 이렇게 물 먹이는 것은 너무하지 않은가'라는 생각 이다. 한국국적을 가지지 않은 밀입국 탈북자의 망명을 받아주었다 면, 우리 정부도 수긍할 수밖에 없고, 북한에 대한 압박 효과도 노릴 수 있었을 텐데, 굳이 한국 국적 탈북자를 망명 형식으로 받아들였으 니 말이다. 이번 경우는 미국이 심했다.

그리고 미국 제이 레프코위츠 특사의 개성공단 노동력 착취 발언은 정말로 한반도 현실에 '무지한' 미국식 접근이다. 또 인권침해 실태, 개성공단사업, 인도주의 대북지원 문제도 언급했지만, 대부분은 동의 하기 어려운 내용들이다.

이번 사태는 한·미 간 대북 인식의 차이를 줄이려는 노력이 절실 히 필요함을 다시 한 번 확인시켜주는 계기이다. '그들은 매파이니까 아무리 말해도 소용없다'는 회피·변명보다는 개성공단 사업과 인도 적 지원의 필요성에 대해 알리고 한국 국민들의 생각이 어떠한지를 바로 알리고 전달할 필요가 있다. 특히나 개성공단 현장에 초청하여 직접 보게 하는 것도 한 방법일 것이다. 누구라도 현장을 보면 조금은 달라지기 때문이다. 북한을 상대로 전략적 필요에 의한 한·미 간 역할분담이라고 애써 모양 좋게 봐줄 수도 있으나, 본질은 그런 것이 아니다. 한·미 간을 갈라놓은 거대한 간극은 너무나 깊고 넓다.

아울러 우리 정부의 북한 인권에 대한 입장도 바뀌어야 한다. 그동안 북한 인권문제에 대해 국제사회에서 보여준 한국정부의 이중성에 대한 심판이다. '북한에 대한 배려' 때문에 제 할 말 못하고, 유엔인권 결의안에 불참하고 기권해 온 행태에 대한 경종이다.

국군포로와 납북자 문제, 이 역시 한동안 금기사항이었다. 입도 뻥끗 못했던 것이다. 그러나 2006년 4월에 열린 18차 장관급 회담에서는 '남과 북은 전쟁시기와 그 후 소식을 알 수 없게 된 사람들의 문제를 실질적으로 해결하기 위해 협력하기로 하였다'고 합의했다. 비록 남북자와 국군포로를 명시적으로 지칭한 것은 아니지만 이들을 염두에 둔 것이고 처음으로 정부당국 차원의 공식 논의가 이루어졌다는 점에서 의미가 있다. 이처럼, 북한 인권문제 역시 마찬가지이다. 이제는 말할 때이고, 금기를 깨 나가면서 현안으로 논의하고 해결책을 마련해 나가는 것, 이런 고비를 넘어야 만이 남북관계는 평화와 통일의 길로 나아가게 될 것이다.

당장 조용하려고, 북한의 비위를 맞추려고 입 다문다면, 오히려 그만큼 평화와 통일은 더뎌질 것이다.

인권은 말 그대로 천부인권적 가치이다. 북한 인권문제 역시 이런 차원에서 봐야 한다. 그러나 북한을 먼저 생각하는 사람들은 굳이 지금 북한 인권문제를 제기하는 것이 남북관계 발전은 물론 북한 인민들의 인권향상에도 도움이 안 된다는 말을 한다. 현 정부나 좌파세력들의 일상적인 주장이다. 그러다 보니, 북한 인권을 입에만 올려도 거의 노이로제 수준으로 반응한다.

이에 반대하는 사람들은 북한 인권을 가장 소리 높여 주장한다. 탈북자에 대한 예산도 늘리고 이산가족이나 국군포로 문제에 대한 적극적 노력을 요구한다. 또한 정치적 측면에서도 북한 인권문제 제기야말로 이른바 좌파들의 외눈박이식 대북접근 실태를 폭로하고 공세를 취할 수 있는 훌륭한 재료라고 생각하고 있다.

이런 양립하는 평행선은 이제 하나로 수렴되어야만 한다. 현 정부도 북한 인권에 대해 북한 눈치를 보면서 애써 눈감아서는 안 된다. 평화번영정책 역시 북한 인권문제를 품지 못하고서는 절름발이일 뿐이다. 보수세력은 북한 인권문제에 대한 전술적 탄력성을 감안하여야 한다. 당위론적 사안이지만 비타협적 교조적 접근 역시 효과적이지 못하다.

이제 북한 인권문제는 기존 생존권적 인권차원(식량 확보)에서 인류 보편적 가치 기준에 의한 행복추구, 삶의 질 차원으로 확장될 필요가 있다. 식량권 차원의 접근은 인권문제를 지나치게 협소하게 할 뿐만 아니라, 북한의 개혁 개방 등 변화 추동 과정에서 무력해지기 때문이다.

또 이를 북한 주민의 인권으로 한정하기 보다는 동북아시아 한민족의 인권문제로 확장하여 접근할 때이다. 이렇게 되면 북한주민·조선족·고려인·조총련과 민단 등 모두를 아우를 수 있게 된다. '한민족 네트워킹'을 통해 이들 상호 간의 연계와 유대를 확장하는 방안도 고민해야 한다. 중국의 조선족들이 북한 주민들의 삶의 질 향상을 위해 기여할 방안은 없는지, 고려인들이 조선족을 도울 방안은 없는지 연구할 때이다. 남쪽이 직접 하는 것보다 한민족 네트워크가 움직이는 것이 훨씬 더 효과적일 수 있기 때문이다. 또 앞으로 NGO위주의 민간부문뿐만 아니라 국제협력단 등의 개발원조(ODA) 경험이 북한에게 투입될 수 있도록 하는 것도 고려할 때이다.

국군포로와 피랍국민(통상 납북자로 부르지만, 피랍국민으로 부르는 것이 적절하다) 송환은 현실적으로 인권문제의 선차적인 핵심과제이다. 이는 남북관계의 정치군사적 사안과 분리하여 접근하고, 쌀 비료 등 대북 인도적 지원과 연계해야 한다. 또 독일의 경우처럼, '송환 대 보상' 원칙을 도입하여 남쪽으로 송환시 일종의 몸값을 지불하는 한이 있더라도 그렇게 해야 한다.

이산가족 문제의 궁극적 목표는 자유왕래에 있다. 그 전에라도 고향방문, 즉 고향에서의 가족 상봉이 되어야 한다. 정책목표를 여기에 맞추어야 한다. 이산의 시간이 반세기를 넘어가면서 직계 이산가족은 점점 줄어가고 있다. 금강산의 일회적 상봉이 아닌 고향에서 조상의 묘소나 뿌리를 찾아보는 고향 방문이 되어야 한다.

단기적으로 상봉의 정례화가 필요하다. 아직도 상봉 대기자가 너무 많아 순서에 드는 것은 거의 '로또' 당첨에 가깝다. 그리고 단 한 번의 상봉은 너무나 잔인하다. '남북 간 이산가족 상봉 등에 관한 합의서'

를 체결하고, 우선 금강산 상설 면회소 조기완공 및 개성 면회소 건립을 추진할 필요가 있다. 금강산 온정리 입구의 면회소는 우여곡절 끝에 지금 공사가 이루어지고 있다. 또 화상상봉 등 상봉방식의 다양화 · 정례화도 필요하다.

재외탈북자를 국제적 난민으로 규정하고 국제적 해결과 공조를 강화해야 한다. 중국 동남아, 몽골 등 관련국과 UNHCR 등 국제기구들과 긴밀히 협조할 필요가 있다. 특히 중국에 대한 이른바 '조용한 외교'를 탈피하는 적극적인 노력이 필요하다. 탈북자의 북한 송환 중지를 위한 한 · 중공조의 강화가 중요하다. 이를 위해서 한국이 중국 조선족 등에 대해 경제적 지원을 추진해야 한다. 탈북자 지원 예산 및 대중국 ODA와 강력히 연계해야 한다. 우리가 중국 사천성의 어떤 프로젝트에 돈을 쓰는 것보다는 동북3성의 조선족 자치주에 대한 무상원조를 확대하는 편이 어느 모로 보나 합리적일 것이다.

한편으로 남쪽의 대북지원이 북한 인민들에게 직접적으로 혜택이 돌아가도록, 골고루 나눠지도록, 그리고 북한 내의 시장이 작동할 수 있도록 해야 한다. 이렇게 해야 남북 교류 협력의 밀도가 높아지고 민족동질성도 높아질 것이다. 이런 원칙들이 대북지원의 효과를 높이고 북한 인권개선을 앞당길 것이다.

대북지원

인터넷

관광

교류

협력

위협

인권

통일법제

8장

통일법제

남북 사이의

법률 현황과

통일대비 법제 이야기

― 북한 실체 인정과

헌법 제3조, 그리고

남북기본합의서

1. 남북기본합의서

남북기본합의서 국회비준 동의 시급하다

2005년 9월. 6자회담의 합의는 중요한 의미를 담고 있다. 당면한 북한 핵 문제의 해결방안을 찾았다는 것도 큰 것이지만, 이 6자회담을 한반도의 평화체제 정착을 위한 새로운 논의 틀로 발전시켜 나가기로 한 것이 더욱 의미가 있다.

북핵 문제 해법은 엎치락뒤치락하면서 앞으로 나아갈 것이다. 미·북 간의 이견이 완전히 해소되지 않았고, 또 합의의 이행과정에서 어떤 돌발변수가 터져 나올지 모른다. 그러나 이제는 앞으로 나아갈 수밖에 없다. 그 방향이 올바르다는 점에서 매우 다행이다.

미·북이 진정으로 합의하고 상호존중의 길에 섰다 해도, 앞으로 인권문제, 화학무기와 미사일 등 대량살상무기 문제 등은 여전히 남아 있다.

미·북 양쪽은 한국전쟁 당시 적국이었고 지금도 한반도는 휴전상황이다. 평화체제 정착을 위한 노력, 이것이 6자회담의 틀 내에서 진행된다는 것을 어떤 이는 '얄타체제의 종식, 냉전구도의 종언의 시작이다'라고까지 하며 그 의미를 높이고 있다. 국제법상, 국제정치상 한반도는 '화석화된 냉전의 현장'이기 때문이라는 것이다.

그래서 6자회담에서 한반도의 평화협정 체결을 논의하고 그래서 명실상부하게 남북은 적대적·대결적 상황을 벗어나고, 국제적으로도 보장받는다는 것이다. 이미 남·북·중국·미국 등 2+2, 4자회담 등등 여러 논의 방향이 거론되고 있다. 휴전협정의 당사자는 북한·중국·미국이다. 우리는 아예 없다. 강조되어야 할 것은 남북 당사자 원칙이고 우리가 중심이 되어야 한다는 것이다. 휴전협정 당사자들끼리, 북중미 3국이 평화협정에 서명하는 일은 있을 수 없다.

남북이 중심이 되고 미국 중국, 그리고 러시아, 일본이 함께하는 방안이 되도록 우리가 미리 분위기를 잡아나가야 한다. 그러기 위해서는 남북이 좀 더 친해져야 하고, 특히 상호 간의 법적 제도적 문제를 풀 필요가 있다. 남북 양측이 서로를 인정하고, 그 관계는 잠정적으로 특수한 관계로 정해야 한다. 그래야 남북이 휴전협정이든 평화협정이든 체결할 수 있는 것이다.

그동안 남북은 수많은 합의서를 맺었다. 그리고 유엔에도 동시에 가입했다. 합의서나 유엔가입 문서에는 공식적으로 대한민국과 조선민주주의인민공화국이라고 국호를 쓰고 있어 사실상 국제법적으로는 별개의 국가인 셈이다. 1991년에 체결한 남북기본합의서에도 양국의 정식국호가 쓰였다. 이 문서에 대해 우리는 대통령 비준만 받았고 국회의 동의를 거치지 않았다. 이러다 보니 우리 대법원은 남북기본합의서를 그냥 '신사협정'에 불과한 것 정도로 판결하고 말았다. 기본합의서의 지위가 이러하니 다른 하위 합의문은 전부 신사협정이고, '지켜도 그만 안 지켜도 그만'인 것이다. 최근 들어 대부분의 주요 남북합의서는 국회의 체결동의를 거치고 있다.

2005년 9월 기본합의서의 국회체결동의 필요성을 묻는 질문에, 통일부는 '필요가 없고, 그렇게 할 의사도 없다'는 답을 보내왔다. 기가 막힐 노릇이다. 그래서 이 참여정부는 '1991년 합의를 이룩한 노태우 군사독재정부보다 못하고 최고인민회의 비준동의를 거친 북한보다도 못하냐'고 비판했다.

여야 일부 의원들이 국회의 체결동의가 필요하다고 하자, 그때서야 통일부는 '검토하겠다'며 한 발 물러섰다. 김대중 정부의 햇볕정책을 계승한 이 참여정부가, 평화번영정책을 앞세우고 남북 화해와 협력을 주장하는 정부가 왜 남북기본합의서 국회체결동의에는 저렇게나 소극적인 것일까?

이런 추론이 가능하다. 이 비준동의가 이루어지면, 먼저 김대중 정부의 '6.15 공동선언'이 빛을 잃을 것이고, 다음으로 노무현 정부의 평화번영정책의 뿌리가 어디인지 드러나게 되기 때문이다. 사실 2000년 6.15 공동선언은 1991년 남북기본합의서 합의사항 중 당장 이행할 수 있는 손쉬운 사안 몇 가지만 뽑아낸 것이다. 이런 정략적 접근이 아니라면, 정파적 이해를 따지지 않는다면, 통일부와 통일부 장관은 즉시 남북기본합의서의 국회 체결동의를 받아야 한다.

사실 국정감사 전까지 통일부는 '남북 합의서의 비준 동의 절차가 분명하지 않아서 남북관계기본법이 통과되면 검토하겠다'고 말해 왔는데, 이번 국정감사 답변에서는 말을 완전히 바꾸어 버렸다. '군이 그렇게 할 필요가 없다, 너무 오래되고 지금 해서 실익이 있을 것 같지도 않다'라고 별의별 핑계를 다 끌어댔다. 한 번 더 말하지만, 대북문제를 당파적으로 접근하지 않는다면, 또는 그런 오해를 사기 싫다면, 즉시 체결동의 절차를 밟아야 한다.

지금 남북한의 모든 합의, 협력의 방향, 교류협력의 방식 등은 모두 이 남북기본합의서로부터 시작하고 있다. 그리고 통일 이전까지 남북의 기본적인 관계와 방향과 할 일 등에 대한 모든 것을 담고 있다. 통일 이전까지의 남북한 모두의 최상위 법률인 셈이다.

물론 조약이나 합의서의 비준·체결동의 요구권은 행정부에 있다. 행정부의 수반인 대통령의 권한이다. 국회는 행정부가 동의요청을 해 와야 동의를 해 줄 수 있다. 체결동의 요청은 정부가 먼저 국회에 요구해야 하는 것이 순서이거늘, 이 건은 거꾸로인 셈이다. 정부의 각성을 촉구한다.

'6.15 공동선언'의 종언과 '남북기본합의서' 시대

2005년 12월 13일은 남북기본합의서 체결 14주년이 되는 날이다. 국회 기자실에서 시민단체와 국회의원들이 기자회견을 하고 정부에 대해 남북기본합의서의 체결동의안 제출을 촉구했다.

1991년 12월 13일, 남북은 '남북 사이의 화해와 불가침 및 교류협력에 관한 합의서'를 맺었다. 바로 노태우 대통령 당시이다. 남측의 정원식 국무총리와 북의 연형묵 총리가 체결했다. 이 합의서의 기본 내용은 이번에 통과된 '남북관계발전법'의 내용에 일부 수렴되었다. 남북관계를 '나라와 나라 사이의 관계가 아닌 통일을 지향하는 과정에서 잠정적으로 형성되는 특수한 관계'로 규정한 것이다. 이 기본합의서의 문구는 그대로 남북관계 발전법에 쓰여졌다.

이처럼 남북기본합의서는 남과 북이 합의한 최고위 문서이고 합의서라는데 의미가 있다.

```
                        ┌── 국가보안법
우리 헌법─남북기본합의서─┤ 남북관계발전법(2005.12)─ 남북교류협력법(1990)
북한 헌법─남북기본합의서                      └─북남경제협력법(2005.7)
```

남북은 각각의 헌법이 있고, 그 바로 아래 남북이 합의한 이 기본합의서가 있다. 이 기본합의서에 근거하여 남북은 관련 법률을 제정하고 있다. 우리는 대북 관련 법령을 만들 때 이 기본합의서에 상충되지는 않는지를 먼저 검토한다. 남북관계발전법도 남북교류협력법도 북남경제협력법도 마찬가지이다. 남북이 같이 그렇게 하고 있다. 이 기본합의서가 통일 이전까지 남북관계를 규정하는 최고의 장전이라고 하는 것도 바로 이 때문이다.

그러나 우리 국회는 이 합의서를 체결동의하지 않았다. 그냥 대통령이 비준하고 국회는 지지결의안을 통과시키는 것으로 끝났다. 반대로 북한은 1992년 2월 19일 최고인민회의의 비준동의와 발효절차가 끝났음을 남쪽에 통보해 왔다.

북측 통보문('92.2.19, 제5차 고위급회담)

"나는 제5차 북남고위급회담에서 채택되고 조선민주주의인민공화국 중앙인민위원회와 최고인민회의 상설회의 련합회의의 심의를 거친 북남 사이의 화해와 불가침 및 협력, 교류에 관한 합의서를 조선민주주의인민공화국 국가수반이신 김일성주석께서 비준하시어 그 발효에 관한 절차를 완료하였음을 알리는 바입니다."

국회의 체결동의를 거치면 국내법과 같은 효력을 가진다. 국제적으로도 유엔이 그 효력을 보장한다. 남북이 같은 '법률'을 가지게 된다.

이제 6.15의 시대를 넘어섰다. 6.15 당시 제기되었던 모든 문제는 해결되었고 이제 '기본합의서 시대'가 되었다. 기본합의서의 과제가 우리 앞에 있다.

그러나 남북은 여전히 6.15만 외치고 있다. 이번 평양에서 만난 북한 인사들에게 기본합의서 실천 문제를 제기하자, 의아하다는 듯이 쳐다보기만 했다. 그러다가 '김정일 장군님'과 김대중 대통령이 합의한 '6.15 공동선언'만 계속 되풀이했다.

남쪽에서도 마찬가지이다. 노무현 정부는 이 체결동의안 제출을 거부했다. 이 기본합의서의 부활에도 정말 소극적이다. 6.15에 매몰되어 있는 것이다.

2005년 12월 13일 오후 백범기념관에서 민족화해범국민협의회가 주최한 제4회 정당종교시민사회단체 공동회의에서도 정부의 이런 태도를 비판하는 지적이 나왔다. 특히 어느 토론자는 '이 합의서가 노태우대통령 시절에 체결되었기 때문에 이 정부가 체결동의 추진에 소극적인 것'이라며 정부의 옹졸함을 비난하기도 했다.

정부는 지금이라도 반통일 세력이라는 오명을 뒤집어쓰지 않으려면, 이 남북합의서의 국회체결동의를 적극 추진해야 할 것이다. 남북정권이 6.15의 안락지대에 머물러 꿈꾸고 있는 동안 남북관계는 급속히 변하고 있다. 남북정권 모두는 서둘러 이 현실을 봐야 할 것이다.

2. 남북법제

북한을 우리 법률에서 어떻게 규정하나

우리 법률에서는 북한을 어떻게 규정하고 있을까? 우리 헌법 제3조의 영토조항에서는 북한을 대한민국의 일부로 보고 있고, 국가보안법에서는 '반국가 단체' 정도로 규정하고 있다. 북한을 '북괴' 등으로 표현했던 반공시대의 냉전적 법률 용어는 1990년대 후반 일제히 정비되어 사라졌다.

그리고 1990년 '남북교류협력에 관한 법률'이 제정될 당시, 북한에 대한 분명한 규정이 필요해졌지만 여전히 지리적 개념을 반복했다. 즉 북한을 '군사분계선 이북지역'으로 표현하고 있는 것이다. 현재의 법률이 명확한 남북관계와 실체 규정 없이 모두 이런 지리적 개념을 따르고 있다. 엄밀하게 보면 편법이고 법률편의주의의 극치이다. 현재의 모든 법률이 그렇다.

북한에 있는 정권의 실체도 '정부'로 볼 수 없어 그냥 '당국'으로 통칭한다. 그동안 '반국가 단체'로서 '타도대상'이었지만, 다른 한편으

로 냉전시대가 가고 남북 관계가 발전하면서 '교류협력의 대상'으로
도 인식되기 시작한 것이다. 바로 남북관계의 이중성이 법률에서도
그대로 반영되고 있는 것이다. 이것이 지금까지의 북한에 대한 법률
상의 정의였고 실체규정이었다.

우리 정부대표단이 반국가단체 수괴와 회담하고, 반국가단체에 쌀
을 지원하는 상황에서 법률과 현실의 괴리를 좁히는 노력이 필요하
다.

냉전적 구시대의 죽은 법조항을 들고서는 21세기 남북관계의 변화
와 미래 통일 과정을 담아낼 수 없다. 대북 법제 정비의 필요성이 여기
에 있다. 남북의 통일법제를 고민하고 준비해야 한다. 법률적인 면에
서 가장 후진적이고 현실을 따라가지 못하는 부문이 바로 북한관련 법
률이다. 법률 제정권을 가진 국회가 정말 소홀히하는 분야 중의 하나
이다.

일차적으로 남북관계의 경색이 문제이긴 하지만, 우리 내부의 워낙
강고한 남북대결의식과 남남갈등 때문에 정치권도 함부로 손대지 못
하고 있는 것이다. 변화된 남북관계의 실상을 반영하지 못하고 법률
도 없이 정부 또는 대통령의 '통치권' 차원에 맡겨온 것이 그간의 사
정이다. 그러다 보니 대북밀사가 오가고 김대중 전 대통령이 북한에
수억 달러를 주는 편법이 나왔던 것이다. 이제는 남북관계도 법률에
의해 투명하고 민주적으로 국민적 합의를 바탕으로 추진되어야 한다.
2004년 10월, '남북관계기본법'을 준비하면서 발전된 남북관계에 맞
춰 새롭게 북한을 규정하려는 시도를 한 적이 있다.

이젠 북한을 새롭게 정의해야만 한다. 어떻게 할 것인가, 군사분계
선 이북? 이건 단순한 지리적 개념일 뿐 북한에 대한 실체 규정은 아

니다. 그러니 고민은 지금부터이다.

'남한은 대한민국을 말한다. 북한은 조선민주주의 인민공화국을 말한다.'

남들이 보면 당연한 이야기라고 웃을 수 있다. 그러나 현실은 그렇게 간단한 것이 아니다. '조선민주주의인민공화국' 이라는 용어가 우리 법률에 명기되는 순간, 우리는 북한을 다른 국가로 규정하는 것이고 특히 북한 정권의 실체를 인정하는 셈이 된다.

서로 정상회담도 하고 남북합의서도 주고받는 게 현실이지만, 남북은 각자의 법률에서 상대를 인정하지 않고 있다. 따라서 이대로는 안된다. 혹여 잘못하다간 분단고착 세력, 친북한 '빨갱이' 취급을 당할수 있다.

2004년 9월 13일 아침회의에서 멋진 아이디어가 나왔다. 무려 2시간 만에 너무나 간단하지만 신통한 것이 튀어나온 것이다.

① 남한은 통일 이전의 대한민국을 말한다.
② 북한은 통일 이전의 조선민주주의인민공화국을 말한다.
③ 북한은 우리 헌법 규정에 따른 대한민국의 다른 부분이다.
④ 북한과의 관계는 국가 사이의 관계가 아닌 통일을 지향하는 과정에서 잠정적으로 형성되는 민족 내부의 관계이자 특수관계이다.

바로 통일 대한민국을 상정하고 남북을 통일이전 상태의 현실적 존재로 규정하는 것이다. 그리고 북한은 우리 헌법 제3조에 따른 대한민국의 다른 부분으로 정한다.

조선민주주의인민공화국 명칭 사용문제의 경우, 1991년 남북 UN 동시가입과 1992년 남북기본합의서 체결, 그리고 2000년 6·15 선언 등은 양측의 국호를 명기한 바 있으며, 이러한 현실을 인정·반영하여 북한의 실체를 잠정적(modus vivendi)으로 인정하려는 것이다. 이는 서독기본법의 '통일제국' 개념을 원용한 것으로 분단된 남북의 현실을 반영하고, 통일 이후 우리 대한민국이 통일된 나라의 정통성과 합법성을 갖는다는 점을 분명히 하는 것이다.

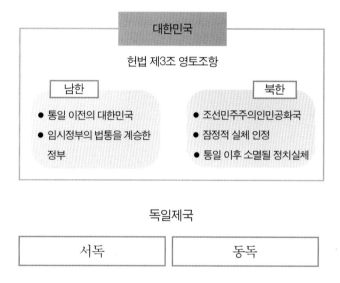

동서독은 독일제국(통일독일)하의 "서로 다른 부분" —상호대등

* 참고 : 서독기본법

이것이 우리 법률 발의안에 담길 가능성이 높은 가장 앞선(최근의) 북한에 대한 규정이다. 이 조항들이 법률안에 실려 발의되고 국회 심의과정을 거쳐 통과되길 기원한다.

이렇게 북한을 새로 규정하는 남북관계기본법은, 만년빙처럼 꿈쩍도 하지 않던 대북 법률분야에도 변화의 바람을 몰고올 것이다. 이는 변화된 남북관계를 제대로 반영하고 통일과정과 통일 이후를 대비하는 하나의 디딤돌이 될 것으로 확신한다.

일부에서는, '이런 고민이 무슨 의미가 있는가?', '우리 법령에 조선민주주의인민공화국이라 하든 북한이라 하든, 북괴라고 하든 무슨 차이가 있는가' 하고 의문을 제기하고 있다. 그러나 그 차이는 엄청난 것이다. 굳이 새삼스럽게 말을 하지 않아도 누구나 쉽게 알고 있을 것이다.

사안별 대북관련 입법, 허용해야 하나

남북 간의 교류 협력이 활발해지면서, 이를 규정하는 입법수요가 늘어나고 있다. 기존의 일반법 보통법에 더하여 부문별 특별입법이 많이 발의된다. 17대 국회에 들어 의원들의 입법 발의 경쟁도 한 이유이겠지만, 그보다는 남북 간의 교류와 협력이 다양해지고 규모도 늘어나 이를 조정·지원할 필요가 있기 때문이다.

한나라당 안명옥의원의 '남북보건의료 교류 및 협력증진에 관한 법률안', 열린우리당 최성의원의 '남북사회문화교류 진흥에 관한 법률안', 열린우리당 장영달 의원의 '겨레말큰사전 남북공동편찬사업회 법안' 등이 대표적이다.

현재 남북 간의 교류협력을 규정한 법률로 '남북교류협력에 관한 법률'이 일반법으로 있다. 국가보안법이 위세를 떨치던 1990년 8월에 제정된 것이다. 이 법률은 철저한 규제와 통제 위주로 모든 사항을 통일부 등의 허가와 승인을 거치도록 했고, 대단히 포괄적이고 또 구체적이지 못하다. 또 법률로 규정해야 할 많은 사항을 시행령 등에 위임하도록 하고 있는 대표적인 위임입법이다.

법제정 25년여가 지난 지금, 변화 발전된 남북 관계을 반영하고 교류협력을 지원 촉진하기 위해 전면적인 개정 필요성이 대두되어 왔고 마침내 2005년 5월 거의 전면 개정되었다.

그런데 문제는 앞에서 언급한 대북관련 개별입법을 허용하는 방향으로 나가는 것이 필요한가 하는 것이다. 이들 법률들은 보건의료, 사회문화 교류, 겨레말 사전 편찬 등 아주 구체적이고 개별적인 사안에 대해 특별법 형태로 추진되고 있다. 어떤 법률은 남북협력기금 대신 별도의 기금을 만드는 조항까지 포함되어 있고, '남북사회문화교류진흥원' 등 별도의 조직을 신설하는 내용을 담고 있다. 특히 통일부 이외의 다른 정부부처들도 혹시나 하는 기대를 가지고 지켜보는 입장이다. 이런 별도입법으로 통일부가 독점하고 있는 대북정책의 일부를 빼앗아 올 수 있고, 그러면 업무와 권한이 늘어날 수 있기 때문이다. 반대로 통일부는 이런 개별입법안에 대해 내심 반대 입장을 가지고 있다.

또 부문별 또는 개별사안별 입법은 실효성·적실성 측면에서 문제가 있으며 오히려 남북관계 발전을 저해할 수도 있다는 지적도 있다. 아직까지는 모든 것을 법률로 정하기보다는 행정부의 융통성을 많이 보장해야 한다, 행정적 여지를 남겨 정책의 탄력성을 허용해야 한다는 견해도 많다.

전반적으로 아직까지는 개별입법 보다는 일반법률인 남북교류협력법으로 충분하다는 의견이 지배적이다.

앞으로 이런 개별입법의 허용 방향으로 나갈 경우, 대북관련 법률은 엄청나게 많이 만들어질 수 있다. 그 수는 아마도 수백 개에 이를 수 있다. 경제, 사회, 스포츠, 문화 등 거의 모든 부문에서 남북 간의 공동사항과 남쪽의 역할, 교류협력 절차 등을 담을 수 있기 때문이다. 이런 상황이면 대북법령만 묶어 놓은 법령집을 따로 만들어야 할지도 모른다.

남북관계 발전에 따른 법제의 문제를 고민할 때가 된 것 같다. 아직은 공개적이고 체계적인 검토는 없었다. 우리의 3단계 통일방안에 따르더라도 화해협력의 단계, 남북연합단계, 통일단계에 걸맞는 통일법제와 시기에 필요한 법령이 있기 마련이다. 이에 대한 연구과 대비가 지금 진행되어야 한다.

비록 법률이 현실을 앞서갈 수는 없다고 해도, 특히 남북관계 법률은 보수적일 필요가 있지만, 그렇다고 아주 많이 뒤쳐져서는 안 된다. 각 단계에 맞는 법령을 고려하고 미리 가늠하는 것도 중요하다. 이런 것이 남북관계 발전에 도움이 되고 또 통일을 앞당기고 통일 이후의 '새로운 건설'에 기여할 것이기 때문이다.

'남북관계 발전에 관한 법률안' 통과에 붙여

마침내 2005년 12월 8일 남북관계발전에 관한 법률안이 국회 본회의를 통과했다. 2005년 11월 29일은 통일외교통상위원회가 여야 합의로 통과시킨 지 10일만이다.

이 법률은 통일외교통상위원회가 정문헌의원의 '남북관계기본법'과 임채정의원의 '남북관계발전기본법'을 통합하여 두 법률의 쟁점을 조정하고 여야의 의견을 수렴하여 대안으로 만든 것이다. 임채정의원 안은 지난 16대 국회에서 발의되었던 것으로, 통일부 등과 상당한 의견조율을 거친 것이다. 그래서 별로 새로울 것이 없다. 그러나 정문헌 의원의 '남북관계기본법안'은 대단히 신선하고 여러 가지로 음미해 볼 대목이 많다.

이 법률에는 북한을 '조선민주주의인민공화국'이라는 정식 국호로 명기하고 통일이 이루어질 때까지 잠정적으로 북한의 실체를 인정한다는 내용을 담았다. 이런 배경에는 남북 간의 체제경쟁은 끝났고 우리의 우위를 확신하는 강한 자신감이 깔려있었다. 오히려 북한을 독립된 국가로 인정하는 국제적 현실을 감안하고, 우리가 먼저 손을 내밀어 북의 변화와 전환을 촉진하고 북한 유사시 등 급변사태에서 우리의 북한 통합의 당위성을 강화하려 했다.

이 법안에 대해서는 지지와 비판의 목소리도 많았다. 〈중앙일보〉는 이 법안발의 소식을 2004년 11월 4일 1면 머리기사를 통해 보도했고, 다른 언론들 역시 기사와 사설을 통해 지지의 입장을 밝혔다. 또 남북관계 발전을 위해 '의미 있고 큰일을 했다'는 격려와 성원의 목소리도 대단히 많았다.

그러나 한나라당은 공식적으로는 이 법안의 당론 채택을 거부했고, 오히려 임채정 의원안 반대라는 지극히 수세적인 입장을 정하고 말았다. 국회 통외통위도 2004년 12월 1일 공청회를 거쳐 법안심사소위에 회부하는 선에서 해를 넘기게 되었다.

2005년에 들어 남북관계 변화의 속도는 점점 빨라지고 그 질과 양은 점점 확대되었다. 이런 남북관계의 변화는 남북관계기본법의 필요성을 더욱 확대했고 정부와 시민단체의 법제정비 주문은 점점 거세졌다. 정부와 여당은 물론 한나라당도 기존 입장을 바꾸어 '정문헌의원안'을 각 조항을 철저히 검토하고 취사선택하여 당 차원의 합의안을 마련하고 2005년 내에 통과시키기로 했다.

마침내 지난 9월 7일 통외통위 법안심사 소위는 몇 개의 쟁점조문만 남기고 1차 합의안을 만들었다. 그러나 이 합의안을 검토한 결과 '평화적 통일'이라는 이 법의 근본 목적을 담은 용어가 빠졌고 문제의 '북한 실체인정' 부분도 수용되지 못했다.

당시 정문헌의원은 '북한 국호 명기 문제와 북한 실체인정' 문제는 더 많은 시간과 국민적 합의가 필요함을 확인하고 합의안에서 배제하는 것을 수용했으나, '평화적 통일' 문구가 제외된 것은 받아들일 수 없었다. 모든 대북정책 과정에서 궁극적 목표인 남북통일을 감추고 상호공존(평화번영)만을 강조하는 현정권의 '반통일적, 분단고착적' 통일정책의 관철의도가 숨어 있는 것으로 보았기 때문이다.

이에 정문헌의원은 11월 18일 한나라당 법안심사 소위 위원들에게 의견서를 내고 '헌법이 정한 평화적 통일' 문구의 부활을 강력히 요청했다. 11월 21일 소위원회는 이런 내용을 담은 합의안을 만들었고, '남북을 남한 북한으로 하느냐, 한국과 북한으로 하느냐'의 남북한의 호칭 문제만 미해결 쟁점으로 남겨 놓았다.

마침내 11월 29일 통외통위 전체회의는 이 법의 목적을 '이 법은 대한민국 헌법이 정한 평화적 통일을 구현하기 위하여 남한과 북한의 기본적인 관계와 남북관계의 발전에 관하여 필요한 사항을 규정함을 목적으로 한다'로 합의하고 역사적인 이 법안을 통과 시켰다. 이 과정에서 정문헌의원 발의안에만 있던 '평화통일', '인권개선', '대북지원의 투명성 강화', '역대 합의서의 경과규정 신설' 등의 여러 내용이 최종 대안에 반영되었다.

발전법의 여야 합의와 국회통과는 남북관계 발전과 통일과정에서 한 획을 긋는 역사적인 것으로, 대단히 큰 의의를 가지고 있다.

첫째, 대북정책을 법률적 기반 하에서 추진할 수 있게 되었다. 그동안 남북의 접촉, 합의서 체결 등 많은 남북 간의 일들이 추진되었지만, 무법(無法)인 상태로 진행되어 온 것이 사실이었다. 이제 남북관계도 통치권의 영역에서 '국회를 통한 국민적 통제'가 가능하게 된 것이다. '마지막 남은 성역'의 상당부분이 사라지고 투명하고 국민적 합의에 기초한 대북정책이 가능하게 되었다.

둘째, 변화된 남북관계를 반영했다. 국가보안법밖에 없었던 시절을 지나 1990년 남북교류협력에 관한 법률이 제정되면서 남북 간의 교류와 협력의 틈이 열렸고, 지금 엄청난 발전이 있었다.

이 발전법은 그 이후 무려 15년여 만에 만들어지는 새로운 대북관련 제정 법률이다. 말 그대로 남북의 기본관계, 국가의 책무, 남북회담, 남북합의서 등의 내용을 담은 것이다. 이는 교류협력의 수준을 넘어 우리의 대북정책의 기조를 법제화한 것이며 나아가 통일과정 즉 남북의 '국가연합' 단계를 준비·대비하는 것이다.

셋째, 통일부의 지위·역할과 위상을 분명히 했다. 현재 통일부는 정부조직법과 일반법·실행법으로서의 남북교류협력에 관한 법률에 근거하여 북한 관련 업무를 총괄하고 있다. 그러나 남북관계가 개선되고 교류 협력이 급격히 확대되면서 여러 차원에서 북한과 맞상대하려는 움직임이 이어지고 있다. 민간부문은 민간 부문대로 지자체는 지자체대로, 정부 내 부처는 부처대로 북한과의 직접적인 접근을 기대하고 있다. 또한 지금 국회에서는 보건, 사전편찬, 교류협력 등 각 부문별로 북한과의 우선 협력을 보장하는 여러 특례법이 발의되고 있다.

그러나 남북관계발전기본계획 수립, 남북회담·합의서비준절차 등을 통일부와 통일부 장관이 관장하는 것으로 명문화함으로써, 북한 정책과 집행 등에서 통일부의 권능과 위상을 더욱 강화시켰다. 통일부가 이 법의 통과를 그렇게 염원했던 실제 이유도 어떻게 보면 바로 여기에 있다고 할 수 있을 것이다.

그럼에도 이 발전법은 다소의 한계와 아쉬움을 가지고 있다. 우선 남북한의 실체규정을 제대로 해내지 못했다는 것이다. 과거 남북교류 협력에 관한 법률의 군사분계선 이남(남한)·이북(북한) 규정을 그대로 답습했다. 지리적 개념을 씀으로써 정체(政體)에 대한 규정을 회피한 '입법편의주의'의 모습이다. 앞으로 헌법 제3조의 영토조항의 실효성 등에 대한 면밀한 검토를 거쳐 우리 대한민국과 북한의 실체에 대한 명확한 규정이 필요하다.

이 법안 통과 직전 한나라당의 '한국과 북한' 안 그리고 정부여당의 '남한과 북한' 대립의 기저에는 바로 남북의 실체규정에 대한 이견이 깊게 내재되어 있었다. 이번엔 봉합되었지만, 앞으로 남북연합과 통일을 향해 나가는 과정에서 반드시 짚고 또 정리되어야 할 부분이다.

또한 정문헌의원의 법률안 중의 몇 가지 필요하고도 전향적인 조항들이 빠지거나 수정된 점이다. 법안의 명칭이 '기본법'에서 '발전법'으로 바뀌었다. 비록 기본법의 내용과 성격을 담고 있기는 하나 후퇴는 분명하다. 이에 대한 참여연대 등 일부 시민단체의 비판은 일면 타당한 것이다. 또 남북관계 발전 과정에서의 시민단체의 역할 조항, 남북 상주대표부 관련 조항 등이 제외되었다. 특히 상주 대표부 문제는 남북장관급 회담에서 우리가 매번 제기해온 문제이고 특히 이런 내용은 법률로 정하는 것이 옳다.

이 법안의 통과와 함께 남은 과제는 남북기본합의서(1991년)의 국회의 체결동의이다. 발전법은 헌법 아래 위치하는 기본법 성격으로 그 하위에는 '남북교류협력에 관한 법률' 등을 두게 된다. 그러나 이 법률은 남북 사이의 관계를 규정하는 것이지만, 그 효력은 우리가 실효적으로 지배하고 있는 '남한'에만 해당된다. 북한에는 통용되지 못하는 남한 법률이다. 따라서 남북관계의 발전, 남북한의 통일과정을 위해서는 남북이 함께 지킬 수 있는 '합의 법률(합의서)'이 필요하다. 남북은 그동안 160여 건의 합의서를 만들었다. 그중에서 가장 유의미하고 상위의 것으로 이번 법률의 모태가 된 '남북기본합의서'(1991)가 있다.

이번 발전법의 제3조 "남한과 북한의 관계는 국가간의 관계가 아닌 통일을 지향하는 과정에서 잠정적으로 형성되는 특수관계이다"는 남북기본합의서의 구절을 그대로 가지고 왔다. 즉 남북기본합의서는 남북화해와 불가침, 교류협력의 내용을 모두 담고 있는 현재로서는 남북간 최고위의 문서이다. 북한은 최고인민회의의 비준동의를 거쳤지만, 우리 국회는 체결동의를 하지 못했다.

우리도 남북기본합의서의 국회 체결동의 절차를 거쳐 명실상부한 국내법적 효력을 부여해야 한다. 이렇게 되면 남북이 함께 지켜야 하는 '공통 법률'이 탄생하게 된다. 이 남북기본합의서의 국회체결동의를 촉구하는 시민단체의 목소리도 점점 커져가고 있지만, 현 정부는 충분한 검토, 실효성 등의 문제를 제기하면서 소극적인 자세를 보이고 있다.

이상에서 이번에 통과된 남북관계 발전법의 경과 의의 그리고 한계점 등을 살펴보았다. 앞으로 남북관계의 성숙과 통일의식의 성장 등에 따라 개정되어 갈 것이다. 이 발전법은 '북한문제에 대해 2005년 현재 대한민국이 합의할 수 있는 최대공약수'이다.